인도 진출, 20인의 도전

인도 진출 20인의 도전

인도 시장을 개척한 20인의 생생한 현지 리포트

인도포럼 엮음

산지니

_ **차례**

인도 포럼 『인도 진출, 20인의 도전』
발간에 있어

혼돈의 극치조차도 신비로움으로 채색되어 컬러풀한 얼굴로 우리에게 던져졌던 인도가 21세기 들어서면서 놀랍게도 이제까지의 이미지와는 전혀 어울리지 않는 글로벌 경제의 주역이라는 이름을 달고 우리 곁에 다가와 있습니다. 그뿐이 아니지요. 한국은 싱가포르, 칠레, 아세안, 미국 등과 자유무역협정을 체결한 이후 6번째 상대국으로 인도를 선택하여 2008년 말 포괄적경제동반자협정을 타결하면서 더욱 가까이하게 되는 등 양국 관계는 새로운 전기를 맞이하게 되었습니다.

여행자의 천국, 불교문화 발상지로서 구습과 가난의 대명사로 오랫동안 알려진 인도가 이제는 글로벌 시대에서 빼놓을 수 없는 중요한 한국 기업의 활동무대로 등장하면서 우리는 매일매일 전해오는 인도의 새로운 모습에 놀라지 않을 수 없습니다.

하루 1달러 미만의 소득으로 헐벗은 생활을 하는 수억의 인도인들의 모습이 아직도 방송매체를 통해서 흘러나오고 있는 가운데, 2007년 말 외화보유고가 한국을 앞질렀다는 소식이 들려오고 2008년 10월에는 일본, 중국에 이어 아시아에서 3번째로 인도의 기술로 완성된 달 탐사선이 성공적으로 발사되어 달 궤도를 돌고 있다는 사실에 놀라움을 감출 수 없습니다. 풍부한 자원을 품고 있는 대륙 그리고 생산력과 소비력을 의미하는 거대한 젊은 인구를 지닌 인도가 21세기 들어서면서 이제까지 가리고 있던 구습의 가면을 벗고 존재와 힘을 보여주고 있다는 생각을 지울 수 없습니다.

영적 존재감으로 알려졌었지만 지구상 어느 나라 상인보다도 더할 나위 없는 동물적인 경제 감각을 지닌 인도인의 지금 모습은 글로벌 경제의 주역으로 등장하면서 비로소 나타난, 오랜 세월 동안 감추어왔던 진면목이 아닌가 여겨질 정도입니다.

대 인도 진출 한국 기업이 2000년 이후 늘어나기 시작하여 이제는 어렴풋이 잡아도 450여 기업이 인도에 저마다의 푯대를 세웠습니다. 그 행진은 오늘도 계속되고 있습니다. 행진의 발걸음에는 대기업과 대기업에 관계된 동반 진출만이 있는 것은 아닙니다. 소규모 자본을 가지고 시도하는 개인 서비스업에서부터 중견 규모에 이르기까지 참으로 다양한 업종에서 각양의 형태로 인도로 향하고 있습니다.

그런데 이 행렬이 결코 순탄하지만은 않습니다. 다소의 비용과 시간이 더 소요되는 시행착오를 겪는 것으로만 끝나는 것이 아니라 아예 사업 자체를 중단해야 하는 경우가 종종 발생하곤 합니다. 사업을 운영하는 기업 단위에서도 그렇지만 이에 참여한 개개인이 겪는 험난한 여정이 드물지 않습니다. 여행이라면, 여

정에서 어려움에 마주칠 경우 일정을 변경하거나 잠시 중단하여
도 무방하겠지요. 그러나 기업행위란 돌아가기에도, 변경하기에
도, 그리고 쉬어가는 것조차 뜻대로 되지 않는 상황이라는 것이
개입됩니다.

2003년부터 이어온 SERI 인도포럼에는 기업과 단체의 인도 근
무자로 또는 자영업으로 갖가지 경우를 마주치고 있는 돋보이는
경험을 지닌 회원이 많이 있습니다. 앞서서 길을 닦은 안내자가
여행을 이끌어주는 것처럼 인도 비즈니스의 노정에 길잡이가 있
다면 인도에서 봉착할 가지가지 경우가 조금은 수월할 것 같습니
다. 가면을 벗고 세상에 나온 거대한 인도와의 비즈니스 한판에
경쟁이든 협력이든 저마다 홀로의 힘으로 나선다면 겪게 될 어려
움이 적지 않을 것입니다. 이에 한발 앞서서 예견할 수 있는 어려
움을 더불어 나눈다면 그 승부가 한결 수월해질 것이라고 믿고
인도포럼 회원님들의 귀한 인도 경험을 한자리에 모아 책을 발간
하게 되었습니다.

자신만의 귀한 경험을 흔쾌히 밝혀주시고 대가없이 나누어주
시는 등 옥고로서 참여하신 회원님들에게 깊은 감사를 드립니다.
네루대학교 오화석 교수님, 박기택 대표님, 정모연 주부님 그리
고 한국어 수업을 받는 등 한국에 대한 이해와 양국 중소기업의
교류증진을 위하여 열심을 다하는 주한 인도대사관의 수렌더 쿠
마르 일등서기관 등등 스물 세분 모두 귀한 글을 내어주셔서 기
꺼운 마음으로 많은 분들의 인도 가는 길에 따뜻한 동행이 되어

주심에 그 고마움을 어찌 한 줄 글로 온전히 표현하겠습니까? 두고두고 고마움을 전합니다. 인도포럼 첫 모임부터 함께하여주셨고 이후 첸나이 생활 중에서도 한국의 기업문화를 인도기업인에게 강의하시는 등 활발한 활동을 하시다가 이제 귀국하여 한국해비타트에서 중책을 맡아 바쁜 업무 중에서도 흔쾌히 본 책자 발간의 어려운 짐을 짊어지시고 이에 탁월한 솜씨를 발휘해주신 김영미님의 노고를 오래오래 기억합니다.

원고 하나하나를 꼼꼼히 검토하여주시고 인도에 대한 자문을 아끼지 않으시며 계획부터 출간에 이르기까지 전폭적인 지원으로 감수하여주신 부산외국어대학교 러시아인도통상학부 이광수 교수님에게 인도포럼을 대신하여 감사를 전합니다. 인도포럼 오프모임으로 격월로 진행한 27차례 인도현지전문가 초빙 세미나를 개최하는 동안 그리고 이번 출간 기획함에 있어서도 십시일반으로 금전적인 지원을 아끼지 않았던 이경용님, 전형진님, 김원호님 그리고 신석현님 등 2008년도 인도포럼 운영위원님들의 진심어린 배려에 깊은 감명을 받았습니다. 때마침 출판업계 사정도 좋지 않은 가운데 시장성이 크지 않음에도 불구하고 인도포럼의 책 출간에 흔쾌히 참여해주신 산지니 도서출판의 강수걸 대표님에게 고마움을 전하며 모쪼록 본 책의 출판으로 인한 손실 없이 그저 번성하기를 바랍니다.

인도포럼 시삽

김웅기

Cyber SERI 인도포럼이 『인도 진출, 20인의 도전』을 발간한다는 소식을 듣고 매우 기뻤습니다.

이 지면을 빌어 인도에서 활동하고 있는 한국인들 사이의 비즈니스 네트워크 증진 활동을 성공적으로 하고 있는 인도포럼에 먼저 축하를 드립니다. 이 책은 향후 인도에 투자하고자 하는 한국의 기업들, 특히 중소기업들을 위한 좋은 지침서가 될 것입니다. 이 책이 역동적인 한국 기업들이 인도에 진출하는 것을 촉진시키고 인도의 파트너들과 협력을 위한 비즈니스 커뮤니케이션을 시작하는 데 많은 도움이 될 것이라고 생각합니다.

인도와 한국은 역사적으로 오랫동안 좋은 관계를 맺어왔으며 오늘날 이러한 관계는 새롭고 적극적인 협력 국면으로 접어들고 있습니다. 양국의 교역은 2007년 11조 달러를 넘어서며 최근 3년 동안 두 배가 넘게 증가했으며 올해는 15조 달러가 넘을 것으로 예상하고 있습니다. 인도와 한국은 최근 양국간의 관계에 중요한 전환점이 될 CEPA(Comprehensive Economic Partnership Agreement, 포괄적경제동반자협정) 협상을 타결했습니다. 이 CEPA 조약은 인도와 한국의 상호 투자 및 교역을 더욱 가속화할 것입니다.

양국의 교류 증진에 꼭 필요한 책을 적시에 출간하는 인도포럼에 다시 한 번 축하를 드리며, 향후 진행되는 모든 일에 있어서 성공을 기원합니다.

주한인도대사
Skand R. Tayal

_ Map of India

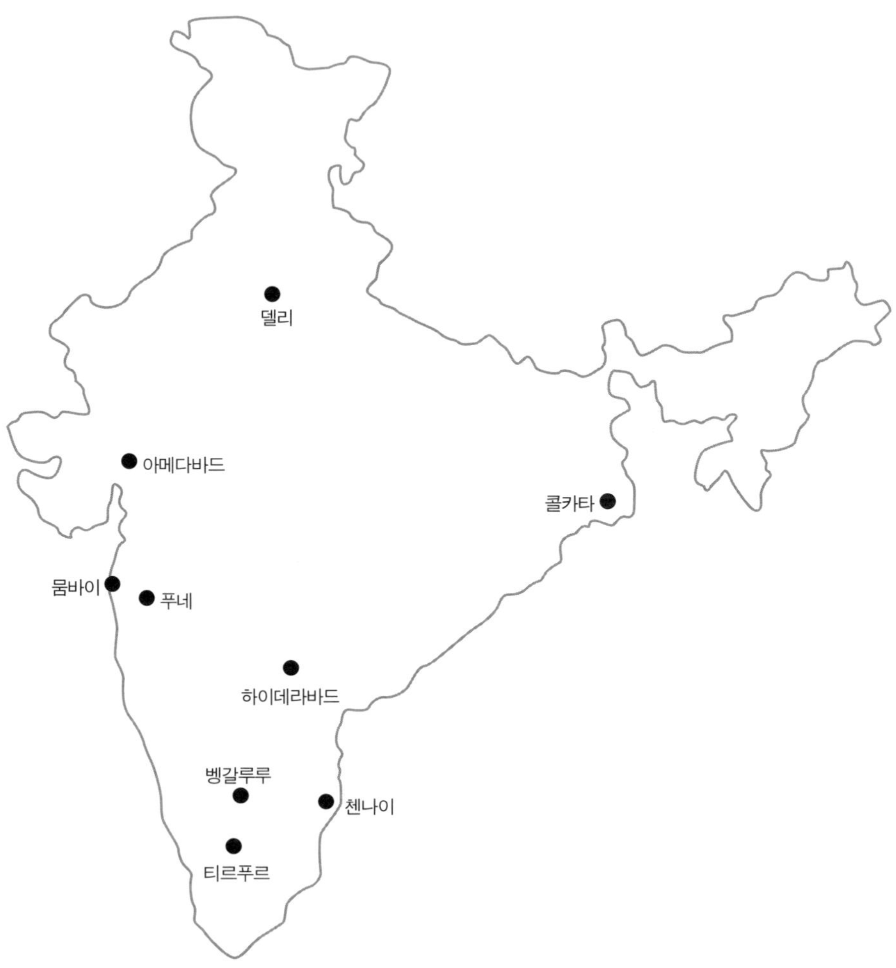

PART

1

지금 **인도**는

—

1970년대 말 미국에서 본격적으로 만들어진 '명상과 사색의 나라, 신비한 땅 인도'는 1980년대 후반부터 본격적으로 한국 땅에 상륙했다. 처음에는 문인이나 예술인을 중심으로 '잃어버린 나'를 찾아 떠나곤 했으나 이윽고 배낭여행 대학생을 거치더니 마침내는 그 지역에 사업하러 가는 비즈니스맨의 마음까지 점령하고 말았다.

01

인도라는 나라

이 광 수 부산외국어대학교 교수

1

한국 사람에게 인도라는 나라같이 시시때때로 다른 모습으로 다가
선 나라가 또 있을까? 멀리 역사를 거슬러 올라갈 필요도 없이 지금으
로부터 20여 년 전인 1980년 초까지만 해도 인도는 비동맹의 수장이
자 사회주의적 경제 체제를 고수하는 자존심이 강한 가난한 나라의
우두머리였다. 말로는 여전히 '떠오르는 대륙'이라고 했지만, 정작
인도에 대해 관심을 갖는 사람은 별로 없었다. 인도가 한국 사람들의
관심을 받게 된 것은 그 나라의 실체로서가 아닌 만들어진 이미지 때
문이었다. 1970년대 말 미국에서 본격적으로 만들어진 '명상과 사색
의 나라, 신비한 땅 인도'는 1980년대 후반부터 본격적으로 한국 땅

에 상륙했다. 처음에는 문인이나 예술인을 중심으로 '잃어버린 나'를 찾아 떠나곤 했으나 이윽고 배낭여행 대학생을 거치더니 마침내는 그 지역에 사업하러 가는 비즈니스맨의 마음까지 점령하고 말았다.

1991년 인도가 국제통화기금(IMF)의 관리 체제 아래에서 시장 개방을 본격적으로 단행하고 1990년대 중반부터 현대자동차, 대우자동차, 삼성전자, LG전자와 같은 대기업의 비즈니스가 인도에서 크게 성장하면서 인도는 한국 언론의 큰 관심을 받기 시작했다. 인도에서는 나름 지식인에게조차도 상당히 낯선 어휘인 '브릭스'는 연일 한국 언론에 대서특필되었고, 인도는 드디어 '떠오르는 대륙'에서 '뜬 대륙'으로 각광받았다. 그러한 분위기를 주도한 언론은 조선일보나 중앙일보와 같은 대기업 중심의 신문과 일부 방송이었는데, 그들의 보도에 일반 시민은 물론이고 기업인들까지도 상당수 들떠 있는 상태다. 그러면서 많은 기업인들이 인도에 진출하기 시작했다. 그리고 많은 기업인들이 값비싼 실패의 수업료만 지불한 채 빈손으로 돌아온 경우가 많았다.

그런데 안타깝지만, 아시아에서 인도에 대해 체계적인 지식이나 정보가 가장 준비되어 있지 않은 나라는 한국일 것이다. 지리적으로 멀리 있는 탓에 우리와 역사를 공유하지 못해서도 그렇지만, 무엇보다도 우리의 관계가 너무 미·일·중에 경사되어 있어서 그렇다. 그래서 한국 사람들은 인도가 가지고 있는 정치·행정 차원의 다원성, 종교·사회체계·세계관 등의 이질적 성격과 통합 구조, 전통적 연고 문화에 서구화된 합리주의가 섞이면서 만들어진 독특한 풍토 등을 잘 이해하지 못하는 경우가 많다.

인도라는 나라를 기업이 진출할 시장으로 보든지, 유학 대상국으로 보든지, 은퇴 이민 대상국으로 보든지 아니면 배낭여행을 할 나라로 보든지, 그 어떻든지 간에 그 나라에 대한 연구는 꾸준히 진행되고 축적되어야 한다. 그래야 실패를 줄일 수 있고, 그래야 개인적으로나 사회적으로 모두 손실과 불행을 미연에 방지할 수 있는 것이다. 그런데 인도에 대해 준비가 아직 안 되어 있는 상태인데도 여전히 인도는 우리에게 보랏빛 희망일 뿐이다. 준비가 안 된 상태에서 보랏빛 희망은 자칫 구렁텅이가 될 수도 있다. 그렇다고 인도라는 나라를 피해가거나 외면할 수도 없는 처지. 그렇다면 이제 인도를 진지하게 연구하고 이해해야 한다.

인도에 진출하려고 하는 기업의 입장에서 볼 때 한국의 기업들은 대기업을 제외하고는 인도의 기업이나 시장에 대해 아는 수준이 아직까지는 매우 낮다고 평가해도 과언은 아닐 것이다. 이 시점에서 볼 때 현재 한국의 상황에서는 기존에 있는 인도에 대한 전문인 즉, 교수, 학생, 기업인, NGO활동가, 외교관, 교포 등의 네트워크 형성이 무엇보다 필요하다. 그런데 그 네트워크라고 하는 게 그리 쉽게 구축되는 것만은 아니다. 특정 기업체에서 그 일을 맡는다면 여러 가지 잡음과 구설수에 휘말릴 수 있고, 학자들의 모임인 학회가 그런 일을 맡자니 그 특유의 이론 중심이면서 현실과 유리되는 과정에 얽매일 수도 있다. 현재로서는 인도 전문기관을 산업계·관계·학계가 공동으로 투자하여 운용하거나 특정 대학이 그 일을 맡는 연구소를 설립하여 산업계와 관계를 연결 지으면서 일을 하는 모델을 생각해보는 것이 바람직할 것이다.

2

인도는 큰 나라이다. 그리고 한국은 작은 나라이다. 큰 나라이다 보니 한마디로 정의하기 어려울 만큼 다양한 것들이 많다. 한국은 한 곳에서 다른 곳으로 영향을 끼치는 파급의 효과가 매우 크고 빠른 나라인 반면 인도는 웬만한 일이 벌어져도 전체 나라가 그 한 영향 아래 휩쓸리는 일은 좀체 찾기 어렵다.

그래서 인도는 연방제 국가이다. 이를 달리 풀어보면, 인도는 연방제 민주주의가 가지고 있는 정치적 안정, 법치의 확실한 존재, 언론의 정상적 역할 등 외국인 투자자에게 유리한 조건이 되는 것은 곧 지방 정부의 독립성이 강하다는 사실과 같이 불리한 점으로도 작용한다는 점을 반드시 인식해야 한다는 뜻이 되기도 한다. 이러한 점에서 세계 최고 규모의 민주주의라는 사실 또한 마찬가지이다. 인도는 문맹률이 35%에 육박하고, 선거라는 게 상당히 부정·부패에 휩싸여 있으며, 집단주의의 광기에 휘둘리는 인민들이 많아 민주주의의 허상이 상당하다는 사실은 부인할 수 없다. 하지만 이 사실을 강조하는 것보다는, 세계 최대의 민주주의를 운용하고 있고, 그런 수준의 유권자들이 여러 차례 선거로 정권 교체를 이루고 있다는 사실이 더 중요하다.

2004년 4월 총선에서 회의당이 다수 의석을 확보했으나 과반수 의석에는 못 미쳐 진보적 군소 정당들과 제휴하여 UPA 정부를 구성했다. 연정에 참여하고 있는 공산당 등 진보 정당들은 노동자와 농민을 위한 정책을 펴라는 주장을 하면서 민영화 등 종래의 경제 개혁에 반대 목소리를 내고 있어 앞에서 지적한 열악한 환경의 개선이 쉬 풀리지 않고 있다. 현 만모한 싱 수상은 1991년의 외환위기 때 당시 회의당 재무장관으로서 개방 정책으로 전환하는 경제 개혁을 주도한 자유시장주의자이지만, 공산당 등으로 구성되어 있는 연립 정부 내의 다른 정당들과 마찰음을 일으켜 노동법 개정, 민영화, 재정 적자의 개선, 소비 시장의 개방 등을 제대로 정리하지 못하고 있다. 이러한 점에서 최근 2004년의 정권 교체는 시장 개방에 대한 반발을 잘 보여 준 사건이다. 그렇지만 정권이 바뀌어도 개방과 개혁의 속도가 더디게 진행될 뿐 후퇴하는 일은 없을 것이다. 이런 점에서 인도의 개방과 개혁은 중국보다 그 속도가 훨씬 느리지만 훨씬 안정적이라는 것이 더 매력적이다.

인도는 광활한 국토, 사회 기반 시설 미비, 현지 시장 친숙성 부족 등을 감안할 때 전체를 하나의 시장으로 간주하거나 일거에 전국을 아우르는 하나의 유통망을 갖추겠다고 생각하는 것은 무모할 수 있다. 주로 4대 도시를 중심으로 형성된 4대 상권별로 이해하고 접근해야 제대로 된 방법일 것이다. 4대 권역은 그 특성이 모두 다르므로 초기 단계에는 그 가운데 특정한 한 지역을 집중하다가 성과에 따라 에이전트의 활용 범위를 확대하는 것이 바람직하다. 여기에는 인도가 세계 최대 규모의 연방제 민주주의 국가라는 사실과 맞물려 있다. 즉, 특정 지역의 비즈니스는 연방 정부보다는 해당 주의 정부와 의회와의 관계에 더 의존적이라 할 수 있을 정도다. 따라서 에이전트 선정 시 해당 부문에서의 평판과 입지, 사업 능력과 마케팅 능력, 해당 업종에서의 전문성과 경험 등을 종합적으로 고려하여야 한다.

인도는 외견상으로 보면 선진적인 민주주의와 의사결정 시스템을 갖추고 있고, 여러 이해관계자들의 합의를 거쳐 일을 진행시킨다. 하지만 실상이 꼭 그런 것만은 아니다. 국제투명성기구가 발표한 2005년 국가별 부패 지수에 따르면, 인도는 10점 만점의 청렴도 지수에서 2.9점을 얻어 중국의 3.2점에 비해서도 낮은 수준의 청렴도를 나타냈다. 이는 의사 결정을 하는 관문을 지날 때마다 금전적, 비금전적 비용이 든다는 얘기다. 사회 시스템만이 아니다. 경제 시스템도 마찬가지다.

이러한 요인들로 인해 인도라는 시스템 하에서는 유형이건 무형이건 새로운 네트워크를 만드는 데 큰 어려움을 겪게 된다. 유통 네트워크와 같은 유형의 것은 고질적인 인프라 부족과 시장 지식 부족, 광대한 국토 등으로 인해 신규 구축에 큰 진입 비용이 필요하다. 마찬가지로 시장에 존재하나 보이지 않는 무형의 네트워크 형성에도 어려움이 따른다. 인도에서는 가족 경영을 하는 기업이 많아 그들 간에 신용을 쌓으며 외부인을 경계한다. 이런 무형의 네트워크는 기업인, 정치인, 공무원 등의 다른 네트워크로 연결된다. 그러므로 이런 네트워크에 연결될 수 있다면 사업에 매우 긍정적인 효과를 얻을 수 있다.

인도에 있는 네트워크를 활용하는 방법은 두 가지이다. 하나는 인도 네트워크에 편입하는 것이고, 다른 하나는 자신만의 네트워크를 직접 만들어 다른 네트워크와 접속하는 것이다. 일부 기업에서는 새로운 네트워크 구축에 드는 비용을 최소화하기 위해 제휴를 하는 경우도 있다. 각각의 산업이나 기업에 따라 상황이 다르겠지만, 기업과 기업 간에 서로 얻게 되는 이득을 계산하고 제휴를 맺을 수 있다.

한 술 더 떠 이야기하자면 인도는 인도 내에 있는 사람들로만 구성되어 있는 나라가 아니다. 물론 한국의 경우에도 재외동포가 존재하고 그들이 국내 경제에 끼치는 영향이 있지만 인도는 그런 정도가 아니다. 인도를 세계적으로 퍼져 있는 재외 인도인 네트워크의 기지로 생각해야 한다는 것이 바로 이런 점에서 나온 것이다. 인도는 19세기 초 영국 식민 시기부터 아프리카, 카리브 해 연안, 동남아 등으로 인력을 송출하였고, 2차 세계대전 후에는 영국, 미국, 호주 등지에 기술자 중심의 인력을 대거 보냈다. 그 인력들은 경제적으로 크게 성장한데다가 '귀향의 신화'가 강해 인도 경제 발전의 원동력이 되고 있고 나아가 세계 경제의 중추적 역할을 한다. 인교(印僑) 자본은 화교 자본 못지않게 중요하지만 화교 자본이 취약한 지역, 즉 아프리카, 카리브 해 연안 등지에 뿌리를 내리고 있다는 점도 무시할 수 없다. 대사관에서 그들과의 연대를 구축하면 인도 경제뿐만 아니라, 대서양 연안 특히 아프리카(특히 동부와 남부)와 카리브 해 연안 지역 시장에 한국 기업이 진출할 때 인교 기업과의 협력을 이룰 수 있다. 뿐만 아니라, 대사관이 인교 자본을 한국에 투자할 수 있도록 하는 징검다리 역할을 맡아야 한다. 인교 자본은 한국과 가까운 홍콩, 싱가포르, 태국, 인도네시아, 말레이시아 등에서 상당히 큰손이라는 사실과 그들은 매우 네트워크 관계가 끈끈하다는 사실에 주목해야 한다.

인도는 오랫동안 사회주의 성격이 짙은 혼합 경제 체제를 유지해 왔다는 사실에도 주목하여야 한다. 사회주의가 몰락하고 신자유주의가 팽배한 지금 그러한 기조는 많이 사라졌지만 유산은 아직도 상당하다. 즉 인도는 중국과 달리 급성장을 위해 복지(분배)를 완전히 희생하는 정책은 채택하지 않는다. 다수의 이익에 반하는 정책은 실시하려 하지도 않고 할 수도 없다. 일례로, 2004년 총선에서 집권당인 인도국민당(BJP)이 눈부신 경제 성장을 이루었음에도 불구하고 정권을 내준 것은 빈부격차를 줄이는 정책에 실패하여 가난한 사람들이 등을 돌렸기 때문이다. 이것이 인도에서 두드러지지는 않지만 분명히 막강한 영향력을 가진 가난한 사람들의 힘이다. 현재, 인도가 '글로벌 강대국'으로 비쳐지고 있지만 개방화 이후 지난 20여 년간 인도인들 대부분의 생활 형편은 더 나빠졌다. 바로 이 대부분의 서민들은 여전히 절박한 가난 속에서 살고 있고, 그들은 인도가 글로벌 강국의 지위에 올라야 한다는 선전에 그다지 쉽게 넘어가지 않는다. 그들은 자신들의 이익에 매우 민감하다.

다른 차원이지만, 인도는 세계 최고의 문명의 발상지라는 차원에서 자신의 이미지를 구축하고 있는 나라다. 따라서 인도는 자신들이 갖는 유무형의 문화유산에 대한 자부심과 자존심이 매우 강한 편이다. 기업인은 인도인들과 대화할 때 항상 이 부분을 염두에 두어야 한다. 인도인은 전체적으로 보수적이고 전통적이다. 따라서 한국인의 눈으로 인도인을 이해하는 것은 매우 어렵다. 그런데 많은 한국인들은 전체적으로 술을 많이 마시고, 몬도가네 식의 살생을 서슴지 않고, 폭력을 쉽게 사용하며, 성마르거나 화를 잘 내고, 성희롱이나 성추행 혹은 성매매를 좋아하고, 부하 직원이나 하인 등을 인격적으로 모독하기를 자주하는 등의 행태를 많이 보인다. 이러한 행태는 (여론 주도층) 인도인들에게는 대단히 충격적이다. 이러한 점에서 특히 조심해야 할 것은 일상에서의 작은 폭력 사용이다. 한국인들이 동남아시아 여러 나라에 심은 이미지가 인도에서도 얼마든지 재현될 소지가 다분하다. 즉, 기업의 임금 착취, 노동력 착취, 공작을 통한 노조 와해, 환경 파괴, 이윤 지상주의적 행태 등은 인도인들에게 한국인을 매우 무식하고 야만적인 이미지로 각인시킬 수 있다. 이러한 행동들이 보수적인 인도 정치에 잘못 휘말리면 걷잡을 수 없는 일이 벌어질 수 있다.

3

이 책은 그야말로 어려운 나라, 그렇다고 마냥 미뤄두고 있을 수만은 없는 나라 인도에 과감하면서도 끈기 있게 도전하고 있는 여러 기업인의 이야기를 담고 있다. 어떤 이는 인도 시장에 대해 이론적으로 분석을 하고 있는가 하면, 어떤 이는 몸소 부닥치고 겪어보면서 얻은 개인 경험을 풀어놓은 것도 있다. 모두가 다 부족한 정보와 지식을 열과 성 그리고 땀으로 메우면서 하나씩, 하나씩 얻고 쌓아놓은 보물 같은 지혜다. 모두가 다 자신이 얻은 지식과 지혜를 다른 사람과 함께 나누어 서로에게 도움이 되고 그것이 앞으로 인도에 진출하고자 하는 기업인이게 유익하게 되었으면 하는 바람에서 모은 주옥같은 글이다. 비록 글을 쓰는 일이 본업이 아니다 보니 약간은 어눌한 면도 없지 않은데다가, 각자 따로 글을 써서 모으다 보니 중언부언 중복된 점도 적지 않을 것이다. 하지만 길을 찾고자 하는 사람이 나름의 지혜로 읽고 정리해나가면 국내는 물론이고 다른 어떤 나라에서도 찾아볼 수 없는 중요한 정보를 캐낼 수 있을 것이다.

이 작은 책 한 권이 인도에 진출하려는 한국의 기업인들에게도 더없이 소중한 존재가 되기를 바란다. 그리고 나아가 인도에서 하는 사업이 모두 성공하고 그 성공이 개인의 이익 창출을 넘어 인도 사회에도 이롭고, 그들이 존경하는 훌륭한 기업인으로 성장하는 데 밑거름이 되기를 바란다.

이광수

한국외국어대학에서 인도학을 전공한 후 1983년 인도 델리대학교로 유학하여 석사와 박사 학위를 취득하였다. 부산에서 2003년 비정부기구인 아시아평화인권연대를 창립하여 반전평화 운동을 하고 있다. 주요 저서로는 『인도는 무엇으로 사는가』, 『인도사에서 종교와 역사 만들기』, 『암소와 갠지스』(공저) 등이 있고 역서로는 『인도고대사』, 『성스러운 암소신화』, 『침묵의 이면에 감춰진 역사』(산지니, 근간) 등이 있다. 현재 부산외국어대학교 러시아인도통상학부 인도통상전공 교수로 재직 중이다.

02

고속성장 바퀴를 단 인도 경제

오 화 석 네루대학교 객원교수

일전에 한국 대학교수 20여 분이 필자가 있는 인도 뉴델리 소재 네루대학교에 들른 적이 있다. 학술 세미나 참석차였다. 그들은 모두 상경대학 소속으로 최근 세계 경제흐름에 익숙한 분들이었다.

그분들은 자신들이 직접 목격한 인도의 실상에 혀를 찼다. 인도 경제가 잘 나간다고 알고 있었는데 와서 보니 한심하기 짝이 없다는 말이었다. 명색이 수도라는 뉴델리 시내는 한없이 허름하고, 길거리 사람들은 누추하기 이를 데 없다. 인도의 경제 발전상을 기대하고 왔는데 경제 발전은 고사하고 거지들만 실컷 보고 간다고 입을 모았다.

비단 방문객뿐이랴. 인도에 상당 기간 살았던 한국 기업 주재원들도 그런 생각을 가진 사람이 적지 않다. 도로와 공항, 항만 등 열악하기 짝이 없는 사회기반시설, 하루에도 여러 차례 나가는 전기, 안 좋은 상수도 사정, 희박한 국민들의 질서의식 등 인도에 살면서 짜증나게 하는 점들은 널리고 널렸다. 그러니 인도에 몇 년간 거주한 사람들도 인도의 잠재력을 높이 평가할 리 없다.

겉으로 보이는 것뿐만이 아니다. 인도는 힌두교라는 특별한 종교를 믿고, 카스트라고 하는 세계 유일의 제도화된 신분계급을 유지하고 있는 나라다. 따라서 이런 사상과 정신세계를 갖고 있는 인도인들에게서 빠른 경제 성장을 기대하기는 무리라는 것이다. 일면 타당한 지적이다.

그렇다면 인도의 경제 발전은 기대 난망일까. 인도가 극심한 가난을 벗고 선진 강대국으로 진입하는 것은 요원한 꿈일까. 일부에서 얘기하는 '21세기는 인도의 세기'라는 말은 허망한 장밋빛 전망일까. 그러나 인도의 발전 가능성을 이처럼 부정적으로 보는 시각은 매우 근시안적이고 단편적이다. 겉으로 드러난 현실만 보고 실제 인도의 잠재력을 간파하지 못하고 있기 때문이다.

인도는 '천(千)의 얼굴'을 하고 있는 나라다. 인구가 11억이나 되는 데다 지역에 따라 문화와 언어, 풍습, 환경 등이 아주 다르고 발전상이 천차만별이다. 그래서 인도의 일부를 보고 '인도는 이렇다'고 일반화하는 것은 참 위험하다. 인도는 최근 상당히 빠른 속도로 변하고 있다. 단지 언뜻 보기에 그 변화가 쉽게 눈에 띄지 않을 뿐이다. 인도를 제대로 아는 사람에겐 인도가 그야말로 상전벽해(桑田碧海)식으로 많이 변했고, 변하고 있다.

얼마 전 인도 뉴델리 지사에 발령이 난 삼성전자 중견 간부는 "인도가 그동안 엄청나게 변했어요. 특히 델리 인근 신도시 구르가온(Gurgaon)과 노이다(Noida)를 가보곤 깜짝 놀랐습니다. 그곳은 전혀 인도 같지 않게 급속히 변하고 있었습니다."라며 놀라워했다.

그는 8년 전 인도에 2년간 지역전문가로 다녀갔다. 당시에는 인도의 발전상을 논한다는 것 자체가 사치처럼 여겨졌다. 길거리는 고물차와 슬럼으로 가득하고 곳곳에는 걸인들로 넘쳤다. 그러나 8년이 지난 후 다시 찾은 인도는 자신이 알고 있던 인도가 아니었다. 도로에는 고물차 대신 새 차들로 홍수를 이루고 있고, 길거리는 지하철 공사와 도로 확장공사로 전 도시가 온통 공사판이다. 낡은 건물은 헐리고 새 건물로 말끔히 바뀐 곳이 많다. 길거리를 온통 메우고 있던 빈민촌도 찾기 쉽지 않고, 거지들 숫자도 많이 줄어들었다.

이런 모습은 비단 델리 지역에만 국한된 현상이 아니다. 뭄바이나 벵갈루루, 첸나이 등 인도 대도시에 가면 어렵지 않게 확인할 수 있다. 규모는 작을지라도 웬만한 중소 도시에도 발전과 변화 바람이 거세게 불고 있다.

인도의 변화를 몰고 온 중심에는 IT 산업이 있다. 1990년대 말부터 불기 시작한 인도 IT 산업 발전 붐은 전 세계에 인도의 부상(浮上)을 알리는 신호탄이었다. 이제 '인도 하면 IT, IT 하면 인도' 란 말은 상식이 되었다. 2008년 인도 IT 소프트웨어 수출액은 약 500억 달러를 초과할 것으로 전망된다. 미국에 이어 세계 2위다. 우리나라 소프트웨어 수출액에 비해선 30배가 넘는다.

인도 IT 산업의 중요성은 단지 이 분야의 매출이나 수출액에만 달려 있지 않다. 인도 IT 산업 붐은 수백 년간 잠들어 있던 '코끼리 대류' 을 깨어나게 했다. IT 산업에서 당겨진 성장의 불씨는 BT(생명공학), 의학, 제조업, 부동산, 소매 판매, 교육 등 전 산업으로 옮겨 붙어 활활 타고 있다.

현재 인도 주요 도시 곳곳에는 서구식 쇼핑몰이 하루가 멀다 하고 세워진다. 델리만 해도 고급 쇼핑몰의 대명사였던 안살 플라자(Ansal Plaza)와는 규모와 고급스러움 측면에서 비교할 수 없는 시티 워크(City Walk) 등 초대형 럭셔리 쇼핑몰이 속속 들어서고 있다. 쇼핑몰에는 쇼핑객으로 인해 발 디딜 틈도 없다. 서민들이 주로 찾는 재래시장에도 쇼핑 열기는 폭발적이다. 경제가 고속성장하면서 주머니가 두둑해진 중산층들이 상품 구매에 열을 올리고 있는 것이다.

세계적 컨설팅 회사인 AT커니는 최근 보고서에서 인도가 중국과 러시아를 제치고 세계에서 가장 매력적인 소매시장으로 부상했다고 전했다. 3,500억 달러(330조 원) 규모인 인도 소매시장은 매년 20%씩 고성장하고 있다. 3년 후인 2011년에는 약 8,000억 달러로 지금보다 두 배 이상 성장할 전망이다.

휴대폰 시장은 인도인들의 변화와 소비혁명을 가늠할 수 있는 리트머스 시험지다. 최근 인도인들의 새 휴대폰 구매자는 매달 800만~1,000만 명에 이른다. 1년에 자그마치 9,000만 명이 넘는다. 우리나라 인구의 두 배에 달하는 사람들이 매년 휴대폰을 새로 개설하는 것이다.

명품시장도 각광받고 있다. 고도성장으로 부유층이 늘어나면서 불가리, 루이비통 등 명품을 비롯해 고급 크루즈 여행, 롤스로이스,

벤틀리, 마이바흐 등 세계적 명차, 심지어 요트와 자가용 비행기 등 초고가 사치품 판매가 급증하고 있다. 델리나 뭄바이, 벵갈루루 등 대도시를 가면 벤츠나 BMW, 아우디, 도요타, 혼다 등 고급차를 흔히 볼 수 있다. 얼마 전만해도 인도에서 이런 고급차는 구경하기 힘들었다는 점에서 이는 최근 인도 경제 성장을 잘 보여주는 사례다.

또 인도에선 특권층 스포츠로 여겨지는 골프 인구도 빠른 속도로 증가하고 있다. 외국인들로 가득 찼던 골프장과 골프연습장에는 요즘 인도인들로 북적인다. 얼마 전만해도 외국인들을 끌어들이려고 안달했던 일부 고급 골프장 회원권은 대사급 외교관이나 저명 기업의 대표가 아니면 이젠 구할 수 없을 정도가 됐다.

인도는 억만장자가 아시아에서 가장 많은 나라다. 일부 한국인들은 인도의 개인당 국민 소득이 약 1,000달러에 불과한 것만 보고 인도에 와 돈 자랑을 하곤 한다. 자신이 얼마 정도의 돈이 있는데 이 돈이면 인도 시장을 흔들어놓을 수 있지 않겠느냐며 투자처를 문의한다. 이는 인도를 몰라도 한참 모르는 소치다. 2008년 미국의 경제잡지 〈포브스〉가 발표한 바에 따르면 인도의 억만장자는 53명으로 아시아에서 가장 많았다. 억만장자란 10억 달러(1조 원) 이상의 천문학적인 재산을 가진 갑부를 일컫는 말이다. 이런 억만장자가 중국에는 42명, 일본에는 24명에 그쳤다. 우리나라의 억만장자는 이건희 전 삼성전자 회장 등 12명에 불과했다. 게다가 인도는 ‘세계 10대 억만장자’에 4명의 명단을 올려 미국(2명)보다도 더 많은 초대형 갑부를 보유하고 있는 나라다. 개인당 국민소득이 아주 적다고 해서 인도에서 돈 자랑하는 것은 어리석은 일이다.

인도 부동산 시장의 열기는 한국에도 잘 알려져 있다. 대도시나 인근 부동산 값은 최근 천정부지로 뛰었다. 경제성장에 따라 시골 인구가 도시로 유입되고 외국인들이 대거 인도로 몰려오면서 주택 공급이 수요를 따라가지 못하는 형국이다. 인도 부동산 시장은 한해 500억 달러 규모로 연평균 30% 이상 성장을 이어가고 있다. 대도시에선 부동산 값이 한해 몇 배씩 뛰는 곳도 많다. 바닷가인 뭄바이의 반드라웨스트, 말라바힐 등은 국내외 부자들의 최고 투자처로 각광받는다. 이들 지역 주택 값은 서울 강남을 호가한다. 일각에서 부동산 거품이 터질 것이라는 경고가 나오기도 하나 인도 부동산의 '거침없는 하이킥'은 계속되고 있다.

그동안 저조했던 제조업도 호황을 누리고 있다. 2008년 초 인도 유력 자동차 회사인 타타모터스는 240만 원짜리 자동차를 선보여 전 세계 초저가 승용차 혁명을 선도한다. 타타스틸은 영국 최대 철강기업인 코러스를 인수해 세계 5위의 철강기업으로 우뚝 섰다. 또 수즐론이란 회사는 풍력에너지 개발로 세계 대체에너지 분야에서 앞서가고 있다. 이들 사례는 앞으로 인도가 제조업에서도 더 이상 뒤쳐지지 않을 것임을 예고한다.

인도 정부는 산업화를 달성하고 빈곤을 해결하기 위해선 IT 등 지식산업만으로는 한계가 있다는 판단 하에 제조업을 적극 육성 중이다. 이에 따라 도입한 것이 중국의 경제발전 모델을 본 딴 경제특구(SEZ) 제도. 현재 400여 개의 경제특구가 승인돼 이중 60여 개가 운영되고 있다. 이와 관련해 글로벌 컨설팅 회사인 캡제미니는 인도가 향후 5년 안에 세계 제조업의 중심지로서 중국과 어깨를 나란히 할 것이란 보고서를 최근 내기도 했다.

그동안 외국인들에게 불평의 대상이었던 공항도 최신식으로 옷을 갈아입고 있다. '인도의 실리콘밸리'로 불리는 인도 IT 허브 벵갈루루와 또 다른 하이테크 도시 하이데라바드에 국제수준의 신공항이 완공됐으며, 델리 신공항도 한창 공사가 진행 중이다. 지하철이란 게 전혀 없던 인도에 지하철도 속속 선을 보이고 있다. 지난 2005년 델리 지하철 1, 2구간이 개통된 이후 현재 3기와 4기 공사가 진행 중이며, IT 허브 벵갈루루에서도 지하철 굴착공사가 시작되었다.

인도는 요즘 중국과 더불어 세계 경제 성장의 엔진 역할을 톡톡히 하고 있다. 지난 1991년 경제 개방 후 10년간 평균 성장률은 과거 3%대에서 6%로 높아졌고, 최근 4년간은 8.6%로 급상승했다. 특히 2006년과 2007년에도 각각 9.4%와 9.1%로 9%가 넘는 높은 성장세를 이어갔다.

이런 인도의 고속 성장은 지속될 것인가. 필자는 앞으로도 인도의 고속 성장세가 지속될 것이라고 믿는다. 그 이유는 경제성장을 좌우하는 노동, 자본, 기술과 정책 등에서 인도의 잠재력이 크기 때문이다.

첫째, 노동력 측면에서 인도는 희망적이다. 11억이라는 거대한 인구에 인구 구성원도 매우 젊다. 전체 인구의 60%가 25세 이하다. 노령화를 걱정할 필요가 없다. 여기에 교육열과 교육 수준이 날로 높아지고 있다. 물론 아직도 인도의 문맹률은 40% 가까이 되지만 이를 퇴치하려는 정부와 사기업의 노력이 한층 강화되는 상황이다. 신문

등 인도 언론을 보면 대학(원) 입학과 과외, 영어, 기술학원 광고로 홍수를 이룬다. 교육열 면에서 결코 우리 못지않다. 11억의 거대 인구를 가진 나라에서 교육 열기가 갈수록 뜨거워지는 것을 보면서 인도의 장래를 낙관하지 않을 수 없다.

인도 경제성장을 낙관하는 둘째 이유는 늘어나는 자본 때문이다. 현재 인도 국내 자본은 급증하고 있고 해외 자본 유입도 매우 활발하다. 2년 전 4,000포인트를 밑돌던 뭄바이 선섹스 지수는 2008년 8월 현재 1만 5,000선을 넘나들고 있다. 주가가 크게 높아져 기업들의 돈이 엄청나게 불어났다. 여기에 외국인 투자 물결도 러시를 이룬다. 지난 2004년 35억 달러에 불과했던 외국인직접투자(FDI)는 2007년 250억 달러로 급격하게 불어났다. 2008년에는 350억 달러를 초과할 것으로 예상한다. 한마디로 경제발전에 기여할 수 있는 자금이 기대 이상으로 흘러 들어오고 있는 것이다.

셋째 요인은 기술력이다. 아무리 노동력과 돈이 많다고 해도 뛰어난 기술력이 없으면 글로벌 시장에서 살아남을 수 없다. 현재 인도 기술력은 선진국들에 비해 한참 뒤져 있다. 그러나 인도는 기술력의 후진성을 해외 기업 인수합병(M&A)을 통해 해결하고자 한다. 해외 기업 인수로 기업 덩치를 키우는 한편 선진 기술을 습득하겠다는 전략이다. 최근 인도 기업의 해외 기업 인수 합병 사례는 무궁무진하다. 2007년 인도 기업의 총 M&A 사례는 1,070건으로 액수로는 무려 722억 달러에 달했다. 자동차에서 철강, IT, 생명공학, 에너지, 석유화학, 금융에 이르기까지 인도의 해외기업 사냥은 전방위적이다. 2008년만 해도 타타모터스가 포드자동차로부터 재규어 및 랜드로버

부문을 인수했다. 이처럼 인도는 경제발전에 필요한 선진 기술도 발빠르게 습득하는 중이다.

다음, 인도의 경제 성장을 낙관하는 또 다른 요인은 인도가 취하는 바른 정책 때문이다. 비록 노동, 자본, 기술 등 경제발전을 위한 기초 조건이 갖추어졌다고 해도 정책이 바르지 못하면 빠르고 지속적인 경제성장을 기대하기 어렵다.

인도는 1947년 독립 이후 사회주의적 경제 정책을 채택했다. 초대 총리 자와할랄 네루는 인도를 '역동성과 다양성을 지닌 새로운 대국'으로 만들겠다고 호언장담했다. 이를 위해 그는 정치는 서구 민주주의를, 경제는 소련식 사회주의를 모델로 채택했다. 다른 나라에선 찾아보기 힘든 인도 특유의 혼합식 통치 체제다. 이에 따라 정치는 '민주주의의 과잉'을 우려할 정도로 발전했지만 경제는 지지부진했다. 기업을 세우고 물건을 만드는 것조차 일일이 정부 허가를 받아야 하는 등 규제와 통제가 극심했기 때문이다. 기업가 정신을 정부 손 안에 묶어둔 이 같은 '허가제 경제(License Raj)' 하에서 인도의 성장률은 3~4%에 머물렀다. 그래서 일각에선 이를 '힌두 성장률(Hindu Rate)'이라고 비꼬았다.

그러나 1991년 외환위기를 맞은 후 인도 경제는 적극적으로 개방에 나선다. 허가제 철폐, 외국자본 유치, 공기업 개혁, 규제완화 등 전형적인 개방정책을 적극 추진했다. 네루 총리 이후 40년 이상 추구해온 정부 간섭과 수입대체정책 위주에서 벗어나 수출 지향적이고 시장경제 지향으로 바꾼 것이다. 이때부터 인도 경제는 도약하기 시작한다. 개방 후 10년간 평균 성장률은 6%로 높아졌고, 최근 5년간은 8.6%로 급상승했다. 특히 2006년에는 9.4%, 2007년에는 9.1%의 고성장을 달성함으로써 세계 12위 경제 규모로 올라섰다. 물가를 고려한 구매력 기준으로는 미국과 중국에 이어 세계 3번째 경제 대국으로 부상했다.

올바른 정책으로 바꾸자 경제에 지각변동이 일어난 것이다. 올바른 정책은 경쟁력 있는 노동, 자본, 기술 등을 창출하고 이는 다시 올바른 정책을 추진하도록 강요한다. 즉, 이 네 가지 요인이 서로 맞물리면서 경제 성장을 촉진하고 있다. 인도는 현재 이들 네 가지 요인이 방향을 제대로 잡고 선순환하며 급속한 경제성장을 이끌어낸다. 비록 최근 전 세계적인 유가와 원자재 값의 급등으로 인해 인도 경제가 부침의 모습을 보이고 있지만 연평균 최소 7~8%대 이상의 고성장은 이어갈 것으로 예상된다.

골드만삭스는 지난 2003년 인도가 연간 5~6% 성장할 때 2030년에는 일본을 따라잡고 세계 3대 경제 강국이 될 것으로 예상한 바 있다. 그러나 현재 인도 경제는 이보다 훨씬 빠른 성장률로 치고 올라가는 중이다. 인도 경제에 특별한 악재가 발생하지 않는 한 머지않은 장래에 인도가 경제 강국으로 도약할 것임은 거의 확실해지고 있다.

인도에 진출한 한국 대기업 법인장은 필자와의 만남에서 인도 경제의 급등세를 보며 이렇게 경고한 적이 있다.

"인도 국민의 평균 소득도 낮고 대도시 길거리에 사람들의 행색은 누추해 한심해 보이지요. 그러나 인도는 지금 금융, 산업 등 경제가 눈부시게 성장하고 있습니다. 이런 추세로 가면 우리가 조만간 인도를 상전으로 모시게 될 날이 올 것입니다. ……"

'인도를 상전으로 모시는 날', 그런 날이 와서야 되겠는가. 정부는 물론 기업과 기업인들이 적극적으로 나서서 인도의 부상에 대비해야 한다. 비록 위험이 높긴 하지만 미래 황금어장인 인도 시장을 놓쳐서는 안 될 것이다. 인도는 빼앗겨선 안 될 대단히 중요한 시장이다.

오화석

인도 뉴델리 소재 자와할랄 네루대학교 국제학부 객원교수로 경제학을 가르치고 있다. 매일경제신문, 한국일보사 등에서 약 20년간 기자로서 활동했다. 한국외국어대학교에서 서반아어를 전공했고, 동 대학원에서 국제관계로 정치학석사를, 미국 하와이대학교 대학원에서 경제학석사와 박사학위를 취득했다. 저서로는 『슈퍼코끼리 인도가 온다』, 『차이나쇼크』(공저), 『국제뉴스로 세상을 잡아라』(공저), 『노무현시대 뉴 파워엘리트』(공저) 등이 있다.

03

진화하는 인도와 한국의
상호교역 관계

수렌더 쿠마르 주한인도대사관 일등서기관

예사롭지 않은 인도와 한국의 역사적 우호 관계

혈연관계로 시작된 인도와 한국의 역사적 관계에 대해선 한국에서 잘 알려진 사실입니다. 이제 인도에서도 이러한 사실을 알고 있는 사회지도층 인사나 경제인이 적지 않습니다. 물론 11억 인도 인구 중에서는 그 숫자가 소수이겠습니다만, 한국을 염두에 두고 있는 인도인들에게는 매우 감동적인 사실이, 인도와 한국이 과거에 혼인관계로 맺어진 깊은 사이라는 점입니다. 아시겠지만 인도인에게 가족이라는 의미는 매우 뜻이 깊습니다. 그만큼 가족관계의 연관성은 상대에 대한 신뢰와 지지를 동반합니다.

신라, 고구려, 백제의 삼국시대, 그 시절을 바탕으로 작성된 한국의 역사서 『삼국유사』에 나오는 사실에 의하면 아요디야의 공주가 가야왕국으로 건너와 김수로왕과 혼인을 맺고 한국 역사에서 허왕옥이라는 왕비로 나타난 사실을 두고 인도인들은 한국과의 혈연관계를 뜻 깊게 생각하는 것입니다. 역사서의 표현이 자세한 내용을 담고 있지는 않으나, 그것에 대한 구체적인 사실보다는 주어진 의미에 더 뜻을 둡니다. 사람을 통한 혈연관계와 이후 이어진 불교문화의 이전은 한국과 인도가 현대사회에서도 정치적으로나 경제적으로 더욱 더 긴밀한 관계가 이어질 것을 시사하고 있습니다.

해마다 늘어나는 교역관계

과거에 비해서 규모나 교역 범위가 늘어가고 있고 광범위해지고 있다는 사실은 지난 통계에 의해서 잘 알 수 있습니다. 이제는 미치는 범위가 제한된 곳이 없을 지경입니다. 물적 교류만을 의미하지는 않습니다. 많은 한국인들이 인도로 가고, 거기서 사업을 하며 생활을 하고, 역시 적지 않은 인도의 젊은이들이 정보통신 분야나 기계 엔지니어링 분야의 전문 직업인으로 한국의 기업에서 그 역할을 다하고 있습니다.

인도와 한국은 국가관계에서도 더욱 진일보하였습니다. 전임 노무현 대통령께서 2004년 10월 인도를 정상 방문하였던 사실은 21세기 들어서서 양국 관계의 큰 이정표가 되었습니다. "평화와 번영을 위한 장기적 동반자 관계"의 선언이 그렇습니다.

인도에서도 역시 압툴 깔람 전임 대통령께서 2006년 2월 한국을 방문하여 그 관계를 더욱 공고히 하였고 실질적인 상호관계 증진이 이루어지도록 하였습니다. 이 방문에서 이루어진 역사적 사실이 '포괄적경제동반자협정(CEPA)'에 들어서기 위한 양국 기관의 공동연구 그룹 결성을 선언한 것입니다.

공동연구그룹의 연구결과 '포괄적경제동반자협정'의 협상이 개시되었고 이제 12차 회의를 지난 2008년 9월 서울에서 개최하여 이 회의에서 양국 실무대표단은 대체적인 합의점에 이르고 이를 발표하였습니다. 2008년 이내에 양국이 공식으로 문서에 서명할 것이며 이에 따라 2009년 중에 양국의 포괄적 경제동반자 관계는 발효하게 될 것입니다.

이번에 합의된 CEPA로 인하여 세계 경제규모에서 12위와 13위를 차지하는 양국의 교역을 더욱 가속화될 것입니다. 이미 이 협정 이전에도 양국 교역은 지난 3년 동안 매년 27%씩 증가하여 이제 2007년에는 드디어 100억 달러를 돌파하여 112억 달러에 이르렀습니다. 66억 달러어치의 상품이 인도로 수출되었고 46억 달러어치가 인도에서 수입되었습니다. 이러한 추세로 본다면 2008년에는 양국 교역이 150억 달러에 달할 것으로 예상하고 있습니다. 매우 놀라운 속도의 증가가 아닐 수 없습니다. 이 가운데 CEPA가 발효되면 양국 교역의 폭과 양은 더욱 늘어날 것임이 틀림없습니다.

여기서 흥미로운 것은 이러한 교역의 확대가 어느 일방의 독주에 의한 증가가 아닌 상호 증가라는 점입니다. 수입과 수출의 차이가 매년 좁혀지고 있다는 점이 양국 관계의 긍정적 모습이 아닐 수 없습니다. 당초에 인도는 한국으로부터의 무역수지 적자 폭이 컸었지만 지난 3년 동안 이점에서 많이 개선된 바 있습니다. 인도의 한국 수출이 3년 동안 150% 증가했고 그 반면에 한국의 인도 수출 증가는 81%였습니다. 이러한 점에서 이제 양국의 교역은 균형을 잡아가고 있다고 말할 수 있습니다.

무엇을 주고받고 있는가?

전통적으로 인도는 한국에 석유제품, 철광석 등 금속광물, 면사, 오일 케이크, 반제가공 철제품, 화학과 의약 관련 여러 원료와 중간재를 중심으로 한 소비재 이전의 산업용 원자재를 중심으로 수출하여 왔습니다. 반면에 한국은 인도에 자동차 부품과 전자제품 그리고 철강 완제품, 휴대전화기, 기계류와 공구 등을 수출하고 있습니다.

그런 가운데 최근에 일어난 두드러진 변화가 있다면 인도에서 한국으로 농수산물 관련 제품의 수출이 늘고 있다는 점입니다. 설탕과 과자류 그리고 유제품, 종이 펄프와 견과류, 식물성 오일과 수산물이 대표적인 상품입니다. 또 다른 변화는 다이오드와 같은 반도체, 트랜스미터, 감광성 반도체 디바이스 등의 수출이 이전과는 다른 모습입니다. 그 외로는 인도 전통 공예품, 진주를 포함한 다이아몬드와 같은 보석류나 준 보석류 등이 한국으로 꾸준히 들어오고 있습니다.

한국의 인도 수출에서 나타난 새로운 변화로는 철가공제품의 증가입니다. 스테인리스 봉이나 앵글 파이프, 튜브 등 가공제품이 많이 늘었고 전자제품 부품이 급증하고 있으며 고물 추수용 기계장구의 수출도 포함됩니다.

사실 인도는 농산물과 식품류에서 경쟁력을 가지고 있는 수출국가입니다. 수산물에서도 그렇고 더욱이 전 세계적으로 의약품과 제약·화학 관련 수출을 많이 하고 있습니다. 공예품 수출도 매우 큽니다. 그래서 인도는 앞으로 한국에 대해서 차와 커피 그리고 담배와 과일 및 채소류 등 농수산물과 낙농제품 그리고 수공예품 분야에서 교역이 더욱 늘어나기를 바라고 있습니다.

그동안 양국 사이에 있었던 무역사절단 등의 교류를 통하여 이러한 분류의 교역 정보들이 상호 교환되어 절차와 방법에 있어서 많은 시도가 이루어져왔습니다. 아마도 한국으로서는 정보통신기술 분야의 기술개발 용역이나 교육 등에서도 인도와의 관계를 통하여 비용 절감에 의한 상호 이익을 찾아낼 수 있을 것입니다.

인도에 대한 한국의 수출은 알려졌다시피, 자동차 부품, 엔진 등 기계류, 철제상품 그리고 이동통신 장비 등등의 IT 관련 제품, 선박이나 보일러, 석유화학 제품 등에서 늘어나고 있으며 규모는 더욱 확장될 것입니다.

인도와 한국의 중소기업 교류기회

현대자동차, 삼성전자, LG전자 그리고 포스코, 롯데 등과 같은 한국의 대기업은 이미 인도에 진출 거점을 마련하였고 거의 대부분은 성공적인 투자 결과를 이루었습니다. 그 결과 이들과 관계된 한국의 중소기업들이 인도 진출을 이어나갔습니다. 여기에서 인도와 한국의 양국 중소기업들이 좀 더 확장된 협력관계를 가질 필요가 있습니다.

현재 한국의 중소기업은 정보통신기술 산업의 벤처기업이나 엔지니어링 제조, 의류 기업 등등에서 인도에 투자 기회를 계속 발굴하고 있는 것으로 알고 있습니다. 직접 투자이거나 아니면 거점을 인도에 세우기 위해서 인도의 비즈니스 파트너를 구하고 있기도 합니다. 인도에서의 낮은 생산비용을 활용하여 인도시장에 접근할 수 있는 기회는 분명 한국의 중소기업에게는 매력적인 조건이 아닐 수 없습니다. 텍스타일이나 기성 의류제품 그리고 의약과 공예와 보석 장신구류 산업에서 인도의 장점을 활용하고 인도의 성장하는 시장을 겨냥하여 인도의 중소기업과 제휴하거나 협력하여 진출하는 것은 상호 이익을 실현시킬 수 있는 좋은 방법입니다.

이런 점에서는 분명 이러한 중소기업의 진출이 성공할 수 있다는 것을 증명할 수 있는 표본 사례들이 있습니다. 그런 까닭에 한국 중소기업의 인도 사절단이나 인도 중소기업의 한국방문 사절단이 최근에 여러 번 교류되었습니다. 한국 중소기업의 해외진출에 있어서 인도가 여타 나라보다 선호된다고 생각합니다. 저로서는 여러 방면에서 이러한 협력이 가능하다고 생각하지만 그중에서도 특히, 자동차 부품제조, 애니메이션, 게임 등과 같은 디지털 콘텐츠 산업, 약품생산, 소프트웨어 어플리케이션과 하드웨어 엔지니어링, 섬유 및 의류 산업, 중소 규모의 기계류 산업, 식료품 가공 산업 등이 더욱 유망하다고 여깁니다.

중소기업 교류를 위한 정부의 협력도 활발하다

양국 중소기업의 협력을 진흥시키기 위한 정부기구 교류도 많이 늘어났습니다. 이러한 교류를 통하여 각자의 중소기업에 대한 정부 시책과 보호 그리고 육성에 대한 내용을 이해하게 되었습니다. 그러한 가운데 교류를 통해 중소기업의 경쟁력을 높이는 방안을 협력하게 되었습니다. 인도와 한국 중소기업들의 기술 교류와 마케팅 교류를 늘리는 것에 정부기구의 협력이 필요한 것입니다.

이러한 조치로 양국 기관들의 양해각서체결이 이루어졌습니다. 인도의 영세기업 및 중소기업 산업부와 한국의 중소기업청이 실질적인 협력관계를 논의 중에 있으며 그에 앞서 한국 중소기업진흥공단과 인도의 소기업연합회(NSIC) 사이에는 이미 양해각서가 체결되었습니다. 협약에 따라 기술이전과 투자에 대한 교류가 중소기업들 사이에 이루어지도록 효과적인 지원이 이루어지고 있습니다.

인도 정부는 중소기업의 육성을 위하여 해외 여러 국가들과 협약을 맺고 있습니다. 국가의 경쟁력에는 중소기업에 대한 육성이 바탕이 된다는 사실을 알고 있기 때문입니다. 물론 각 나라마다 중소기업에 대한 정의가 다르기에 이를 일률적으로 말하기는 어렵습니다. 한국의 중소기업 범위는 인도의 소기업과 영세기업 분류에 비하여 그 범위가 넓습니다.

국가의 경제를 성장시키는 데 영세기업이나 중소기업을 발전시키는 것이 가장 핵심적인 성장엔진이 됩니다. 많은 국가들이 중소기업을 지원하기 위한 여러 기구를 구성하고 있는 까닭입니다. 이점은 인

도도 마찬가지입니다. 기관들이 있고, 영세기업과 중소기업 육성발전
에 대한 법령 MSME Act 2006과 같은 관련 법규가 마련되어 있습니다.

국제교류를 통한 중소기업 육성

인도와 한국 중소기업들의 교류에 대해 인도정부는 많은 관심을
갖고 지원하고자 합니다. 각국 중소기업들이 필요로 하는 각각의 정
보를 널리 알리고 협력관계를 맺도록 교류를 증진시키고자 합니다.
교류를 통하여 상호이익을 높임으로써 중소기업이 발전하면서 글로
벌 경쟁력을 갖추어가는 것이 양국의 교류를 더욱 값지게 만들 것이
기 때문입니다.

인도와 비즈니스 관계를 갖고 있는 많은 한국 기업인의 모임인 인
도포럼이 인도와 한국 중소기업의 교류를 증진시키는 데 많은 도움
을 주고 있다고 생각합니다. 그런 가운데 인도포럼이 이러한 기업인
들의 경험을 모아 책을 발간하게 되었으니 이를 통하여 많은 한국 기
업인들이 인도를 더욱 이해하고 관계가 넓혀질 것이라 생각합니다.
이에 격려와 찬사를 보냅니다.

PART

2

인도는이렇게
공략하라

변화를 긍정적으로 받아들인다면 향후 2015년까지는 지속적으로 성장할 것으로 예측하는 인도경제의 내수 수요는 이미 진출한 한국 기업에게는 현지에서 글로벌마케팅을 이룰 수 있는 좋은 기회가 아닐 수 없다.

01

제조업 진출, 단 하나의 이유는 '시장'

김응기 (주)비티엔 대표이사

꿈꾸는 인도 진출 그러나 험난한 도전

뭄바이에서 고아 방면으로 내려가다가 마주하게 되는 인도 서해안 남부 산업단지에 공장을 건립 중인 한국 중소기업이 있다. 통신부품의 제조 기업이다. 2008년 9월, 완공을 앞두고 공장 가동에 필요한 설비를 인도로 보내기 위해 한국에선 선적을 마쳤다는 소식을 최근 듣게 되었다.

상당수 한국 기업이 진출한 뭄바이에 인접한 푸네 산업단지에서 남쪽으로 500여 킬로미터를 내려가야 만날 수 있는, 일반 여행객의 발길조차 닿기 어려운 인도 서남부 해안에 있는 산업단지에 한국 기업이 부품제조업으로 인도 내수시장 진출을 감행하고 있다. 이 일대에 유일한 한국 투자기업이다.

은행관리 소유의 기존 로컬 공장을 인수하여 시설 개보수 및 증축을 하는 공장건립 과정은 이제까지 큰 문제없이 진행되었으나 준공을 앞둔 이제부터가 험난한 행보이다. 당초 약속된 인도 로컬 기업 납품은 확정도 되지 않은 채 공장 가동 여부를 두고 보자는 식으로 미루어진 상태에서 시간만 흐르고, 또 운영자금을 위해 공장을 담보로 대출을 하려는데, 철석같이 약속했던 현지금융기관이 이제는 대출이 되는 것도 아니고 안 되는 것도 아닌 상태로 딱 부러진 결론을 내주지 않고 미적거리는지라 진출기업 법인장의 마음은 하루하루가 좌불안석이다. 애초에 문서로 보장받은 것도 아니고, 구두약속에만 의지하여 무모하다시피 철석같이 믿고 현지 일을 진행하다가 난관에 마주친 것이다.

게다가 공장건설을 맡은 인도 현지회사가 공사대금을 이런 저런 핑계로 앞당겨서 받은 이후로 점차 공사기일이 늦추어지는 것도 여간 골칫거리가 아니다. 이런 어려움이 길목마다 나타날 때 진출초기의 장밋빛 전망은 어느덧 상처투성이가 되어갔다.

그러나 이 지역 일대가 굴지의 인도 통신제품 제조업체들이 포진한 곳으로, 초기의 사전 정보 미흡과 경험미숙으로 인한 어려움에 좌절하지 않고 잘 극복해낸다면 그 결과에 따라서 사업 전개양상은 크게 달라질 수 있을 것이다.

뭄바이에서 남동으로 160여 킬로미터 떨어진 곳에는 자동차를 비롯한 다양한 분야의 제조업이 들어서 있는 인도 산업도시 푸네가 있다. 이곳, 시 외곽에 있는 LG전자인디아 제2공장으로 가는 방향에 한국기업이 세운 현지 공장들이 눈에 띈다. 그 가운데 공장 하나가 주목을 받고 있다. 인도 경험을 내세우는 한국인과 이를 부추기는 현지 인도인이 들려주는 땅 짚고 헤엄치기와 같은 전망만을 믿고 진출 기업 스스로 내부 준비 없이 덥석 공장을 임대하여 시설을 갖춘 공장이다.

공장 건립이라는 이벤트까지는 순조로웠으나 이후 실질적인 가동과 운영에서는 투자 회수는커녕 당기 이익조차 기대할 수 없고, 가동을 시작한 지 1년여 기간이 넘는 이제까지 멈추어 있는 날이 많아 그 달에 필요한 얼마 되지 않는 인건비와 임대료를 감당하기에도 급급한 지경에 처하였다.

급기야 투자를 유치했던 현지 경영진이 최근 두 손 들고 물러나니, 진출 초기 신시장 개척이라는 희망찬 전망으로 부풀었던 인도 진출은 이제 투자기업의 골칫거리가 되었다. 투자된 자금도 자금이려니와, 지금 상태에서 공격적으로 앞으로 더 나가자니 모기업에 인도에 대해 제대로 파악하고 있는 이가 전무하여 이 또한 선뜻 결정할 수도 없다. 다시 인도 현지 전문가로 외부인을 영입하려니 앞서의 쓰라린 경험이 발목을 잡는다.

기업의 인도 행보에서 사전정보와 자기 주도의 면밀한 준비가 없었다는 실책을 차치하고 본다면, 실제로 푸네를 중심으로 이곳 산업지구 일대에 관련 시장이 매우 크게 형성되고 있다는 것을 알 수 있다. 문제는 시장의 존재 유무가 아니라 이를 접근하는 현지 경영의 미숙함이다.

그럼에도 늘어가는 기업 진출

그럼에도 불구하고 제조업으로 인도시장에 도전하는 한국 중소기업이 꾸준히 늘고 있다. 현대자동차의 홈타운으로 불리는 첸나이에는 어림잡아서도 130여 개의 중소기업이 진출하고 있다. 이것도 지난 2007년 기준이니, 이후 늘어나는 추세를 반영한다면 2009년에 이르러서는 제조업 이외에 운송과 건축 그리고 숙박업 등 기타 서비스 업종까지 포함하여 대략 200개 기업에 육박할 것으로 전망된다.

이렇게 기업이 늘고 있다는 것을 입수된 통계에 의해서만 알 수 있는 것은 아니다. 첸나이 지역에 늘고 있는 한국식당과 전문 게스트하우스를 보고도 짐작이 된다. 기업 수가 늘고 있어 첸나이 한국기업 협의회 모임에 현지 은행이 협찬을 제의할 지경이라고 하니 그 위세가 대단하다.

이들 제조기업 중 80~90%는 현대자동차에 관련된 1, 2차 벤더이고 기타 관계에서 맺어지는 서비스 기업들이다. 그 외 기업들 가운데 또 대부분은 첸나이 삼성전자 인도 제2공장에 관련된 기업이다. 이렇게만 본다면 최근까지 이루어진 중소기업의 인도 진출은 대기업과의 동반진출 내지는 파생진출이 대부분이다.

델리와 델리를 포함한 인근지역(Delhi NCT)에 있는 중소기업도 사정은 이와 크게 다를 바 없다. 첸나이와 델리뿐만 아니라 푸네에서 한창 진행되고 있는 부품업의 진출도 결국은 GM대우라는 대기업을 매개로 한 부품공급의 현지화 과정이고, 앞서 진출한 LG전자 벤더들의 푸네 입성도 같은 맥락이다.

한국기업이 입주한 첸나이 공단

한국 대기업을 기댈 언덕으로 하는 인도 진출은 중소기업 입장으로서는 속사정이야 어찌되었든지 나름 호기가 아닐 수 없다. 스스로라도 신시장을 개척해나가야 할 형편인데 우선 디딜 땅과 이후 기댈 언덕을 마련해준다는데 마다할 이유가 없다. 해외진출이라는 새로운 시도 혹은 인도 첫 경험으로 두려움이야 있겠지만 결국은 나서게 된다. 그렇게 늘고 있는 것이다.

인도 중동부 오릿사 주에서 당당하게 시작했던 120억 달러의 포스코 프로젝트가 지난 3년여 동안 답보상태를 면치 못하고 있음에도 불구하고 오랫동안 많은 중소기업으로부터 주목을 받고 있는 이유 중 첫째는 동반진출의 기회가 무궁무진하기 때문이다. 정확한 산출은 어렵겠지만 포스코 프로젝트가 답보상태에서 벗어나 가시화되면 첫해만 해도 줄잡아 150~200여 개의 중소기업이 오릿사를 중심으로 한 인근 지역으로 진출할 것이다. 진출 기업들의 분포를 짐작해보면 그야말로 업종 박람회를 방불케 할 정도로 다양하다. 직접 프로젝트 참여기업과 이를 지원하는 후방기업이 150~200여 개에 달하는 것은 물론이고 이들과 함께 움직이는 한국인을 겨냥한 숙박업, 요식업, 학원, 미용실, 부동산중개업, 이벤트 서비스, 식품점, 반찬가게 등 수 많은 자영업종에 이르기까지 그야말로 이들만으로 꾸민다 하여도 하나의 자급타운을 형성할 정도이다. 이런 점을 생각한다면 선두기업이 해외에 교두보를 마련한다는 것은 그 기업 자체의 성과 이외에도 중소기업과 자영업에게까지 미치는 영향이 실로 막대하다.

직접적으로 연관된 기업의 진출은 사전에 발주기업과 이면계약을 해서 안정적인 영업망이 확보된 상황에서 나가기 때문에 현지에서 겪는 절차상의 어려움만 이겨내면 기본 운영에 있어서 큰 무리가 없다. 과정에서 돌출되는 절차상의 문제점이야 어차피 인도라는 점을 감안한다면 시간을 두고 해결될 일이기 때문에 크게 우려할 바는 아니다. 그 결과 적지 않은 중소기업이 인도로 향하였고 또 향하고 있다.

최근 당면하고 있는 변화

그러나 대기업에 동반하여 안정적으로 진출하던 중소기업에도 2007년 이후 변화가 생기고 있다. 그 변화는 기존 진출기업의 상생관계에서 일어나고 있는 변화이다. 신규로 진출하는 기업을 포함하여 기왕에 진출한 기업에게까지 미치고 있는 변화는, 발주자와 벤더의 관계가 절대적 관계에서 점차 상대적 관계로 거래 환경이 달라지고 있다는 점이다. 대기업은 부품 및 서비스를 제공하는 기존의 중소기업과 독점적 내부관계를 유지하는 것이 아니라 인도 현지에서 납품기업을 복수로 두고 경쟁을 통하여 거래관계를 맺는 등 개방시장의 원칙을 도입하였다. 그것도 한국 기업끼리의 경쟁이 아니라 인도 현지기업과의 경쟁을 염두에 두고 시행하고 있는 것이다.

대기업의 발주담당자가 현지화 전략에 맞추어 한국인에서 인도 현지 책임자로 바뀌는 것에서 이러한 변화를 자연스럽게 짐작할 수 있다. 이유는 단 하나. 품질이 유지된다면 당연히 비용절감이 목적이다.

이런 사정으로 한국 기업 사이의 절대적 관계가 상대적 관계로 되면서 납품의 수직관계에 있던 중소기업으로서도 이에 적응하기 위해 내부변화를 꾀하고 있다. 기존 납품관계의 안주에서 자리를 박차고 나와 매출을 늘리고 수익을 높이기 위하여 추가 거래처 발굴에 나서고 있다. 당초에 대기업을 안전한 발판으로 삼아 진출한 중소기업이 이제는 자의든 타의든 보호받던 울타리를 넘어서서 인도 로컬 영업을 펼치게 된 것이다. 대기업의 보호로 최소한 보장된 기업 운영을 해온 덕에 지금까지 무사태평이었다면 앞으로는 적자생존의 무대에서 자력으로 생존해야 한다는 것은 큰 변화가 아닐 수 없다.

이러한 변화의 흐름 속에서 중소기업들은 그리 편치 않다. 한국 제조업, 특히 중소기업의 인도 진출과 운영은 나날이 전쟁터와 같다. 국제투명성기구의 2008년도 발표에 의하면 인도는 부패 정도가 작년보다도 더욱 악화되어 조사 국가 160여 개 가운데 85위에 속하였다. 이러한 레드테이프 환경에서는 그동안의 대기업 동반진출에서도 겪게 되는 우여곡절이 하나 둘이 아닌데 이제 독자적으로 헤쳐가야 하는 인도 경영은 중소기업으로서는 매우 난감한 일이 아닐 수 없다.

그러나 이미 변한 시장 환경은 되돌릴 수 없는 엄연한 추세이고, 오히려 그 폭은 점차 더 커질 것이다. 자생력을 발휘해야 할 시점이 되었다. 필요한 부품의 현지 아웃소싱을 늘려 직접적으로는 생산비와 운송 그리고 수입관세 등과 같은 세제에서 원가를 절감하고, 나아가 소재와 기술개발을 현지 로컬화로 해결하여 경쟁력을 높임으로 로컬 인도 기업이나 인도에 진출한 기타 다국적기업을 상대로 양질의 거래처를 발굴해야 한다.

변화를 긍정적으로 받아들인다면 향후 2015년까지는 지속적으로 성장할 것으로 예측하는 인도경제의 내수 수요는 이미 진출한 한국기업에게는 현지에서 글로벌마케팅을 이룰 수 있는 좋은 기회가 아닐 수 없다.

인도시장 정조준, 중소 제조기업의 진출

최근 2007~2008년에 들어서서는 색다른 양상이 눈에 띄게 되었다.

대기업이 추진한 현지화 전략의 일환으로 동반 진출하는 관련 기업이 줄지어 인도로 간 것이 이제까지 대부분 중소 제조기업의 인도 진출이었지만 최근 들어서 대기업과 상관없이 독자적으로 인도 내수시장 자체를 겨냥하고 나가는 경우가 하나 둘 늘어가고 있다는 것이다.

협소한 시장규모로 날로 극심해지는 경쟁에서 자칫 기업생존의 위협을 받는 한국의 중소 제조기업. 그리고 고생 끝에 개척한 중국시장에서조차 이제는 현지 기업의 텃세로 내몰리는 마당에 새로운 돌파구 마련이 절실한 중소기업. 이들에게 이런저런 경로를 통해 들려오는 인도의 거대한 시장이라는 청사진은 그야말로 가뭄 끝에 빗줄기와 같은 희소식이 아닐 수 없다. 적어도 희망은 그렇다.

LG, 삼성 그리고 현대자동차 이후 인도시장 진출이 주춤하였지만 대기업을 중심으로 한 인도시장 공략이 다시 시작되었다. 건설장비 시장을 겨냥한 현대중공업과 두산 등 대기업의 인도시장 진출이 분위기를 한층 달구고 있다. 그 분위기는 곧장 중소기업에 영향을 미치고 있어 처음부터 인도시장 자체를 정조준하고 도전하는 새로운 트렌드가 주목받고 있다.

아직 소수에 지나지 않고 그나마 이 글의 서두에서 언급했던 예처럼 상당수 시행착오를 겪었거나 겪고 있지만, 거대한 인도시장을 밑바탕에 두고 이를 지켜본다면 한국 중소 제조 기업이 직접 인도시장 진출은 바람직한 흐름이다. 공격이 최선의 방어라는 전법대로라면 이제 완전 개방되어 입지가 축소되어가는 한국 중소기업으로서는 해외시장에 대한 과감한 공격적 경영이 글로벌 경영이고 성장전략이다. 인도시장은 충분히 가치 있는 대상이고 목표이다.

곳곳에 지뢰밭이 있는 듯 험난한 인도 여건상 중소기업의 직접 진출은 조심스럽고 진행은 더딜 것이나 꾸준히 늘어날 것이다. 더구나 2008년 말을 전후하여 체결될 한국과 인도의 자유무역협정(포괄적경제동반자협정)과 이중과세방지협정 개정 등에서 투자보호와 한국 투자기업에 대한 우호적 내용이 진일보되어 마련된다면 더욱 가속화될 것이다.

아직 연륜이 쌓이지 않아서 인도시장을 직접 겨냥한 제조업의 진출에 대한 구체적인 사례가 그다지 많이 알려져 있지는 않다. 짧은 연륜에 성과가 소문 날 만큼 대단하지 않다는 것이 이유이기도 하거니와 기업 스스로 내용을 밝히기를 내켜하지 않기 때문이다. 그렇잖아도 지뢰밭을 걷듯 조심스런 행보에 외부의 과도한 관심과 일부 비양심적인 국내 경쟁기업의 모방 진출은 아직 걸음마 단계의 진출기업에겐 큰 장애가 되기 때문이다. 그런 까닭에 여기서 하는 언급도 제한적일 수밖에 없다.

이처럼 알려진 진출사례가 미미하다는 것을 보여주는 실례가 있다. 포스코경영연구소에서는 경영시사월간지 〈친디아저널〉을 발간하고 있는데, 이 월간지에서 2006년 9월 창간호부터 인도에 진출한 한국 기업을 소개한 바 있다. 그러나 이 기획은 겨우 14회를 채우지 못하고 이후로는 한국 기업이 아닌 인도 기업을 소개하는 것으로 방향을 수정하였다. 그나마 13회를 연재하는 동안에도 순수한 제조기업 소개만 한 것이 아니라 수출보험공사, 중소기업진흥공단 인큐베이터, 신한은행 그리고 미래에셋 등을 소개하는 등 그 내용이 변질되기조차 하였다. LG전자와 같은 대기업을 제외하면 중소기업에 대한

첸나이에 진출한 제조기업 화신을 방문한 인도포럼 회원들

것으로는 불과 5회에 지나지 않는다. 이렇듯 빈약한 연재는 제조기업의 직접 진출, 더구나 중소기업의 진출이 별로 없음을 입증하는 것이 아닐 수 없다.

그럼에도 불구하고 이제 중소기업의 단독진출을 소개하고 가능성을 전망하는 이유는 현재보다 향후 2020년을 내다보는 중장기 전망으로, 인도시장이 우리 기업의 글로벌 진출에서 우선 공략 시장으로 그리고 주변과 배후 시장에 대한 전진기지로 매우 중요하기 때문이다.

시작은 미미하나 포부는 이미 대기업

소모품 시장은 일차적으로 인구에 비례하고 소득에 고무된다. 이런 인도시장을 겨냥한 진출 사례로 하리야나 마네사르 공단에 있는 SD진단시약회사를 들 수 있다. 2006년 2월 거대한 시약 관련 인도시장을 겨냥하고 진출한 이 기업은 2007년 2월 공장을 완공하여 진단시약에 대한 핵심원료의 안정적 생산기반을 확보하고 현지생산에 따른 가격경쟁력을 확보하게 되었다. 제품 수출을 통하여 인도에 대한 경험을 축적한 이후 가격경쟁력 강화와 시장지배력을 높이기 위해 100% 단독 투자한 진출 사례이다. 소득 인구의 증가와 인도 의료서비스가 향상됨에 따라 관련 시장이 급성장하고 있어 이 기업의 진출 가치는 더욱 돋보인다.

이와 유사한 경우로, 기업경영이 안정기에 들어섰다고는 단정하기에 이른 감은 있지만 인도 남부 안드라프라데시 하이데라바드에 의료기기소모품 제조업에 도전한 오이스터 메디세프 인디아라는 한국과 인도의 합작기업이 있다. 참여한 한국 기업인은 오직 끈기로 버티면서 험난하고도 지루한 합작과정의 협상 끝에 2007년 11월 공장을 준공하였고, 이제 일회용 주사기, 수액용 튜브 그리고 고탄력 압박붕대를 본격적으로 생산하고 있다. 팽창하는 관련 내수시장과 미국 등의 수출시장을 겨냥하여 한국 기업인과 인도의 재외동포인 'NRI'

가 합작 투자하여 설립한 기업으로서 인도의 자본과 한국의 생산기술 그리고 경영이 도입된 흔치 않은 사례이다. 합작 당사자들의 신뢰가 밑받침되어 공장 운영과 영업이 안정된다면 기업 성장은 눈에 띄게 늘어날 것이며 이는 합작기업에 대한 불신을 다소 해소시킬 수 있는 좋은 사례가 될 것이다.

제조업의 진출로 간주하기에 부족하긴 하지만 비교적 오래전인 1999년 세워진 카스인디아(CAS India)의 경우를 들 수 있다. 카스인디아는 전자저울의 높은 수입관세를 줄일 수 있도록 조립생산 공장을 갖추고 인도영업을 넓히고 있는 중소기업의 인도 진출 선두주자로 자주 소개되었다. 신속하고도 정직한 사후관리로 인도에서 나름 지명도를 구축한 카스인디아는 수입완제품과 병행한 조립제품을 판매하기 때문에 실질적인 제조업의 진출사례로 삼기엔 다소 부족함이 있지만 내수시장에 뿌리를 내린 진출사례로서는 손색이 없다.

완제품 수출에 이어 더욱 확고하게 인도시장을 확보하기 위하여 조립생산의 현지화를 꾀하려고 한발 다가서는 전략을 택한 경우도 있다. 이런 예로서 인도 영업 파트너와 함께 공항관제 유도등 기자재 공급에 인도 생산거점을 확보하여 시장점유를 높이고 있는 유양산전과 그 외 중계기와 셋톱박스 등 통신장비 분야의 몇몇 중견기업이 이러한 유형의 진출을 꾀하였다.

그리고 푸네에서 건축용 샌드위치 패널을 생산하는 World Bestech Cool Panel India Pvt.의 경우 역시 성장하는 신규시장을 겨냥한 적절한 포석이 아닐 수 없다.

아직 공장건립까지 진일보한 단계는 아니지만 뭄바이에 거점을 두고 제조를 탐색 중인, 락앤락으로 잘 알려진 하나코비는 소비재 시장을 겨냥한 진출이다. 이들 두 기업의 진출 사례는 해당기업 당사자들이 이 책에서 각각의 주제로 직접 글을 쓰고 있다.

중국, 프랑스 그리고 미국에 생산글로벌 공장을 보유하고 절삭공구를 통해 세계적 기업으로 평가받는 와이지원은 2005년부터 뭄바이 외곽 타네 자체 공장에서 제품을 생산하였다. 이후 영업망 확충을 위해 관련 분야의 인도 기업을 인수하고 제2공장을 푸네에서 추진하는 등 영역을 확대하고 있다. 이렇게 확장하는 동안 현지 운영의 어려움이 없지는 않지만 계속하여 공장 설비를 늘리려는 계획을 하는 만큼 인도시장에 거는 와이지원의 기대가 크다.

진출하는 제조업의 범위는 산업 부품과 일반 소비재 그리고 나아가 의약품 제조까지 그 영역을 넓히고 있다. 아직까지는 인도 제약 관련 내수시장이 국가로부터 가격통제를 받고 있어 제한적일 수밖에는 없으나 그럼에도 불구하고 대웅제약을 비롯한 한국제약기업의 하이데라바드 진출은 향후 관련 시장의 선점을 바라보는 관점에서 주목받고 있다. 인도가 지닌 장점의 하나인 제약원료산업과 저렴한 연구인력을 이용하는 제약업 진출계획은 인도에서 공급되는 제약원료에 절대적으로 의존하고 있는 한국 기업으로서는 어쩌면 당연한 선택이 될 수밖에 없을 것이다.

그 밖에 코치 지역에서 현지 고무원료를 이용하여 콘돔 및 핑거글로브를 제조하는 한국라텍스, 그리고 어선 조업장비 제조를 겨냥한 Jang Marine Exim Pvt의 진출은 아직은 시작단계에 불과하지만 시장에 대한 포부는 결코 작지 않다.

코치 고무공단에 입주한 한국라텍스

산업용 베어링 관련 시장을 바라보고 비록 한국에서 자영업 정도의 수준이지만 위축되어가는 한국 활동을 과감히 떨치고 인도로 진군하는 특수베어링 가공업의 움직임도 그런 예이다. 일본의 베어링 대기업인 NSK가 인도 ABC베어링과 합작으로 대규모 공장을 세우고 있는 인도시장에 한국의 소기업도 틈새시장으로 도전장을 던진 것이다.

가전이나 통신기기 등에 소요되는 PCB와 파워코드 제조 생산기업도 진군 대열에 가담하고 있다. 인도 성장산업에서 절실히 필요로 하고 있는 부품제조로, IT 하드웨어산업, 자동차산업 및 가전산업은 30%, 17%, 20%씩 각각의 산업성장세에 따라 다양한 품목에서 수요를 창출하고 있는데 여기에서 진출 기회를 포착하고 있다.

이외에도 절전장비나 정수기 관련 제품의 인도 생산 시도는 소비재 시장에 대한 도전인데, 지금 절차를 시도하는 초기 단계이거나 시장성 검토를 위해 분주한 이들 기업의 경우 구체적인 내용을 언급하기 어렵기에 대강의 분위기를 전하는 것으로 만족할 수밖에 없겠다.

살펴본 직접진출의 사례는 대기업 동반진출에 비하여 규모면에서 절대적으로 작지만 결코 성장가능성에 대한 전망까지 작지 않다. 한국 기업이라는 국가브랜드를 통하여 얻을 수 있는 기본적인 신뢰와 기술적 우위를 십분 활용하여 시장진입에 대한 초기 난관을 슬기롭게 헤쳐나간다면 수요가 있는 인도시장에서 영역을 확보하는 것이 생각보다 크게 어렵지 않다.

이와는 별개로 검토되어야 할 영역이겠지만, 일부에서는 단독진출 또는 합작진출을 감행하기 어려워 차선책으로 관련 인도 기업과 기술제휴를 통하여 우회진출을 하는 경우도 늘고 있다. 자동화 주차 설비시스템 기업인 현대엘리베이터를 위시하여 대덕엔지니어링 등 중소기업의 진출 형태가 그렇다. 자세한 내막이야 제3자로서 알 도리가 없는 일이지만 대부분의 경우 인도 제휴기업이 한국 제조기업의 영업대리인으로 활동하고, 한국 기업은 프로젝트별 기술 제공과 일부제품 판매 등으로 공생하는 관계이다.

그 밖에도 인도의 외국인 직접투자에서 개방여건이 마련되는 등 아직 시간이 더욱 필요한 경우이지만, 롯데그룹의 인도 소매유통업 진출이 가시화되며 이를 기반으로 현지 소싱에 기반을 둔 각종 제조업의 진출이 적지 않을 것이다.

진출 준비는 어제부터 했어야

사례에서 나타난 몇몇 중소기업으로부터 전해들은 이야기만 해도 진출 과정에서 중소기업으로서 감당하기 어려운 점들이 적지 않게 나타났음을 알 수 있다. 과거 중국 진출에서 손쉽게 기댔던 조선족이나 미주 교포사회와 같은 현지 활용인맥이 없는 곳이 인도이다. 또한 외국인 투자에 대해서 전폭적인 환대를 펼치는 중국이나 베트남의 사정과 사뭇 비교되는 행정기구의 이른바 레드테이프는 때론 진출 자체를 포기하고 싶을 정도로 시련을 안겨주는 곳도 인도이다. 더불어 결코 성실하다고는 할 수 없는 인도인의 근로 행태도 제조업으로 진출하려는 기업에는 큰 고민거리가 아닐 수 없다.

그렇기 때문에 동반진출이든 아님 단독 진출이든 제조업 진출을 염두에 둔다면 취해야 할 우선 선택은 시장평가와 입지에 대한 사전 분석이다. 시장구조와 경쟁 환경을 파악하고 이를 근거로 기업은 냉정한 자기평가를 하여야 한다. 그저 인도를 저개발국가로 치부하고 만만하게 덤벼드는 우를 범하지 말아야 할 것이다. 이미 그곳은 인도 내부에서나 외부에서 진출한 다수의 기업이 펼치고 있는 경쟁시장일 경우가 대부분이기 때문이다. 인도 진출 기회란, 그곳에 지속적으로 성장하는 시장이 있다는 의미이지 결코 거저먹기 식의 무주공산이라는 뜻은 아니다. 경쟁을 감당할 역량이 충분한지를 냉정하게 살필 수 있는 자기평가가 사전분석에서 필요하고 부족한 면에 대한 대책이 요구된다. 어림짐작으로 통할 수 있는 곳이 아니다.

공공부문에서 다양한 세제 혜택과 더불어 공급되고 있는 산업단지 분석을 포함한 지리적 환경에 대한 조사와 함께 원부자재에 대한 수급여건 그리고 현지 노동력에 대한 판단이 입지조사에서 매우 중요하다. 이를 위해서 투자한 사전조사는 과정 중에 일어날 착오를 줄이고 불필요한 비용을 제거할 수 있는 최우선의 전략이다.

여기서 원부자재 여건과 현지 노동력 분석 등은 정보선상에 있는 컨설팅을 통하여 조사하면 충분히 밝혀질 수 있는 내용이다. 그러나 진출조직을 운영하는 데에 필요한 인재확보는 단순하지 않다.

시장평가와 입지에 대한 분석과 더불어 빠질 수 없는 것이 앞서 언급된 바가 있지만 영업과 관리의 현지 적응을 높일 수 있는 필요한 인재의 확보이다.

해외진출을 현지 계약직 관계자나 컨설팅 기업 등 외부에만 의존한다는 것은 위험한 선택이 아닐 수 없다. 당장 시급한 조치에서야 비용 대비 효과 측면으로 활용하는 것이 옳다 하지만 장기적으로는 자체 인재를 육성하여야 할 것이다. 필자 역시 인도 관련 컨설팅 기업을 운영하고 있지만 이러한 컨설팅의 역할은 초기의 길잡이이며 과정에서의 부분적인 조력자일 뿐이지 기업 자체를 대신할 수는 없다.

이미 수년 전부터 삼성, LG, 두산, 롯데, 국민, 농협, 하나은행 등 대기업을 중심으로 해마다 인도전문가 연수과정이 시행되고 있는데 대기업과 달리 중소기업으로서는 이러한 유형의 교육훈련을 독자적으로 감당하기에 어려움이 크다.

인재 확보와 교육훈련에 어려움을 겪는 중소기업은 자구책 이외에도 정부지원제도를 활용할 수 있다. 현재 중소기업이 취할 수 있는 정부지원제도는 수출도우미나 민간지원센터를 통한 컨설팅 혜택은 물론 해외시장 개척요원 선발을 활용하여 인력 육성에도 실질적인 도움을 받을 수 있다. 지원제도를 통해서 밑바탕이 되는 정보를 얻고 그를 근거로 다음 단계의 조치를 마련할 수 있다. 활용하기에 따라서 매우 훌륭한 제도가 있음에도 불구하고 이를 이용하는 중소기업이 그다지 많지 않은 현실이고 보면, 기업이 어려움을 하소연하고는 있지만 실제로 노력하는 자세는 많이 부족하다는 점이 지적된다.

최근 부산외국어대학교 인도통상학부 등 최근 인도전문 인재양성에 나서고 있는 관련 대학에 인도 비즈니스 전공학과들이 있어 눈길을 끌고 있다. 그곳에 내일의 인도전문가를 꿈꾸는 젊은이들이 있다.

제조업 단독투자 적극 권장, 그러나 합작도 유효하다

중소기업의 제조업 진출에 있어서 그 형태로는 100% 단독투자와 인도파트너와 함께하는 협력진출을 생각할 수 있다. 항간에 떠도는 이야기처럼 인도 기업과 협력하는 일은 실로 험난하기 짝이 없다. 간 쓸개라도 내줄 것처럼 가깝게 굴다가도 이용가치가 없다고 여겨지면 일순간에 돌아서는 인간성이야 어디 인도인뿐이겠는가? 이점에선 어느 인종이라도 크게 예외는 아닐 것이니 바로 성악설에 근거한 이기적인 인간의 속성이다. 다만, 인도인이 유난히 처음엔 고분고분 쉽게 친해지고 살갑게 다가서는 탓에 이후 변절의 행위가 더욱 크게 느껴지는 것이다. 오죽하면 인도인을 극단적으로 혹평하는 말로 '갇힌 곳에서 독사보다 더 위험한 것이 인도인 '이라는 우스갯소리가 떠돌겠는가?

인도인과 합작하는 일은 확실히 위험하다. 단독진출을 권하는 데에는 그만한 이유가 있다. 그러나 그렇다고 해서 능력이 부족한 중소기업에게 '합작이나 협력' 자체를 전혀 배제시킬 일은 아니다.

해외단독투자, 더구나 인도와 같은 익숙하지 않은 곳으로 가는 단독진출에는 자금이나 마케팅 능력 그리고 전문 인력 등 필수조건이 요구되지만 이들 조건을 갖춘 한국 중소기업의 경우를 찾기란 그리 쉽지 않다. 중소기업은 이러한 조건을 충족할 수 없기 때문에 고민이 시작된다. 생존의 문제로 결코 포기할 수 없는 해외진출, 그러나 당장의 여건은 미흡한 형편인 것이 한국 중소기업의 처지이다.

말레이시아나 태국 그리고 싱가포르 등 여러 국가에서 인도 기업과 합작으로 내수시장에 진출하여 자리를 잡은 사업 모델이 필자의 시장조사 과정에서 적지 않게 발견되는 것을 보면 합작이란 것이 전혀 배제해야 할 것은 아니라는 것을 간접적으로 알 수 있다.

합작 문의가 인도 기업으로부터 들어오고 있다. 특히 제조업 분야에서 많다. 이들 모두가 진정성을 갖춘 응대할 가치 있는 문의라고 단정할 수는 없다. 그러나 옥석을 가린다면 이런 계기가 의외로 중소기업에게는 효과적인 진출 발판이 될 수 있다. 여건 부재로 인하여 인도

시장을 먼발치로만 지켜봐야 할 중소기업이라면 합작관계에 대한 숙려가 필요하다.

합작에 대한 무조건의 엄포와 단독투자만의 역설은 단독으로 진출할 수 있는 중소기업이 그다지 많지 않은 우리 현실에선 무책임한 주장이 아닐 수 없다. "합작은 안 돼"라고 주장하는 것은 쉽다. 그러나 안 된다고 하기보다는 중소기업이 처한 현실에 비추어 합작에 대해 좀 더 적극적으로 법규와 사례를 수집하여 대책을 발표하는 등 관련 기관의 노력이 요구된다. 더불어 정부의 외교적 협상을 통한 보호장치가 마련되어야 할 것이다.

합작 파트너로서 단독진출만큼의 치열한 각오로 영업과 경영에서 대처한다면 인도합작이 소문만큼 쪽박을 찰 일은 아니다. 낯선 곳에서는 어차피 하나보다는 둘이 낫다. 그러기 위해 단독투자에 대한 역설만큼 합작에 대한 진지한 연구와 의사소통이 있어야 할 것이다. 지금이 그때이다.

김응기

(주)비티엔 대표. 중소기업청 인도지역 수출전문가, 중소기업진흥공단 수출자문위원, 정보통신국제협력진흥원 ITXport로 위촉받았으며 부산외국어대학교 인도통상학부 겸임교수(2008년)이다. Cyber SERI 인도포럼의 시샵(운영자)이기도 하다. 저서로는 2008년 7월 출간한 『인도는 지금』이 있으며 다양한 인도산업보고서를 발표하였다. gate@gate4india.com

신 석 현 (주)에이티에스무역 대표이사

인도 **무역**, 기회를 찾아라

BRICs가 뜨고 나서 인도에 대한 관심이 많아진 것은 사실이다. 그러나 대 인도 수출 신장률이 2006년 55억 달러에서 2007년 66억 달러로 연평균 20%씩 꾸준히 증가한 데 비해, 대 러시아 수출이 2006년 50억 달러에서 2007년 80억 달러로 급증한 것이나 베트남 시장수출 급성장(2007년 57억 달러)에는 미치지 못한다. 한국 기업의 진출만 해도 전체 13만 건 중 1% 수준인 1,220여 건으로, 베트남의 누적 기준 1,827건 135억 달러(2007년 기준)에도 미치지 못한다. 호치민의 한국인이 50,000여 명으로 추산된다면 뉴델리는 아직도 5,000여 명 수준이다.

과연 인도에는 먹을 떡이 적은 걸까?
아니면 속도 조절하는 걸까?

인도에 대한 정보가 제한적이어서, 불과 5~6년 전만 해도 우리나라에서 만든 제품은 무엇이든 인도에 가면 품질이 좋으니까 수출이 될 거란 막연한 기대가 중소기업 사이에 있었다. 최근에는 인도전시회, 시장개척단을 비롯하여 인도로 향하는 발길이 많아지면서, 인도는 제조업 없이 IT 위주로 먹고사는 나라라는 말은 편향적인 정보였음을 알게 되고, 인도의 제조업이 어느 수준에 와 있는지도 부분적으로는 파악이 되어가는 것 같다

이러한 업체의 시장개척 노력에 비해 수출 급신장이 이루어지지 않는 것은 그만큼 경쟁이 치열하다고 보아야 할 것이고, 투자부진 또한 노동생산성, 유통채널 확보 어려움 등 여러 가지 극복해야 할 과제 때문인 것으로 보인다.

무조건 팔고 보자는 한국인,
돌다리도 두들겨보고 안 건너는 인도인

인도 현지에 지사가 없는 업체의 바이어 발굴은 KOTRA나 시장개척단, 전시회 등에 의존할 수밖에 없어 초기 시장조사 자체가 단편적이고 제한된 정보로 유통구조나 잠재고객 발굴에 시간이 많이 걸린다.

특히, 구매업체가 매번 다른 기계류의 경우 큰 결심을 하고 전시

회에 기계 샘플을 출시하는데, 불과 3~4일 내에 마땅한 바이어를 만나지 못하면 다시 한국으로 갖고 올 것인지 현지에서 어떻게 해보아야 하는지 고민스럽기 짝이 없다. 내가 아는 어느 업체는 전시회에서 다행히 잠재고객을 만나 둘째 날 가격협상에서 밀리지 않으려고 버티다가 마지막 날 할 수 없이 바이어가 첫날 요구한 가격을 수용하겠다고 했으나 그 바이어가 이제는 됐다고 하는 바람에 황당해했다. 기계류의 경우 이미 세계 일류 브랜드가 들어와 있고 시장 형성 초기산업 제품이 아닌 경우 인도 현지 업체도 있기 때문에, 이러한 경쟁시장에 첫 진입하는 한국산 기계의 경우 품질 검증이 안 된 상태에서 가격은 무의미하다는 것이 인도 바이어의 주장이다.

또 다른 케이스는 이렇게 어려운 바이어 발굴과 협상과정을 거쳐 바이어가 품질 검증이 필요하다고 주장하는지라 첫 기계는 사용해보고 돈을 주어도 좋다고 하고 10% 계약금만 받고 기계를 설치했는데, 1년 뒤 고객은 당초 약속과 달리 돈을 못 주겠다고 한다. 기계 한 대 보고 A/S를 위해 한국에서 엔니지어를 매번 파견하기 어려웠던 점, 품질이 한국과 다른 가동 환경과 원료로 인해 당초 제시한 수준을 맞추지 못한 점 등 바이어가 주장하는 대금 지불 거절사유에 대해 반론을 펴기가 어려웠던 것이다.

내가 판매한 기계는 그나마 다행히 다른 기계를 구입한 안면이 있는 바이어여서 전액을 처음부터 100% 신용장으로 판매할 수 있었는데, 그 다음이 문제였다. 시운전을 해야 하는데 기계 제조업체는 일본식으로 시운전 비용을 항공료와 일당을 합쳐 얼마를 받아야 현지 출장을 할 수 있겠다고 버틴다. 고객은 첫 기계를 품질도 검증이 되지 않은 채 사준 것만 해도 많은 고려를 했는데, 당연히 기계 가동방법이나 시운전은 공급업체에서 해주어야지 돈을 안 주면 출장 못하겠다는 데에 반발한다. 결국 체재비는 내가 부담하고 항공권만 업체에서 부담하는 것으로 절충하여 어렵게 시운전을 했는데, 역시나 1주일이 지나면서부터 고장이 나기 시작한다. 업체에서는 동남아와 한국에서 멀쩡한 기계가 왜 인도에서 고장 나느냐고 믿지 못하는 눈치다. 인도의 경우 전압이 불안정하고 수시로 정전이 되면서, 24시간 가동해야 하는 베어링 등 관련 부품이 이러한 가동 조건에 맞지 않아 부러지거나, PCB 등이 과전압으로 고장이 나는 현상을 이해 못하는 것이다.

이런 점을 잘 알고 있는 인도 업체들은 1차 기계의 경우 통상 6개월~1년 외상을 요구한다. 인도에 맞는 부품이 사용된 기계라는 품질 검증을 한 후에 구매를 하겠다는 것이다. 인도인들의 요구가 무리가 아닌 것이 24시간 가동하는 업체에서 부품 하나 고장으로 한국 엔지니어가 올 때까지 7일~10일을 가동 중단하면 그 손해는 누가 지느냐는 것이다. A/S로 인한 가동 중단이 중국에서 발생했을 때 중국인들은 가동 중단으로 인한 손해를 금전적으로 보상 요구하는 일이 빈번함을 고려하면 인도인들의 요구가 터무니없이 무리한 것은 아니지만, 하루 8시간 가동하는 동남아에 별 탈 없이 수출해온 제조업체에서는 인도인이야말로 장사하기 힘든 사람들이라고 불평한다. 또한, 고장 자주 나는 부품을 내구성 있는 것으로 교체하고 설계까지 변경하고 나서 나온 두 번째 수정 모델은 가격이 너무 올라서 이번에는 품질이 문제가 아니라 가격이 문제가 된다.

그나마 이런 경우는 어떻게든 첫 기계를 판매했을 경우이고 2~3

개 공급업체와 6개월이나 1년을 상담을 하고도 구매 계획 자체가 포기되는 경우도 허다하다. 시장이 무르익지 않아 기계 구입 시 손해가 예상되어 구매 계획을 연기한다거나, 자금조달이 여의치 않아 은행 대출을 신청했는데 은행에서 요구하는 서류가 너무 까다로워 대출이 취소된 경우 등이다. 지방에서는 은행 대출이 있는 경우 1개월 이상 지연되다가 취소되는 경우도 있기 때문에 계약서만 믿고 기계를 생산한 경우 낭패 보기 쉽다. 인도에서 계약서가 신용장이 열리기 전에는 계약서로서 가치가 없다고 보아야 하는 또 다른 이유로는 계약 후에도 다른 경쟁업체가 치고 들어오면 그 업체로 신용장을 개설하는 경우도 있기 때문이다. 한국의 대기업조차 원자재 제품 계약 후 급격한 국제 가격 변동으로 인해 신용장이 개설되지 않아 손해를 보는 곳이 인도이다.

수출을 하다가 현지 투자하면 안 되나

한국의 정밀 금형업체에서 수출의뢰가 와서 3개월간 2개 바이어를 상대로 도면을 받고 견적을 하였는데, 인도에서는 가격이 높아서 못하겠단다. 이유는 홍콩과 이탈리아의 금형 전문 업체 가격이 훨씬 저렴하고 그동안 계속 사용했던지라 품질도 문제없다는 게 입증되었다는 것이다. 반면, 한국 대기업의 CNC기계는 없어도 못 파는 가운데, 인도 업체도 금형을 수출하기 시작했단다. 아프리카, 중동 등 인도인이 상권을 잡고 있는 나라로 금형 수출이 잘 된다는데 할 말이 없다.

얼마 전 한국 중견기업이 생활용품을 세계적인 외국 브랜드를 붙여 OEM방식으로 인도로 수출한다는 기사가 크게 나서 이상한 생각이 들어 현지 출장을 갔을 때 확인해보니, 1차 선적 후 중단되었다고 한다. 이유는 이미 이러한 제품은 인도에서도 일류 브랜드로 자리 잡은 현지 업체가 유통망을 확실히 장악하고 있어 한국 업체가 비집고 들어가기가 어렵다는 것이다.

소형 가전제품에 대해 문의했더니 이미 현지 업체와 중국산이 자리 잡은 지 오래인데 한국산 소형가전이 설 자리는 없다고 한다. 도로 안전 제품을 판매하려고 했더니 그 정도의 기술력으로 현지 생산하는 업체들이 상당하다고 한다. 불과 5~6년 전 시장이 형성된 필터 관련 초기 시장제품의 경우도 이미 관련 전문 잡지가 월간지로 나오고 수많은 인도 현지 기업과 중국제품의 경쟁으로 인해, 인도 디스트리뷰터가 관세를 절감하지 않고는, 정상가격으로는 경쟁이 어렵다고 한다. 한국의 중견/중소기업 핸드폰 제조업체 자리를 중국 업체가 점유하여 중국산 핸드폰이 넘쳐나는 곳이 인도이다.

게임기를 수출하려고 했더니, 소니가 100% 현지 판매 법인을 만들어 고가에서 저가제품까지 모두 취급하기 때문에 콘텐츠에서 밀리고 브랜드에서 밀리는 한국 중견업체 제품은 샘플테스트 이후 상담 끝이다. 어렵게 10개월 걸려 현지 승인을 받은 동물 진단시약은 초기 주문량이 너무 적어 인도시장이 크다고 생각한 업체는 계약은 되었건만 이를 어떻게 해석해야 할지 몰라 당황스럽다.

반면, 건설관련 원자재(첨가제)를 수출하는 중견회사는 독점을 준 인도회사가 현지에 합작법인을 하자고 하는데, 현지 업체가 재무제

표도 없다고 하는데 어찌해야 하느냐고 문의한다. 시장점유율 50%를 넘나드는 건설 중장비 대기업은 나날이 확대되는 시장규모에 대응하기 위해 현지 공장 설립을 서두르는데도, 지난 2~3년간 공장 신설이 급속히 진행되면서 산업용지 부지 값이 너무 많이 올라 원하는 곳에 자리를 잡지 못해 우왕좌왕한다.

황금 사각도로와 동서, 남북 고속도로가 진행되면서 그럴듯한 고속버스 휴게소까지 생겨나는 인도에, 건설이 호황이고 호텔과 사무실이 부족하다고 하여 한국 대기업들이 기웃거려보니, 이미 요충지는 현지 업체가 선점하거나 땅값이 너무 올라 엄두가 안 나는 상황이다. 건설업체가 나가야 건설 원자재를 어떻게 해볼 텐데 하고 기회를 노려보지만 이마저 쉽지 않다. 건축 원자재의 경우 건축 외벽용 알루미늄 패널에 대해 뭄바이 소재 한 업체가 매월 30~40컨테이너를 중국에서 가져온 것이 벌써 2~3년 전 이야기이고, 대부분 건축 관련 원자재가 중국에서 오면서 인도 업체의 중국 소싱을 위해 상해 등지에 인도 대기업을 중심으로 인도회사의 소싱 사무소 설립이 붐을 이룬다.

그럼 우린 뭘 팔 수 있나?

자동차 부품, 철강, 화학, 무선통신, 선박해양 등 대기업 제품이 인도 수출을 이끌고 있는 와중에 중소기업 제품은 자동차 부품, 기계류, 의료기기 외에도 나름대로의 틈새시장이 있는 제품, 세계 일류브랜드와 당당히 경쟁 가능한 품질의 제품, 현지 업체와 경쟁 가능한 가격대의 제품이라 할 수 있다.

　그중에서도 아직도 관세가 높은 식품이나 생활용품 관련 제품 등은 현지 유통망 구축을 하는 대로 현지 투자를 통한 진출을 해야 한다. 가공 식품의 수출을 통해 현지 유통망을 구축하고, 궁극적으로 현지 업체와 제휴를 통해 현지 공장 설립을 진행시킨 적이 있다. 어느 나라나 그렇지만, 식품류는 관세가 높아서 인도로 수입되는 가공식품류는 기본관세율 30%(품목마다 다르나 대부분 제품은 10% 이하임)에 부가관세율 16%(현지 업체 Excise Duty와 연계한다고 하여 Counter Veiling Duty라고도 함), 특별관세 5%(CESS, 교육세로 전체 물품에 공통적용)를 적용하니 50%가 넘는다. 여기에 유통마진 40%(소매상 20%, Distributor 10%, Super Distributor 5.8%, CNF Agent 3%, 주 통과 시 지불)를 더하니 가격이 두 배다. 가공식품은 인도 정부가 정책적으로 육성하는 품목이지만, 재래식 유통이 아직도 97% 수준인 인도에서는 시골 마을 구멍가게까지 보내려면 1개월이 넘게 걸리다 보니, 인도 전국을 커버하는 업체가 없는 형편이다. 첸나이에 롯데 초코파이 공장을 짓고 있지만, 물류의 어려움으로 인해 뉴델리에도 공장을 짓지 않으면 안 되는 상황인 것이다.

　어렵게 만난 인도 현지 파트너의 공장은 영세 수준이고, 그나마 뭄바이 포함 인도 북부 유통망을 가진 또 다른 가공식품 업체와 어렵사리 제휴하고 양해각서를 체결했지만 그 다음이 문제이다. 한국에서는 브랜드 인지도를 높이기 위해 양측이 조금씩 손해를 보더라도 한국에서 일정 기간 제품을 만들어 인도에 판매하면서 고객 입맛을 테스트한 후 단계적으로 현지 공장을 설립하자고 하는 반면, 인도에서는 손해 보는 장사를 왜 하느냐면서 처음부터 현지에 공장을 만들자고 한다.

인도 측은 프로젝트 진행을 위해 50:50 비율의 합작조건에 상호 격년제 대표이사를 하고, 현지 공장을 설립함과 동시에 인도 맛을 개발하자는 제안을 내놓는다. 공장 설립을 위한 기계 설비를 한국 측은 한국산을 갖고 가야 품질관리가 된다고 하고, 인도에서는 그 정도 기계는 중국산도 충분하다고 하는데 그 가격차이가 무려 10배나 난다. 아무리 한국산이 좋다고 하여도 프로젝트 비용이 10배 차이가 나서는 이야기 자체가 안 되는 것이다. 절충안으로 우선 현지 공장에 임가공을 주어 현지 생산을 하고 원자재를 한국에서 공급하는 안을 내면서 1년 넘게 협상했지만 결국은 인도 현지 업체의 100% 독자 공장 설립으로 결론이 났다. 한국 업체에서는 현지 유통을 모르니 덤비기가 어렵고 이미 다른 가공식품 생산으로 현지 유통망을 갖춘 현지 업체 입장에서는 비싼 제조설비를 주장하는 한국 업체와 반드시 제휴할 필요가 없다고 판단하였기 때문이다.

인도에서의 수입?

인도 수산물을 수입하려고 시도한 적이 있는데, 한 컨테이너 초도 물량을 1주일 내 선적하려고 했지만 수산물 크기가 들쭉날쭉 이어서 품질을 맞추다 보니 한 달이 걸린 적이 있다. 요즘은 인도 헤나와 액세서리가 한국에서 뜨면서 소규모 업체도 인도 물건 수입에 눈을 돌리고 있긴 하지만, 아직도 대부분 수입은 면사, 농산물, 철광, 석유제품, 정밀화학 원료 등으로 대기업 중심 품목이 많다. 2007년 기준 수입량이 46억 달러로 2006년 36억 달러보다 27%가 증가하였다.

인도 투자는 외국기업이 인도에 본격 진출하기 시작한 1995년부터 철강, 화학, 섬유 등을 중심으로 시작되어 2000년대에는 이러한 제품 수출이 본격화되었으며, 하부 연계 산업으로 확대되었다. 인도에서 수입은 FCL(Full Container Load, 만적화물)로 직항도 뭄바이에서 부산까지 2주가 걸리고, 인도 생산지에서 항구까지 1주일을 잡아야 하므로 빨라도 3주가 걸리기 때문에 운송기간을 고려한 수입이 필요하다.

인도와 포괄적경제제동반자협정(CEPA)을 통해 FTA가 된다고 해도 이러한 기본 품목에는 크게 변화가 없을 것 같지만, 인도 기계류가 한국으로 수입되고 부품이 수입되는 날도 머지않은 것 같다

인도의 추격

인도의 제조업은 90년대 초 개방 전까지 높은 관세율로 보호받아 국제 경쟁력이 떨어졌었으나, 개방 이후 경쟁이 격화되고 새로운 소비산업이 급신장하면서 다방면에서 괄목할 만한 성장을 보여주고 있다.

월 몇 백만 대가 팔린다는 휴대폰이나 사무용과 가정용이 50:50 비율로 늘어나는 컴퓨터 등은 외국회사들이 이제 막 현지 공장을 설립했거나 가동하는 단계로 전자부품 분야의 발달이 아직은 초보적 단계이고, 대형 기계의 경우 기술축적에 시간이 걸리기 때문에 두산

인도 제조업 산업단지 입구. 판트나가르 공단.

인프라코어나 현대중공업 등이 현지공장을 건설하는 단계이지만, 중국과 마찬가지로 단순 기계는 복제품이 금방 나오고 있고, 소형 기계의 경우 전 분야에 제품이 생산되고 있다고 보아야 한다.

최근 인도는 급격한 중산층 확대로 소비가 생산을 이끈다고 볼 수 있는데, 급격히 늘어나는 대도시 중심의 소비를 만족시키기 위해 그 동안 수작업으로 하던 일이 자동화 기계가 도입되는 분야도 있고, 크기가 작은 기계를 대형으로 교체하거나, 최종제품의 품질 우위를 입중하기 위해서 외국 기계가 수입되기 시작한 분야도 있다.

내가 인도에 기계를 판매하기 위해 7년 전 처음 방문했을 때는 해당 산업 경쟁이 심하지 않아 인도에서 자체적으로 생산하는 업체는 없었고, 주로 경쟁상대는 유럽과 일본이었다. 당시 중국시장에는 이미 2~3개 현지 업체가 동일 기계를 생산 중이었는데, 이제 중국은 20여 개 이상으로 늘어나 동남아로 수출을 시작한 단계이고, 인도는 2006년부터 관련 분야가 급성장하더니 현재에는 10여 개 업체로 현지 생산업체가 늘어난 상황이다. 인도가 중국 대비 10년 차이라 하지만, 이러한 기계 분야는 중국과 기술 격차가 불과 1~2년밖에 나지 않거나 한국과도 2~3년밖에 안 되는 것 같다.

자동차 부품의 경우 치열한 인도 내 경쟁과 급속한 자동차 산업 성장으로 인도 업체들은 이제 단순 부품 수입에서 합작이 아닌 기술 제휴로 눈을 돌리고 있다

인도에서 이루어지는 전시회는 뉴델리가 위주이고 뭄바이와 기타 하이데라바드, 첸나이, 콜카타, 펀잡 등으로 확산되는 추세로, 전시산업도 점차적으로 지방화시대가 열리고 있다. 중국처럼 각 성별 전시회가 활발하지는 않지만 이제는 한 품목으로 뉴델리나 뭄바이 한 군데 전시회 참여보다는 지방 전시회 참여를 검토해야 하는 단계로 발전하고 있다

아직도 인구 10만 명 이상의 4,000개 도시 중 현대화된 쇼핑몰이 설립된 곳은 64개 정도로 전체 유통망의 3% 수준이고, 2010년이 되어야 100개 도시로 확대될 전망이지만, 5대 도시 외 인구 500만 수준의 아메다바드, 푸네, 하이데라바드를 합친 8대 도시 인구가 6,400만

여 명으로 이들 도시 위주의 소매 유통망 발달은 현지 유통을 활발하게 하여 생활용품에 대한 현지 진출을 용이하게 하고 있다. 그렇지만 인터넷 판매나 TV홈쇼핑은 유통의 미비로 아직은 초보적 단계이다.

핸드폰처럼 전문 품목 취급 상점이 급속히 늘어나고 있는 추세여서 소비에 대응하는 유통망의 진화와 그에 따른 생산 확충 등 선순환이 일어나고 있으며, 이러한 인도의 변화는 주상복합 건물처럼 선진화된 시스템이 동시에 유입되고, 아파트 단지 중앙에 골프장이 있는 타운십이 설계되며 건설이 진행되고 있는 곳이 인도이다. 이에 따른 물자 부족과 수입 증가 등 무역의 증가 또한 매년 천만 명씩 늘어난다는 중산층과 더불어 인도 무역에 대한 기회를 제공하고 있다.

신석현

1983년 삼성물산에 입사해 1990년부터 1995년까지 삼성물산 뉴델리 지사에 근무했다. 2002년 (주)에이티에스 무역을 설립하고 2003년 수출 5백만불탑, 2004년 수출 1천만불탑을 수상했다. 현재 뉴델리 사무소와 푸네 지사를 설립하고 한국과 인도를 오가며 활동 중이다.

03

세무 회계는 이렇게

김 태 훈 공인회계사, PwC India Korea Business Desk

격언에 "집 떠나면 고생"이란 말이 있다. 또한 "고생이 없으면, 결실도 없다."는 말도 있다. 이를 인도에서 사업을 하기로 결정한 한국 기업에 적용한다면 다음과 같을 것이다. "인도에서 결실을 얻기 위하여 고생은 필수적이다." 고생이 금전적인 지출일 수도 있고, 정신적인 고통일 수도 있다. 그만한 각오를 하여야 하고, 공짜 점심은 없다는 것을 명심하여야 한다. 그러나 올바른 길잡이를 만나면 고생을 줄일 수 있다. 앞으로 제시할 사례들은 한국 기업들의 경험담이므로 이를 참고하면 고생을 줄일 수 있을 것이다.

합작법인 사례들

사례 1　　A사는 상품 전시회를 통하여 알게 된 인도 파트너로부터 합작법인 설립 제안을 받았다. 즉, 한국 기업은 기술을 제공하고, 인도 파트너는 인도 내 마케팅과 법인 운영 등을 제공하여 합작법인을 설립하자는 것이다. 인도는 유망 기술이 부족하므로 대다수의 인도 기업은 한국 기업들로부터 기술도입을 원하고 있다. 만약, 인도 기업이 단순 기술도입을 하면 그에 따른 기술이전료를 지급하여야 하므로, 이를 절감하기 위하여 합작법인을 제안하는 것이다. 합작법인을 설립하기 위해서는 지분율에 맞는 자본금을 납입하여야 하는데, 기술·기계 등 현물 출자는 인도에서 불가능하므로 기술력을 가진 한국 기업은 합작법인의 자본금을 별도로 마련하여야 한다. 한편 A사는 기술의 현물 출자가 안 된다는 것을 알고 인도 파트너에게 합작법인 설립 후 기술이전이 될 경우 어느 정도의 기술이전료를 고려하고 있는지 문의하였다. 파트너는 매출액의 일정 부분을 제안하였다. 그런데 이의 맹점은 만약 인도 파트너가 담당한 마케팅이 잘 안 될 경우 A사는 기술을 이전하고 나서도 전혀 혜택을 보지 못한다는 것이다. 1~2년 성과가 안 날 경우 A사는 인도 시장을 포기할 수밖에 없고, 그 사이 인도 파트너는 전수받은 기술을 유용할 수도 있는 것이다. 기술이 있다면 가급적 단독법인으로 진출하여야 하며, 현지 파트너는 제품에 대한 판매권을 주어 협력하는 것이 바람직하다.

인도 통신사 BSNL을 방문하여 협력관계를 모색하는 한국 IT기업 CEO그룹

사례 2   B사는 인도 파트너와 합작법인을 설립하였다. 인도 파트너는 마케팅과 법인 운영을 담당하였으며, B사는 기술지원과 생산을 담당하였다. 별도의 기술이전 계약은 하지 않았으며, 지분율은 B사가 대주주로서 출자를 하였다. 법인 설립 후 3~4년 동안 지속적인 매출 성장이 있었다. 그런데 시설투자를 위하여 합작법인의 내부 유보금을 확인하던 B사의 대표이사는 지속적인 매출 성장에도 불구하고

합작법인이 이익을 창출하지 못하고 있는 것을 발견하였다. 법인 운영은 인도 파트너가 담당하고 있었으므로 이에 대한 해명을 요구하였고, 이러저러한 해명이 있었다. 그러나 해명을 납득하기 어려웠던 B사 대표이사는 자체조사를 벌였으며, 다양한 방법을 이용한 지속적인 횡령이 있었음을 발견하였다. 이러한 횡령에는 담당 회계사의 협조가 있었으며, B사는 상당 부분 손실을 감수하여야만 하였다. 합작법인을 설립하고 운영을 인도 파트너에게 맡겼더라도 재무 부문은 반드시 한국 기업이 맡아야 하며, 믿을 수 있는 회계 법인으로 하여금 합작사에 대한 감사 업무를 맡겨야 할 것이다.

사례 3　C사는 10년 전에 합작 형태로 진출하였다. 운영은 잘 되었으며 사업이 번성하여 확장을 하기로 결정하였다. 따라서 합작 비율에 따라 추가 출자를 해야 하는데, 인도 파트너가 추가 출자를 거부하였다. 인도 파트너는 이미 투자 회수를 많이 하였으므로 더 이상의 투자를 원하지 않는 것이었다. 내심 합작법인의 단독법인 전환을 모색하던 C사는 파트너의 지분 매수를 제안하였지만, 파트너는 너무나도 높은 가격을 제시하여 협상은 결렬되었다. 결국 C사만이 단독으로 추가 출자를 하였으며, 인도 파트너는 추가비용 없이 사업 번창에 대한 결실을 누릴 수 있게 되었다. 합작계약서 작성 시 철수 또는 단독법인 전환을 위한 Drag along 또는 Tag along 조항은 필수적이다. 계약서 작성 시 법무법인과 좀 더 심도 있는 협의를 하였다면 C사는 좀 더 편안한 위치에서 인도 사업을 진행하였을 것이다.

복잡한 세무 관련 사례들

사례 1　　인도는 아직까지 불완전 경쟁시장이다. 경제학 이론에서 완전 경쟁과 불완전 경쟁을 구분하는 요소는 정보의 대칭성이다. 즉, 모든 정보가 공개가 된 시장은 완전 경쟁시장에 가깝고, 그렇지 않은 시장은 불완전 경쟁시장이다. 한국에서 인터넷과 수많은 정보매체에 노출되어 있던 기업들은 완전 경쟁에 가까운 정보대칭성을 공짜로 누렸다. 그러나 인도는 상당한 불완전 경쟁시장이며, 따라서 정보도 매우 비대칭적이다. 즉, 정보를 많이 가지고 있는 자는 이를 이용하여 수익을 창출하고, 따라서 정보를 얻으려면 그에 따른 비용을 지불하여야 한다. 비용을 지불하고 얻는 정보는 그렇지 않은 정보보다 양과 질에서 엄청난 차이가 난다.

인도에서 법인을 운영하기 위하여 회계/세무상 반드시 수행해야 하는 항목은 다음과 같다. 회계감사/세무감사, 세무신고(법인세, 개인소득세, 부가가치세, 서비스세, Excise Duty), 원천징수(TDS, Tax Deduct at Source). 여기에 외국계 기업으로서 반드시 수행해야 하는 것은 이전가격(Transfer Pricing) 관련 사항이다. 이중 원천징수나 이전가격 관련 사항은 한국에서만 사업을 영위하던 기업에게는 매우 생소한 사항이며 간과하기 쉬운 내용이다. 그러나 이는 매우 중요한 사항이고, 이를 간과하거나 소홀히 할 경우 그 대가는 매우 쓰라리다.

세무 리스크는 두 가지 측면에서 고려되어야 한다. 첫째는 Planning 측면이며, 둘째는 Compliance 측면이다. Planning 측면에서는 사업이 어떠한 세무 리스크에 노출되어 있는지를 확인하고 이를 최소화하는 방안을 마련하여야 하는 것이다. Compliance 측면에서는 각종 세무 신고 등에 있어서 누락하지 않고 중요한 문서를 구비하는 것에서 주의를 요한다. 세무에 관련한 사항은 절대로 공짜가 없음을 명심하여야 한다.

사례 2　　인도에 있는 일부 기업들은 Local CA(회계사)들에게 세무 신고 등의 업무를 매우 저렴한 가격에 맡기고 있다. 이들은 리스크에 관계없이 무조건 저렴한 것을 선호하는 경향이 있고 회계사들은 맡은 업무가 수익성이 높지 않으므로 해당 기업이 세무 리스크가 있는 것을 알고 있어도 별다른 조치를 취하지 않는 경향이 있다. 그리고는 세무 관련사건(주로 세무조사)이 일어나기만을 기다린다. 세무조사가 나오면 이들 회계사와 결탁된 세무공무원은 과도한 세금을 부과하겠다고 협박을 하고, 회계사는 이를 적당한 선에서 무마하겠다며 뇌물을 요구한다. 한국 기업 입장에서는 어디가 잘못된 것인지 정확하게 모르고 있으므로 세금 추징을 막기 위하여 어쩔 수 없이 뇌물 요구에 응할 수밖에 없다. 결국 이 기업은 회계사가 쳐놓은 덫에 걸린 꼴이 되었다. 인도에서는 매년 세무조사가 나오므로 매년 뇌물을 주어야 하는 상황에 처하게 되는 것이다. Tax planning과 compliance에 대하여 법인장과 CFO는 반드시 숙지하여야 한다.

사례 3　　D사는 본사로부터 주요 부품을 수입한 후 이를 가공하여 인도 시장에 공급하고 있다. 따라서 D사는 이전가격에 대하여 매우 신경을 써야 하는 입장이다. 그러나 인도 현지 법인의 관리담당 이사는 인도 법인세법에 규정된 이전가격 관련 조항에 대하여 무지하였을 뿐만 아니라, 현지 법인이 적자 상태이므로 법인세가 부과될 수 없음을 자신하였다. 그러나 인도 법인세법에 규정된 이전가격 조항은 법인의 적자 여부와 관계없이 본사 등과 국제거래가 있을 경우 매년 일정 목차에 따라 자세하게 기술된 서류를 구비할 것을 규정하고 있다. 또한 동 문서에서는 국제거래가 정상가격의 범위에서 이루어졌음을 증명하도록 하고 있다. 따라서 이런 서류가 불비되었을 경우 상당한 벌금과 함께 세금 추징될 수 있다. 세무조사 결과 동 법인은 이전가격과 관련된 서류가 구비되지 않았고, 결과적으로 본사와의 거래가 정상 가격에서 이루어졌음을 증명하지 못하였다. 동 법인을 오랫동안 담당하고 있는 로컬 회계사는 이러한 사항에 대하여 조언하지 못하였으며, 담당이사와 동 법인은 이전가격과 관련하여 현재까지 매우 고생을 하고 있다. Tax compliance를 등한시한 결과다.

사례 4　　E사의 경우 설립된 지 1년이 채 안 되었다. 그 사이 한국인 CFO가 교체되었으며, 새로 부임한 CFO은 본사에서 세무/회계 업무 경험자로서 현지법인의 여러 가지 사항을 점검하던 중, 원천징수(TDS)가 제대로 수행되지 않았음을 발견하였다. 전임 CFO는 본사에서 회계/세무를 전혀 경험하지 않은 상태에서 부임하였으며 적절한 자문을 받지도 못하였다. 결국 후임자가 문제 발견 후 이를 처리하는 과정에서 원천징수 대상인 거래처와 종업원들로부터 엄청난 반발을 감수해야 했다. Tax compliance를 등한시한 결과다.

　　F사는 현재 10년 이상을 세무 관련 소송 중이다. 해당 분야에서 더 이상의 사업은 없으며, 오로지 소송만을 위하여 주재원이 파견되어 있는 상황이다. 인도에서 세무 관련 소송이 일단 발생하면, 초장기를 예상해야 한다. 문제는 일단 부과된 세금은 납부를 한 후에 소송을 통하여 환급 여부가 결정이 되는 것이다. 소송기간이 길어질수록 이에 대한 기회비용은 증가할 수밖에 없다. 초기에 Tax planning이 잘 되었더라면 상당 부문의 소송을 피할 수 있었다.

법인 운영과 관련된 사례들

　　G사는 인도에 종업원 약 300명을 고용하고 있는 부품 제조 기업으로서 본사 형편상 많은 주재원을 파견할 수가 없는 상황이다. 따라서 한국인 법인장은 인도인 관리 담당을 뽑아서 관리의 상당 부분을 일임하였다. 관리 담당은 업무능력에 대하여 법인장으로부터 인정받은 상황이었다. 그런데 문제는 관리 담당에 대한 통제기능이 취약한 관계로 관리 담당의 업무를 감독하기가 어렵다는 데 있었다. 관리 담당은 회사의 출납 담당자를 자신과 동향인 사람으로 채용하였으며, 시간이 지남에 따라 여러 포지션에도 측근을 채용하였다. 상당 규모의 횡령 사실을 법인장이 알아낸 것은 시간이 꽤 경과한 이후였다. 이전까지 법인장은 주요 보직이 관리 담당의 동향사람들로 채워진 것조차 모르고 있었다. 인도는 땅이 넓고 언어가 다양해 영어가 아니면 각기 다른 지방에서 온 사람들끼리 의사소통이

안 되는 경우가 많다. 또한 같은 지역 출신이 아닐 경우 자연스럽게 서로에 대하여 경계를 하는 경향이 있으며, 같은 언어를 쓰는 사람들끼리 뭉치는 경향이 있다. 따라서 법인을 운영할 때는 이를 고려해야 한다.

사례 2 H사 및 수많은 한국계 기업들은 인도 주재원의 급여를 이중 지급하고 있다. 즉, 인도에서 세금을 적게 내기 위하여 인도법인에 소속된 주재원의 급여를 인도법인과 본사에서 나누어 지급하고 있는 실정이다. 그러나 인도 소득세법에 의하면 인도에서 6개월 이상 거주하는 자는 소득의 원천과 관계없이 발생 소득을 모두 인도에 신고하고 관련 세금을 납부하도록 되어 있다. 따라서 한국에서 급여가 지급되거나 교육비가 지급된다면 이를 모두 합산하여 인도에다 소득세를 납부하여야 한다. 이런 원칙이 있음에도 불구하고 H사를 포함한 상당수 한국계 기업은 세금 절감을 위하여 편법을 동원하고 있다. 본사와 인도법인 간 급여 지급 비율도 각 사마다 천차만별이다. 세무조사가 시작된다면 자유로운 업체는 거의 없을 것이다.

지금까지 여러 한국 기업들의 고생 사례를 소개하였다. 이는 매우 일부분이다. 전부를 소개할 수도 없고, 만약 소개를 한다면 책 한 권으로도 모자랄 것이다. 서두에서 언급한 바와 같이 결실을 얻으려면 고생을 각오하여야 한다. 그리고 여기에 소개된 사례가 참고가 되었으면 한다. 외국에서 사업을 하기 위해서는 기본적으로 한국과 다름을 인정하고, 비용을 충분히 들여서 각종 리스크를 파악한 후 이를 방지하는 방향으로 업무를 진행해야 한다. 초기에 작은 비용을 아끼는 것은 장래의 큰 비용 지출을 유발할 수 있음을 명심하여야 한다.

김태훈

2006년 하반기에 삼일회계법인에서 인도 최대의 회계법인인 PwC India ("Price waterhouse Coopers")로 파견된 인도 최초의 한국 공인회계사로서 Korea Business Desk를 맡고 있다. 인도에 있는 수많은 한국 기업에 회계, 세무, M&A, 부동산 등의 서비스를 제공하였으며, 다양한 경험을 바탕으로 최적의 솔루션을 제공하고 있다.

04

인도인을 상대로 **협상**하는 법

전 형 진 세명인디아 MD

우리는 많은 인도 고객을 만나게 된다. 그러나 그들의 배경에 대해서는 알 수가 없다. 2년 전부터 인도 정부는 인도법인에 관해서는 인터넷 조회가 가능하게 하였다. 그럴듯한 홈페이지를 보여주고, 비즈니스 현황, 인도의 시장 현황을 설명하면 믿을 만하게 보인다. 파워포인트로 자료를 만들고, 그것도 영어로 만드니, 신뢰가 팍 간다. 우리 영어 콤플렉스가 여기서도 작동을 한다. 이 대목에서 비즈니스를 해보려고 하지 않을 사람이 어디 있겠는가? 그러나 들리는 소문에 조심하라 하니, 또 한 번 생각은 해본다. 그러나 상황을 반전시킬 만한 정보가 없다. 아는 곳도 없고, 비교할 만한 곳도 없고…….

가격을 어떻게?

'일단 해보자, 이 큰 나라에서 정책적으로 가격도 잘 주고, 남들보다 먼저 시작하면 될 수도 있을 거야. 대리점을 주겠다, 단 독점은 안 된다. 독점을 주지 않았으니 나중에 도망칠 구멍은 만들어놓았고, 안심도 되고. 당신 하는 것 보고 결정할 것이다, 이러면 이 친구들이 내 손에서 놀게 되겠지. 우리의 수출 가격은 동일하니 수출 가격을 주겠다. 이것이 최선이다. 누가 팔지 나는 손해 볼 것도 없고. 인도에 내가 주는 가격은 동일하니 나는 문제가 없다. 잘 안 팔리면 대리점 바꾸면 되고, 나는 절대 손해 날 일이 없다.'

이렇게 생각하는 한국 사람들이 많은데, 나는 지금은 그런 생각에 동의하지 않는다. 처음에는 나도 같은 생각과 같은 행동을 하였다. 사실 거래에서 가장 중요한 것은 가격이다. 장사꾼은 가격을 부모에게도 말하지 않는다고 한다. 만약 가격이 노출되면 비즈니스는 끝이다. 신뢰를 유지할 수가 없다. 손해 보면서 파는 장사꾼은 없다. 그러나 손해 보면서 팔고, 구매자는 이익을 보면서 산다고 생각한다. 이것을 믿으면 거래는 성공한다. 인도에서 아니 이것은 어디에서나 마찬가지이다. 정보가 제한된 곳에서는 가격에 정보의 가치가 더해진다. 인도인들이 이걸 우리보다 더 잘한다. 우리는 이걸 보고 인도인이 더 장사를 잘 한다고 말한다.

인도에서는 가격이 살 때마다 다르다고 한다. 하물며 고정고객에게 더 많이 받기도 한다. 우리의 상식이 통하지 않는다. 우리는 어쩌다 만난 인도의 거래처를 참으로 보물처럼 생각한다. 얼마나 어렵게 한 곳을 알았는가? 겉으로는 우습게 생각하는 척하고, 대충 한번 일 시켜봤어……, 그리고 나름대로 Best Price를 준다, 남모르게. 문제는 그 다음이다. 계속 가격을 깎아달라고 하는 것이다. 경쟁사 가격을 들이미는데, 이러한 가격은 너무도 터무니가 없다. 원래 중국 물건은 싸기도 하지만…….

처음이니, 큰 손해도 없고, 인도 진출이라는 명분으로 좌우간 원가 무시하면서 잘 맞추어준다. 드디어 샘플 거래 성공, 인도 교두보 확보다. 이제는 대박 신화를 기다리며 준비를 한다. 문제는 양이 늘어나면서 가격이 하염없이 내려간다는 것이다. 손해보고 할 수는 없지 않는가? 이런 인간들이랑 절대로 거래 안 해, 역시 선배들이 인도는 안 된다는 얘기가 맞아. 나도 이제까지 모든 사람이 경험했던 똑같은 길을 걷고, 마감하는 거야. 내가 저 동네 쳐다보고 오줌이나 누나 봐라.

사실 장사의 원칙이나 형태, 습성은 다 똑같다고 보아야 한다. 우리가 하는 결정적인 실수가 가격(견적서)이라는 것을 아는 데는 1년 이상의 시간이 걸렸다. 어느 곳이나 유통망이라는 것이 있다. 생산자, 총판매상, 도매상, 소매상, 고객으로 연결되는 유통구조에서 가격이 나름대로 원칙을 갖고 유지된다. 이것이 유지되어야지만 신뢰가 살아나는 것이다.

이것이 무시되면 어떻게 되는지 예를 들어보겠다.

우리는 보안장비를 판매하고 있다. 첸나이에 있는 도나디라는 보안기기 판매회사가 있다. 이 회사는 인도에서 열리는 모든 전시회에 참가하고, 특히 한국에서 와서 하는 1:1 바이어 상담에는 단골로 초대되는 회사이다. 이 정도라면 한국의 보안장비 판매회사라면 다 알수도 있을 것이다. 안 파는 장비도 없고, 모르는 사람도 없고, 모르는 프로젝트도 없다. 우리는 Jammer라는 휴대폰 차단장치를 이 회사에 판매한다. 나름대로 한 달에 몇 대 정도 판매하는 실력도 발휘한다. 문제는 매번 가격을 깎아달라는 것이고, 둘째는 결제가 매번 늦어진다는 것이다. 이 회사가 팔 수 있는 능력은 월 5대 미만이며, 회사 규모나 종업원 수, 자본금, 영업 능력이 동네 조그만 가게 수준이다.

이 분야에 또 다른 회사를 하나 소개하겠다. 첸나이에 룩맨이라는 보안장비 취급업체가 있다. 이 업체는 모든 보안장비 회사들이 뚫으려고 하는 회사 1순위다. 인도의 총판매상 중 한 곳이다. 문제는 우리나라 사람이 룩맨이 누구인지, 도나디가 누구인지 알 수도 없고, 다 허접한 인도 회사로만 보는 것이다. 앞에서 말 잘하는, 아니 우연히 만난 유일한 사람에게 몸 바쳐 모든 것을 주는 것이다. 문제는 줄려면 완전히 주고, 같이 새 출발하자고 하면 되는데, 사실 우리 생각은 다른 곳에 있다. 비록 작은 회사지만 서로를 믿고, 새로운 브랜드를 인도에 소개하고자 한다면 인도의 작은 회사와 의기투합할 필요도 있다. 그러나 이렇게 하는 한국 회사를 본 적이 없다.

룩맨은 총판매상이고, 도나디는 도(소)매상 수준이다. 도매상이면서 고객에게 직접 방문하여 소개하고 판매를 하는 것이다. 문제는 어떨 때는 고객이, 어떨 때는 도(소)매상이 인도 공급 원가를 아는 것이다. 이렇다면 실제로 우리가 만나서 거래해야 할 총판매상은 어떻게 한국 물건을 구매할 수 있겠는가? 최소한 20% 이상 싸야 하는데, 이미 아래 단계 사람들이 원가를 다 알고 있지 않는가? 이러니 당연히

첸나이에서 열린 자동차 부품 전시회에서 인도 업체와 미팅을 하고 있다.

인도 회사들은 한국 회사에 원가보다 50% 정도 낮은 가격을 달라고 하는 것이다. 이러면 자동으로 중간 값인 20% 정도 합의되기 때문이다. 실제로 인도는 싼 것만을 사는 사람들인가? 이 물음의 대답은 당연히 No다. 인도 대도시에는 세계 명품 판매상이 즐비하다. 과연 한국 제품에도 비싼 가격을 줄 수 있을까? 대답은 Yes다.

실례로서 우리는 한국에서 원가 100달러 하는 장비를 인도에서 300달러 정도에 판매를 한다. 이는 한국에서도 300달러 정도에 팔리기 때문이다. 당연히 150달러 정도로 깎아달라고 난리다. 그러나 어떤 판매상(작은 회사가 아닙니다. 모토로라 인도 총판매점인 아리아 커뮤니케이션)은 아무 소리 없이 사서, 이것을 600달러에 파는 걸 보았다. 물건 값이 단순히 하드웨어 가격이라고 생각하는 사람이 문제인 것이다. 이 경우는 제품의 품질, 가격구조를 유지하고, 서비스 개념이 들어간 것이다. 인도 사람이 무(無)경우가 아니고, 분명히 한국 사람들이 비(非)비즈니스적인 경우가 많다. 시장에 한 번 가격이 노출되면, 더 이상 복구하기 어렵다.

한국제품은 분명히 중국제품보다 비싸다. 이 상태에서는 왜 비싼지에 관해 이를 이해시키는 시간이 필요한 것이다. 이 시간을 갖지 않고, 어떤 사람을 통해 나만은 잘 될 것이라는 생각을 한다면 고통만 길어질 것이다. 장사에서는 바닥을 먼저 알아야 한다. 그러나 바닥을 안다고 장사가 되는 것은 아니다. 제품을 알아야 한다. 그리고 장사 기술, 이것이 준비되어 있어도 열정이 없으면 안 된다. 이것이 준비되기 전에는 절대로 함부로 가격을 노출시켜서는 안 된다. 가격 노출은 시장의 포기이다.

인도에서 성공한 한국 대기업을 벤치마킹해야 한다. 인도 회사라고 바닥을 다 아는 것이 아니라는 말이다. 더군다나 새로운 아이템은 시장도 신규이므로 더 모를 수 있다. 인도에서 사는 인도인이라는 것밖에 없을 경우가 있다. 제품을 아는 것은 제조사다. 한 번도 써보지 못한 사람들이 어떻게 이해하겠는가? 여기에 장사 기술……. 문제는 인도인이라고 반드시 다 장사에 능한 건 아니라는 것이다. 우리나라 사람들이 더 많은 경험을 가지고 있는 경우가 많다.

마지막 승부는 열정에 달려 있다. 인도인들이 남을 위해 열심히 안 하기 때문에 우리가 직접 가서 직접 부딪쳐야 하는 것이다. 서로 진정으로 협력할 수 있는 사람을 만나는 것과 시장 형태에 따라 정확히 접근하는 것이 성공의 지름길이다.

배경, 안면이 어느 정도 먹힐까?

우리는 새로운 곳에 가면 아는 사람부터 찾는다. 더군다나 후진국에 가면 영향력 있는 사람을 찾아서 지름길로 간다. 인도에서 가능한가? 그런 사례가 있을까? 결론은 쉽지 않다는 것이다. 누구든지 일을 할 때는 나름대로 다 줄을 잡고 한다. 그렇게 막강한 줄을 잡고 하는데, 그 줄 때문에 성공했다는 얘기는 별로 들어보지 못했다. 삼성, LG, 현대가 줄을 이용해서 성공했다는 얘기는 없다. 포스코도 나름대로 준비는 했지만 현재까지는 문제가 많다. 그렇게 큰 투자를 해준다고 하는데도 말이다. 우리는 인도 진출 초기에 인도 통신장관도 만났다. 한국 대사를 모시고 그럴듯하게 이야기도 하였다. 그러나 이것이 BSNL 입찰에는 아무 도움이 되지 않았다.

우리는 ISRO(우주항공연구소)와 거래를 하면서 인도 정부 내부에서 일어나는 실제적인 것을 알게 되었다. 우리 제품은 사실 경쟁제품이 아니므로, 모든 걸 먼저 기술자와 상의하였다. 기술자들은 규격을 만들고, 구매부서에 구매의뢰를 하게 된다. 구매부서에서 입찰이 시작되면 기술부서 사람은 공식적으로 입찰 참가회사 사람을 만날 수가 없다. 그러나 구매부에서 받은 규격은 우리에게 제출한 것과 조금 달라, 우리가 제작 불가능한 사양이었다. 우리는 기술자에게 만들 수 없으니, 입찰에 참가 못한다고 하였다.

결론은 구매 규격대로 된다고 하고 입찰에 응하라는 것이다. 그리고 차이점에 대해서는 이면으로 보장하는 것이다. 우리는 이러한 이면 합의를 통해, 다른 규격 제품으로 입찰에 참여하였다. 이렇게 하는 이유는 다음과 같다.

① 기술자들이 처음 사용하는 것이라서 제품에 대해 모른다. 업체에 100% 의존한다.
② 특정 업체 규격을 구매부서에 보낼 수가 없다.(특정 업체를 지정해서는 안 됨)
③ 구매부서는 입찰 자료를 받아서 가격만 검토하고 기술사항은 기술자가 결정한다.

이 경우 아무도 규격에 만족하지 못한다면 당연히 기술자 협의회에서 결정하는 것이 정답이 된다. 인도에서는 모든 과정에서 단독으로 일을 하지 않는다. 모두 위원회 형태로 협의를 통해 결정한다. 이는 그만큼 비리의 소지를 줄이고자 하는 것이다. 그렇다고 비리가 없어지는 것은 아니다. 그만큼 정교해지는 것이다. 인도 나름대로의 민주적 시스템이다. 단독 결정이 그만큼 줄어든다. 한 사람에게 먹인다고 해결되는 것이 아니다. 그럼 이렇게 완벽한 시스템이라면 모든 것이 완벽해야 한다. 그러나 결과는 다르다.

사례 하나를 살펴보자. BSNL에서 인터넷을 위해 모뎀을 중국에서 구매하였다. 그런데 워낙 불량이 많이 났다. 우리는 IPTV 응용에서 이

ADSL2+ 기종의 문제점을 강조하고, VDSL 모뎀 사용을 권하였다. 벵갈루루의 TEC에 갔다. 기술이사 방에서 당신네 모뎀이 참 한심하다. 시험을 어떻게 하기에 이렇게 불량이 나느냐? 하면서 그 방에서 바로 인터넷 접속을 시도하였다. 불행히도 되지 않았다. 이 기술이사 얘기는 델리에서 급하다고 먼저 구매해놓고 뭄바이에 물건이 도착하자마자 배포해버렸다는 것이다. 너무 멀리 떨어져 있고, 서로 연락도 잘 안 되고……. 사회주의적 냄새인지는 모르나, 책임을 지지 않는 행동도 뒤에서 함부로 해먹기가 쉽지 않게 만드는 요인 중 하나이다. 비리는 존재하지만 완벽하게 인도 내부로 들어가지 전에는 절대로 인도인과 함께 뒤로 한탕 해먹는 것은 불가능하다. 누군가가 제안을 한다면 분명히 사기꾼이다. 이 대목에서 우리가 활용해야 되는 인도인의 역할은 길 안내자일 뿐이다. 더 기대한다면 당할 준비를 해야 한다.

완벽하게 뒤가 보장이 안 되면 같이 일을 안 한다. 원래 외국인에 대해서는 더 불신한다. 인도에서 살아본 사람은 안다. 집 구하고, 전화 놓고, 뭐 하나 하려면 끝도 없이 요구하는 게 많다. 그러나 자기네 커뮤니티로 들어가면 완전히 형님 동생이다. 그래도 비리에 대해서는 무척 조심한다. 인도 언론도 만만치가 않다. 인도의 행정조직이나 서류가 그냥 보기에는 허접하다. 도무지 정리도 안 되고, 관공서에 가면 먼지 구덩이에 가득 쌓아 올려놓았다. 무슨 재주로 옛날 일을 확인하고 정리하나? 시실 이것이 문제다. 잘 안 된다.

그래서 최근 이곳도 행정 전산화에 착수했다. 이렇게 개판이라고 적당히 하면 나중에 문제가 된다. 절대 버리지 않는 습관이 있어서 찾아내려면 언젠가는 찾아낸다. 인도에서 아는 사람을 이용하여 무언가 기대를 한다면, 이는 얼마만큼 인도 속으로 들어가 있나? 이것이 척도일 것이다. 내가 인도를 아는 것이 아니라 인도인들이 나를 인도인으로 생각하느냐, 이것이 핵심이다. 한국 사람을 인도인이라고 생각하는 인도인이 있을까?

협의는 잘 되는데, 결론이 안 나네

우리는 인도 사람들이 사교적이고 거절을 잘 못한다고 알고 있다. 얘기하면 대충 Yes 한다. 얘기하는 바를 알았다는 것이지, 내용에 대해 Yes 하는 것이 아닐 경우가 많다. 우리가 물건을 팔 경우와 파는 기회를 제공하는 것은 경우가 다르다. 여기서 물건을 인도인에게 사는 경우는 완전히 다르다. 여기서는 간단히 상대 인도인에게 돈이 되느냐 안 되느냐로 생각해야 된다. 한국 사람이 주로 인도에 와서 사람을 만나 이야기하는 경우는 물건을 팔 기회를 제공해주는 경우이다. 이 단계에서는 이야기가 무척 잘 된다. 서로 꿈을 그리니 얼마나 잘 되겠는가? 그런데 문제는 물건을 직접 파는 경우이다. 이 경우는 다르다. 약속도 무척 어렵고, 고압적인 자세에다가 시간이 아깝다고 결론만 요구한다. 기본 예의가 없다.

물론 한국에서 인도인들에게 물건을 소개할 때 처음에 잘해주는 이유는 첫째, 외국인으로 호기심도 있고, 잘 사는 사람들이고, 둘째, 물건이 일단 새롭고, 좋은 것 같기도 하고 그래서다. 이런 이유 외에는 아무것도 없다. 자기가 요구하는 조건에 맞지 않으면 그 다음은 끝이다. 인도인에게 다음이라는 걸 기대하는 건 어리석은 일이다. 또 다른 이유는 일에 대한 결정 구조에 있다. 일반적으로 결정권이 MD에 집중되어 있다. 서명권자인 것이다. 회사 조직에 의해 직위에 따른 권한 분배가 잘 안 되어 있다. 중소기업은 거의 MD 외에는 아무런 권한이 없다.

우리나라 기준으로 상대방이 이 정도 직위이고, 이 정도 아는 척 하면 무언가 결정이 되겠지 상상하는 것은 금물이다. 우리는 우리 상식에 의해 일을 하다 보니 도무지 결정이 안 되는 이유를 알지 못하는 것이다. 큰 조직(국가기관도 포함)에는 주로 협의회가 가동된다. 문제는 큰 나라여서 그런지 각 조직마다 사람이 무척 많다. 사람이 많다는 것은 결론을 내기 어렵다는 것이다. 그러니 끝도 없이 회의를 하고, 누가 개인적으로 뭐라도 하지 않는지 확인도 하고 말이다. 여기에 인도인의 무책임성이 추가된다. 책임을 지지 않는 것이다. 우리 같으면 서로 협의하여 이렇게 하면 우리가 이렇게 해주겠다. 물건이 이러면 나중에 이렇게 된다, 하면서 서로를 믿는다. 믿음이 없는데 책임을 지겠는가?

이러한 무책임성은 역사와 종교, 문화적 특성일 것이다. 인도인들이 구매결정을 하려면 상대에 대해 완전한 믿음을 확보하는 절차를 거치게 된다. 어차피 체크를 주거나 받아도 상대방이 돈을 은행에 넣어주지 않으면 무용지물이다. 완벽한 사후보장 약속, 이것을 어떻게 담보할 것인가? 이들이 이런 것을 확인하는 방법을 적어보겠다. 다 이렇게 하는 것은 아니며, 방법은 더 많다.

① 구매를 결정할 때는 반드시 상대방 사무실을 방문하여 확인한다.(실체와 말한 것을 확인하는 것이다.)

② 3년간 회계기록을 요구한다.

③ 제품의 판매실적과 사용자 현황, 그들의 견해를 듣는다.

④ A/S의 구체적 방법과 장비 사용지역에서 서비스할 사람 및 업체를 파악한다.

⑤ 항상 잔금을 어느 정도 남긴다. 물론 체크도 지급기일을 조정한다.

⑥ 업계와 사용자 등 주위 평판(필요 시 신용조회도 들어온다)을 알아본다.

아직까지 구체적으로 위의 조건들을 이행하지 않았다면 조금 더 기다려야 한다. 내일 급하게 물건 살 테니 조건을 조정하자고 한다면, 이 조건 조정 후 다시 한 번 더 해야 한다는 사실을 염두에 두어야 한다. 여기서 우리는 MOU와 Agreement에 대한 확고한 개념 차이를 이해해야 한다. MOU는 글 뜻 그대로 양해각서이다. 이 일에 대해 이해한다는 이야기다. 이해가 되니 일을 한번 검토해보자는 것이다. 돈 되는지 안 되는지 알아보자는 것이다. 한국 사람들은 이 단계에서 사실 마음을 많이 주는 것 같다. 계약을 위한 준비 단계일 뿐 거래에 대해 기대는 해도 혼자 결정해서는 안 된다. MOU만 맺어도 이야기가 시작이니 그래도 진전된 단계이다. 이제는 이런 MOU를 거래 단계에서 거치는 행위로 생각을 단순하게 하고, 이런 MOU를 먼저 많이 만들어두는 것이 첫 번째 절차일 것이다.

물론 모르는 나라에서 이런 일을 하는 것이 쉽지는 않겠지만, 이래야 한다. 서로의 관심이 생겨나면 접대도 잘한다. 접대를 주고받았다고 일이 성사되는 것은 아니다. 한국적 상거래 습관에서는 접대가 중요하다. 그러나 이곳에서는 그리 중요하지 않다. 술 먹었다고 물건 사주는 것 아니다. 이들은 술이나 접대를 그리 즐기는 편도 아니다. 요즈음은 대기업체 직원들이 외국의 접대 방법에 물들어서 즐기는 사람도 있다. 하지만 인도는 간단한 식사 이외에는 접대가 크게 필요 없다. 양주도 12년산 이상도 필요 없으며, 2차에 대해서는 생각하지 않는 편이 좋다. 팜 하우스(별장)에 초대하여 가족을 다 불러서 환대하였다고 물건 사는 것이 아니다. 이 또한 그들이 필요해서 하는 절차이다.

우리도 이 절차에 따라 서로를 알고 관계를 만들어나가는 일을 해야 할 것이다. 은밀한 거래도 있다. 이런 것이 우리의 상식과 조금 다름을 이해해야 한다. 결론적으로 인도인들은 우리보다 더 조심스럽게, 더 많이 검토하고, 생각하고, 결정한다는 것이다. 결정은 지극히 객관적인 자료에 의해 진행된다는 것이다. 우리도 시간을 갖고 구체적 자료를 더 만들고, 관련된 많은 사람과 실제적인 대화를 나누면서 진행해나간다면, 결론 없이 협의만 하는 것을 막을 수 있을 것이다.

전형진

숭실대 전자공학과를 졸업하고 현대산업전자 및 테크라프에서 근무했다. (주)세명에버에너지(Semyung India Enterprises pvt ltd.)를 창업하여 대표이사로 있으며 2004년 인도 첸나이에 진출한 후 전자, 통신, 특수전지, 생산용 장비 등의 분야에서 활동 중이다.

인도에서 **의약품** 회사 운영하기

심 영 섭 인도한국경제인연합회 회장

나는 인도가 의약품 사업에 100% 외국인 투자를 허용한 2001년에 인도에 의약품 마케팅법인(LGLSI, LG Life Sciences India Pvt. Ltd.)을 설립, 의약품 등록 및 조직을 갖추고 2002년부터 2006년까지 법인장으로 근무한 경험이 있다. 인도는 한국처럼 전 국민을 대상으로 하는 의료보험이 시행되지 않고 있으며 중앙정부 및 지방정부 공무원들 그리고 일부 대기업 종사원 정도가 한정적으로 의료보험 혜택을 받고 있는 현실이다. 국민들의 건강에 대한 인식도 낮은 편이어서 웬만큼 아프지 않으면 병원에 가지 않고 대부분 약국에서 약을 사 먹는 정도이다. 제도상으로는 의사의 처방이 있어야 약을 구입할 수 있으나 실제로는 처방이 없어도 별 문제없이 약을 살 수 있다. 다행히 약값이 선진국의 5~20% 정도의 수준으로 매우 싼 편이며 국민 건강에 필수적인 의약품(Schedule-H Drug)에 대해서는 국가에서 엄격히 가격을 통제하고 있다.

인도에서도 역시 인사는 만사

나는 평소에 '결국 모든 것은 사람에 달려 있다.' 는 지론을 가지고 있다. 2002년 영업을 개시할 때만 해도 대부분 품목이 외국 제약사가 주요 경쟁 대상이었으나 이후 1~2년 이내에 과연 '리버스 엔지니어링(Reverse Engineering)' 의 대가들답게 단기간에 외국 제품을 복제하여 판매하는 경쟁사 수가 적게는 4~5개, 많게는 10개가 넘는 상황이 되었다.(인도에서는 복제약을 만드는 것을 이처럼 그럴싸하게 부르며 기초과학이 발달한 인도의 제약회사들은 그야말로 이 분야의 대가들이다.)

그 당시 취급했던 제품의 시장 규모가 별로 크지 않았음에도 이렇게 많은 회사가 너도 나도 나선 이유는 더 이상 일반약품으로는 성장이 어렵고 또 제약사업의 미래가 걸린 제품이라는 인식이 광범위하게 퍼져 있었기 때문이었다. 따라서 단기간에 경쟁 환경은 급격히 어려운 쪽으로 바뀌었고 달라진 경쟁 환경에서 성공하기 위해서는 다른 무엇보다도 우수한 인력 확보 및 활용으로 이겨나가는 전략에 의존할 수밖에 없었다.

우수 인재 구하기는 모래밭에서 바늘 찾기

이렇게 우후죽순으로 경쟁사가 생기다 보니 당연히 우수 인력 쟁탈전이 벌어졌고 인건비가 가파르게 올라가는 상황이 되었다. 흔히 인도에는 값싸고 질 좋은 인력이 많을 거라고 생각하겠지만 정작 모래밭에서 바늘 찾기보다 더 어려운 것이 우수한 인재 확보였다. 학교 성적이나 집안, 인물 심지어 카스트 등 어느 잣대로 봐도 손색이 없을 것 같은 사람 중에도 우리 기준으로 보면 쭉정이가 너무나 많았다.

모 그룹의 창업회장이 사원을 면접하면서 관상쟁이를 곁에 두고 의견을 구했다는 일화대로, 그럴 수만 있다면 그렇게라도 하고 싶을 정도로 결코 쉬운 일이 아니었다. 모자라는 프로 의식과 유연한 노동시장. 대다수 인도인의 경우 아직은 산업화가 덜 되어 있는 사회여서 그런지 일반적으로 프로 정신이 부족한 것 같았다. 나중에 더욱 확신을 가지게 되었지만 마치 우리 몸의 건강이 무엇보다도 타고난 유전자에 의해 크게 좌우되듯이 프로 정신도 타고난 기질이 더 우선이고 교육 등을 통해 후천적으로 얻어지기는 쉽지 않은 것 같았다.

어렵게 그럴싸한 직원을 선발해서 교육 훈련을 시켜도 결국은 실패로 끝나는 경우도 많았는데 이런 식으로 한 번 실패하게 되면 짧아도 1년은 훌쩍 지나가버린다. 왜냐하면 어느 직원이 기대에 못 미친다고 해도 일정 기간 동안은 지켜보고 기회를 줘보는 과정이 필수적이며 이를 위해서는 적어도 1년은 필요하기 때문이다. 다행히 인도의 노동시장은 매우 유연한 편이어서 적응을 못하고 스스로 떠나가는 직원도 LG에서 근무했다는 사실 하나만으로 오히려 더 좋은 조건의 직장을 잡는 경우가 대부분이어서 부담감을 덜 수 있었다.

마음을 잡아라

좋은 직원을 확보해도 그 직원이 헌신적, 자발적으로 일을 하게 만들려면 반드시 그 사람의 마음을 잡아야 한다. 인도는 지리적으로 동서양의 중간쯤에 위치하고 있어서 그런지 사람들의 특성도 동양과 서양이 섞여 있다는 생각을 많이 하게 된다. 흔히 우리는 보수만 많이 주면 얼마든지 우수한 직원을 확보할 수 있을 것이라고 생각하기 쉽다. 그러나 인도에서는 충분한 보상에 추가하여 마음까지 주어야 비로소 완전한 헌신을 이끌어낼 수 있다. 마음을 얻는 것도 한국과는 많이 다르고 또 쉽지도 않다. 어찌 보면 한국 사람들은 매우 평면적이고 직선적이어서 소주 한잔 하면서 얘기하고 노래방 등에 가서 같이 어울리다 보면 쉽게 풀리는 경우가 많다. 그러나 인도인은 우선 술 문화가 우리와 다르다. 술자리에서 어울려도 쉽게 마음을 털어놓지 않는 경향이 많다. 따라서 이러한 시도보다는 진정으로 마음을 열고 다가가서 많은 대화를 하는 게 더 효과적인 방법이다.

어려운 일은 직접 시도해보라

초기에 대리점 망을 구축할 때였다. 사회주의 색채가 강한 케랄라 주에서 문제가 생겼다. 대리점 연합회의 규정 때문에 당사가 받아들이기 어려운 조건으로 대리점 계약을 할 수밖에 없다는 보고를 받았다. 간단히 다룰 문제가 아니었다. 직접 방문하여 장황한 설명을 듣고 나서 정중하지만 확고하게 "난 당신들의 조건을 수용할 수는 없다. 그러나 내가 보기에 결국 당신들이 최종적으로 원하는 것은 다른 데 있는 것 같은데 만약 그렇다면 다른 방법으로 해결해볼 수도 있을 것 같다."고 얘기하며 내 생각이 맞는지를 재확인해 달라고 요청했다. 명분 때문에 그러는지는 몰라도 말을 흐리기는 했지만 해결의 실마리를 찾을 수 있을 것 같았다.

결국 그들의 명분도 살려주고 우리도 수용할 수 있는 선에서 생각보다 쉽게 절충이 될 수 있었다. 이처럼 문제의 핵심은 종종 표면으로 내세우는 것과는 다른 데에 있을 수도 있으므로 어려운 일일수록 핵심 인사와 직접 맞닥뜨려보는 시도도 필요하다.

인사도 다른 식으로

"숄파우(SHOLFAU)"라는 구호는 우리 직원들만의 독특한 인사말이었다. 모두가 하는 대로 "굿모닝(Good morning)" 등의 일상적인 인사 대신에 우리들만의 약속과 다짐을 담은 독특한 인사를 하자는 취지에서 만들어 쓴 거였는데 "Successful & Happy Operation of LGLSI For All of Us"의 머리글자를 따서 만든 구호이다.

깨어 있는 시간의 거의 대부분을 보내는 회사 생활이 성공적이고 행복해야 자신의 인생이 행복할 수 있다. 그렇게 되기 위해서 모두가 한마음으로 힘을 모아 성공적이고도 행복한 회사를 만들기 위해 다

같이 노력하자고 서로 권유하고 또 나부터 그렇게 하겠다는 약속을 담은 인사말이다. 처음에는 다소 어색해 하던 직원들도 나중에 그 취지를 이해하고 전적으로 호응해주었다.

자부심을 성과로 연결시키기 위해

인도에서 LG 브랜드의 성과는 매우 높다. 내가 처음 의약품 사업을 시작할 무렵 대부분의 의사들은 LG를 전자회사로만 인식하고 있었다. 그래서 LG 의약품에 대해서 이야기를 하면 "LG가 의약품도 하는지는 몰랐다. 그러나 LG가 한다면 잘 하리라고 믿는다." 면서 큰 신뢰를 보내주곤 했다. 나는 이를 활용하여 직원들에게 자부심을 심어줌으로써 더 잘 해낼 수 있고 당연히 더 잘 해야 한다는 자신감과 사명감을 심어주기 위해서 다양하게 노력했다.

우선 전 직원에게 회사 제복을 맞춤복으로 제작하여 지급해주고 항상 이를 착용하도록 했다. 더운 날씨 때문에 직원들의 복장이 땀에 절어 있어 많은 경우 너무 추레하게 보였기 때문이다. 또한 지점장급 이상의 직원에게는 업계 최초로 노트북 컴퓨터를 지급하여 업무 및 마케팅에 활용토록 하였고, LG 로고를 넣은 업무용 가방도 고급으로 지급하여 우선 외모부터 말쑥하게 보이도록 했다. 그 결과 직원들이 산뜻하게 고객에게 다가갈 수 있었고 고객들로부터 역시 LG는 다르다는 평가를 받았다.

성과를 올릴 수만 있다면

반기나 년 단위로 실시한 전 직원 워크숍 때는 실내 교육 내지 행사는 최소한으로 줄이고 대신 각자가 학습하도록 유도하는 한편 최대한 많은 시간을 사기 고양 및 팀워크 정신 앙양에 할애했다. 또한 변화를 주기 위해서 회의 장소 선택에도 신경을 많이 썼다.

고아의 바닷가에서는 아침마다 전 직원이 동참하여 바닷가 모래밭을 구보했고 팀 대항 수영대회를 열기도 했다. 히말라야 기슭의 호텔을 통째로 빌려서 태어나고 나서 눈을 본 일이 없는 대부분의 직원들에게 눈싸움을 할 수 있는 기회를 만들어주기도 했다. 밤이면 모닥불을 피워 직원들이 좋은 분위기에서 대화를 할 수 있도록 배려했고 특히 마지막 날의 댄스파티는 빠뜨릴 수 없는 단골메뉴였다. 이러한 시도들은 그 당시의 인도 제약업계에서는 없었던 선구적인 시도로 직원들로부터 열렬한 호응을 받았고 분위기를 띠우는 데 큰 효과가 있었다.

인센티브 제도의 활성화

그러나 이런 노력에도 불구하고 시간이 지나면 직원들의 태도가 또다시 늘어지고 일상으로 돌아가 그저 그렇게, 대충 하는 분위기로 돌아가는 것을 느꼈다. 무엇인가 끊임없이 자극을 주어서 "해보자, 할 수 있다, 반드시 해내겠다."는 적극적인 업무 자세가 무엇보다도 아쉬웠다. 어떻게 해서든지 그들이 항상 깨어 있게 만들어야 하는데 곳곳에

매달 생일을 맞은 직원을 위해 전 직원이 모여 생일파티를 열어주었다.

서 이런 역할을 할 수 있는 중간 인력이 부족했다. 대부분의 관리자는 자기에게 주어진 권한을 마치 특권이라도 되는 양 생각하기 십상이었고, 자신의 지위에 상응하는 의무에 대해서는 인식이 태부족했다.

이러한 현실을 개선하기 위해서 우선 영업사원을 대상으로 과감하게 성과급 제도를 도입하였다. 처음에는 고정 급여를 총 급여의 80% 선에서 출발하여 나중에는 60% 선으로 줄이고 성과급 부분을 대폭 확대했다. 그 결과 성과가 좋은 직원은 동료보다 2배가 넘는 급여를 받는 경우도 생겨났다.

그러나 이렇게 성과급 제도를 확대 실시해도 더 많은 성과급을 받기 위해서 적극적으로 동참하는 직원의 비율이 절반을 넘지 않은 것처럼 보였다. 당연한 얘기지만 전체적인 성과를 높이기 위해서는 각자의 몫이 더 커져야 되고 그러려면 모든 직원이 최선을 다해주어야 하는데 갖가지 시도를 해도 진정으로 모든 직원이 최선을 다하도록 만들 수는 없었다.

이런 것을 보면서 금전적인 보상을 통해 자극을 주는 것에도 한계가 있음을 절감하게 되었다. 휴가를 가지 않으면 연말에 보상을 충분히 해주는데도 그렇게 가깝지도 않을 것 같은 집안의 경조사 등을 이유로 휴가를 신청하는 경우가 많은 것을 봐도 아직은 그들의 가치관이 금전적인 면에 일방적으로 경도되어 있지 않음을 알 수 있다.

칭찬은 만인 앞에서, 질책은 혼자만 불러서

인도 사람들은 참 체면을 중요시하는 것 같다. 굳이 그러지 않아도 될 법한데도 우리 시각으로 볼 때 그들은 남녀를 불문하고 필요 이상으로 남을 많이 의식한다. 그래서 아무리 잘못했어도 다른 사람 앞에서 질책을 당하면 자칫 인격 모독이나 수모를 당했다고 생각하기 때문에 특히 개인적인 잘못으로 질책을 할 때는 세심한 주의가 필요하다.

질책할 때는 가능한 한 개인적으로 하되 잘못된 사실에 대해서만 언급하며 절대로 인신공격성 발언으로 비화되지 않도록 유의해야 한다. 특히 한국식으로 "어떻게 네가 그럴 수 있느냐."는 식으로 질책하게 되면 듣는 사람이 반론을 할 여지를 주게 되며 대부분의 경우 이것이 화근이 되어 문제를 더욱 악화시킬 수 있으므로 그런 식의 접근은 지양하는 것이 좋다.

화를 내면 수양이 덜 된 사람

인도인들은 화를 내는 사람을 수양이 덜 되어서 자기 자신을 통제하지 못하는 '별 볼일 없는 사람'으로 취급한다. 그래서 화를 낼 일이 있더라도 절대로 소리를 지르거나 흥분하지 말고 차분히, 왜 화를 내는지에 대해 조리 있게 말할 수 있어야 한다. 지극히 당연한 얘기지만 듣는 사람의 마음을 얻어내지 못하면 그것은 그야말로 화를 내는 사람의 스트레스 해소 이외에 다른 아무 것도 아니고 차라리 아무 것도 하지 않음만 못하다는 사실을 명심하자. 이유야 어떻든 일단 직원들에게 품위를 잃게 되면 다른 모든 일에도 큰 장애가 될 것이므로 어떤 일이 있어도 절대로 화내지 않는 연습부터 하는 것이 좋다. 다소 약체 같을 수도 있지만 최고책임자는 가능하면 칭찬만 하고 질책은 다른 사람을 활용하는 것도 방법이 될 수 있을 것이다.

그런데 여기에도 문제가 있긴 하였다. 뭄바이 지역의 책임자는 아무리 봐도 잘할 수 있을 것 같은데 이상하리만큼 성과를 올리지 못했다. 그래서 나는 자주 그 지역을 방문하여 식사도 하고 하면서 "잘하자, 지금은 실적이 나쁘지만 나는 꼭 잘할 수 있으리라고 믿는다."는 식으로 질책은 지양하고 가능한 한 격려만 했다. 그러나 시간이 지나도 실적이 나오지 않아 한번은 영업담당 부사장에게 호되게 한번 질책을 하도록 했다. 그러나 출장을 다녀온 부사장의 보고를 들으며 나는 아연실색할 수밖에 없었다. 나이도 40이 넘었고 서부지역 총책임자인 간부사원이 부사장에게 울면서 했다는 말. "왜 사장은 잘한다고 격려해주는데 당신은 못한다고 질책하느냐?" 자! 이쯤 되면 어떻게 해야 해결책이 나올까?

조직은 Flat하게, 가능하면 Matrix로

조직은 Flat & Slim하게 하는 것이 기본 원칙이었다. 영업의 규모상 자체 지점을 갖추기는 어려웠으므로 건물 등은 대리점을 활용하는 방식으로 운용하였다. 대리점 및 지점은 모두 본사에서 직접 관리하고 각 지점에 본부 소속 직원(Branch Accountant)을 두어 재고관리 및 기타 행정업무를 담당케 하였다. 이렇게 함으로써 영업사원들은 영업에만 전념할 수 있게 하고 재고 및 매출관리를 투명하게 할 수 있었고 기타 사항에 대해서도 자체 보고라인에 더하여 별도의 보고채널을 확보할 수 있었다. 또한 이렇게 함으로써 지점에서 일어날 수 있는 각종 사고 내지는 바람직스럽지 못한 것들을 미연에 방지할 수 있었다.

신뢰는 보상 받는다

제약회사 영업에는 각종 학회가 매우 중요하다. 한 장소에서 많은 의사들을 동시에 만날 수 있는 좋은 기회이기 때문이다. 따라서 학회가 열리면 서로 목 좋은 자리를 차지하기 위해서 제약회사 간의 경쟁이 치열하다. 한 학회장에서 일어났던 일이다. 장소를 사전 답사한 결과 수영장 근처가 가장 좋은 장소였으나 호텔 측에서 수영장 근처에 홍보물을 설치하는 것을 끝까지 허락하지 않아서 애로가 있었다. 나도 어쩔 수 없이 포기하고 다른 대안을 찾도록 했다.

그런데 막상 현장을 방문한 날 나에게 득의의 미소를 지으며 현장 책임자가 보고를 하는 것이었다. 결국 당사의 아이디어를 관철시켜서 수영장에 홍보물을 잘 설치했다고. 가서 보니 그야말로 홍보 효과 만점이었다. 수영장 바닥에다가 대형 홍보물을 만들어서 호텔 사람들이 모두 퇴근한 밤에 설치를 했고 그렇게까지 열성적으로 일하는 직원들의 태도에 호텔에서도 더 이상 반대를 하지 않았다는 것이다. 식사를 하기 위해, 또 휴식 시간에 몰려드는 의사들로부터 그야말로 최고다, 원더풀! 하는 반응을 얻으며 의사들에게 "역시 LG는 다르다."는 강한 인식을 심어줄 수 있었다.

그때 내가 그 현장 책임자에게 한 말은 단 한마디였다. "나는 당신을 믿는다. 당신이라면 그 정도는 충분히 해낼 수 있을 것이다."

권한을 위임하라, 그러나 현미경과 망원경도 가지고 있어야

하급자에게 권한을 위임하는 것은 매우 중요하고도 불가피하다. 그러나 여기에는 꼭 빠지지 않아야 할 것이 있다. 즉 그와 동시에 진행 내용을 투명하게 파악할 수 있어야 한다는 것이다. 이것은 감시와는 다르다. 회사의 모든 일이 차이는 있을지언정 모두가 다 중요하고 서로 연결되어 있는데 어떤 일이 잘 돌아가지 않음에도 그 사실을 몰랐기 때문에 제때에 필요한 조치가 취해지지 않는다면 곤란하다. 기본적으로는 신뢰가 바탕이 되어야 하겠지만 회사의 중요한 일을 구성원 각자의 선의에만 의존한다는 것은 모험이라고 할 수밖에 없다.

아무리 강조해도 지나치지 않는 현장 경영의 중요성

그 당시 취급했던 제품들은 모두 유전자 기술 내지는 생물학적 기술을 응용한 제품들이었던 관계로 생산에서 최종 소비까지 전 유통 과정에 있어서 완벽한 냉장 유지가 필수적이었다. 이를 콜드체인(Cold Chain)이라고 하는데 인도 내의 각 지점으로 운송할 때도 반드시 항공편을 이용해야 했다.

인도의 전력 사정은 매우 열악하여 아직도 수도 델리 지역의 최고급 주택지조차도 심심치 않게 정전이 되는 상황인데 지금보다도 훨씬 더 열악했던 그 당시에 콜드체인을 완벽하게 유지한다는 것은 정말 만만치 않은 과제였다. 그러나 제품의 효능을 제대로 유지하기 위해서 콜드체인 유지는 그야말로 절대 절명의 과제였다. 이를 위해 본사에는 대형발전기 한 대를 놓는 대신 중형발전기 3대를 설치해서 최악의 경우 발전기 2대가 동시에 고장이 나더라도 나머지 한 대로 냉장창고만은 안전하게 전기를 공급할 수 있도록 했다.

본사는 그렇게 해서 안심할 수 있었다고 치더라도 대리점 이후부터 콜드체인 유지를 자신할 수 없었다. 앞에서도 언급했듯이 인도의 문화 자체가 완벽성을 추구하는 것과는 좀 거리가 있는 상황인지라 아무리 대리점과 직원들에게 강조를 하고 또 하지만 마음을 놓을 수 없는 상황이었다. 발전기를 사는 것은 쉽지만 적절한 관리를 자신할 수가 없었다. 물론 정전 사고가 나면 해당지역 직원을 문책할 수는 있지만 이것도 어디까지나 사후약방문에 불과하기 때문에 어떻게든 자체적으로 콜드체인 관리에 만전을 기하도록 만들어야 했다.

하여 나는 대리점 방문 때마다 언제나 맨 처음 냉장창고에 들러 대리점 사장 및 지점장 앞에서 직접 발전기의 가동상태를 점검함으로써 그들에게 그 중요성을 체감하도록 만들었고 열악한 전력사정에서도 콜드체인을 잘 유지할 수 있었다.

믿기 어려운 사실

초창기 어느 지점을 방문했을 때의 일이다. 회사 제복 착용이 뿌리를 내려 거래선 의사들로부터 "역시 LG 직원은 정말 스마트하다."는 등의 칭찬을 듣곤 하던 때였다. 한데 한 직원이 형편없이 몸에 안 맞는 제복을 입고 있었다. 원래 개개인의 치수에 맞게 본사에서 주문 제작하여 보내주기 때문에 몸에 안 맞는 제복을 입을 이유가 없었다. 연유를 물으니 본사에서 보내주었고 받은 대로 입었단다. 맞춤복으로 지급되기 때문에 치수가 안 맞으면 바꿀 수 있다는 것을 아느냐고 물으니 안다고 대답했다. 다시, 그러면 바꿔달라고 요청을 했느냐고 물으니 아직 안 했단다. 받은 지가 한참이 지났는데도……. 어이가 없고 화도 났다. 그래서 다시 물었다. "그러면 네 주머니에서 돈을 내서 옷을 사도 이렇게 치수가 안 맞는 옷을 사 입겠느냐?" 돌아오는 대답, 안 산단다.

자! 이쯤 되면 이건 코미디이지만 엄연한 사실이다. 믿기지 않겠지만 대학을 졸업한 고급 인력 중에도 이처럼 피동적인 사람이 적지 않은 게 현실이다.

CEO 마케팅

본사 조직이 어느 정도 안정이 된 이후로 나는 주요 거래선 방문에 역점을 두었다. 자주 출장을 다니자면 솔직히 많이 피곤하기도 했지만 제품의 조기 시장 정착을 위해서는 불가피한 일이었다. 일주일에 이틀은 본사 근무, 나머지는 거래선 방문이 원칙이었다. 주기적으로 거래선을 돌며 주요 의사들을 만났고 이러한 시도는 의사들로부터 큰 호응을 받았다. 인도 역시 의사들은 콧대가 매우 세고 또 파벌주의도 상당히 심하다. 따라서 주요 의사들 중에는 영업사원들이 접근하기 어려운 사람들이 의외로 많았는데 주로 이러한 의사들이 나의 주요 방문 대상이었다.

사람의 마음은 어디나 다 비슷한 구석이 있는 것일까! 영업사원들의 온갖 정성에도 끄떡도 않던 많은 의사들, 심지어 영업사원들을 만나주지도 않던 많은 의사들이 속마음을 열고 나에게 거래조건을 제시하는 등 큰 성과를 거두었다. 그들이 공통적으로 하던 말을 지금도 잊을 수 없다. 다른 회사는 중견간부급만 되어도 거의 방문하지 않는데 회사 대표가 직접 방문해주니 거래를 트지 않을 수 없다는 말이었다. 그때 거래를 시작한 많은 의사들은 지금도 큰 힘이 되고 있다.

맺는말

해외시장은 그 어느 곳이든 국내시장보다 더 어렵기 마련이다. 그러나 매우 한정된 국내시장만을 가지고 있는 우리에게 해외시장 개척은 숙명적인 과제이다. 내가 직원들을 격려하면서 즐겨 했던 말대로 여건이 어렵다는 것이 어쩌면 할 수 있다는 강한 의지와 실행력을 가지고 전력투구하는 사람들에게는 오히려 더 좋은 기회일 수도 있다. 이제 인도는 우리에게 상당히 친숙한 시장이 되었고 적어도 인도에서는 한국 기업이 상대적으로 더 잘하고 있다고 말할 수 있다. 그렇다면 과연 그 이유는 무엇일까? 결국 요체는 어떻게 하느냐에 달려 있다고 본다. 아무리 훌륭한 조건을 구비하고 있다고 해도 시도하지 않으면 아무런 결과도 얻을 수 없고 또 대충해서 성공할 수 있는 시장은 결단코 없다.

나의 이 작은 글이 인도로 진출하고자 하는 우리 기업들에게 조금이나마 도움이 될 수 있다면 더 없는 영광이겠다. 마지막으로 꼭 당부하고 싶은 말이 있다. 우리에게 혹시 막연히, 아무 근거도 없이 인도를 과소평가하는 경향이 있는 것은 아닐까? 아직도 길거리에 소가 다니고 태부족한 인프라 등의 열악한 환경이 우리에게 그런 생각이 들도록 만드는지는 모르겠으나 우리가 목표로 해야 할 시장 내지 고객층은 그 어느 곳보다도 결코 만만치가 않다. 근거 없이 너무 쉽게 생각하고 안이한 자세로 접근한다면 인도에서는 물론 그 어느 시장에서도 결코 성공할 수 없다. 아무리 작은 토끼를 잡을 때도 맹수는 절대로 적당히 하지 않고 전력을 투구한다는 사실은 많은 점을 시사한다.

심영섭

1989년 인도에 진출해 17년째 인도에 거주하고 있으며, 인도가 의약품 사업에 100% 외국인 투자를 허용한 2001년 인도에 의약품 마케팅법인 LGLSI(LG Life Sciences India Pvt. Ltd)을 설립, 의약품 등록 및 조직을 갖추고 2002년부터 2006년까지 법인장으로 근무한 바 있다. 현재 재인도한국경제인연합회 회장으로 있다.

시장개척단 사업을 통해 본 인도

유지은 (주)비티엔 책임 컨설턴트

나는 인도 컨설팅 회사에 입사하면서 인도와 연을 맺게 됐다. 입사 이전에는 인도 가는 것이 아마존 밀림 탐험과 비슷할 거라고 생각했을 정도로 인도는 낯설고 접근하기 힘든 곳으로 인식했었다. 6여 년이 지난 지금 인도는 내게 친숙한 나라이면서 주요 비즈니스 영역이다. 그렇다 하더라도 인도에 대해서 무언가를 말한다는 것은 상당히 조심스럽다. 이제야 인도에 대해서 알겠다는 생각이 들 때쯤 새삼 깨달은 사실은 어제 알고 있었던 사실이 오늘 뒤바뀔 수 있는 곳이 인도라는 것이다. 특히 지난 5년간 지속된 인도의 높은 경제성장은 사회 전반에 많은 변화를 불러일으켰고 그 어느 때보다 가장 역동적인 시기가 아니었나 생각한다.

내가 하는 업무는 국내 기업의 인도 진출을 지원하는 것으로 그중 시장개척단 사업이 있다. 국내 중소기업 지원기관이나 협회와 협력을 맺고 인도 시장개척단 현지 지원업무를 수행하는 일이며, 주요 내용은 국내 참가기업 진출 목적에 적합한 인도 기업을 발굴하여 미팅 상담을 주선하는 것이다. 보통 이런 사업의 참가규모는 중소기업 10개사에서 15개사 미만으로 구성되고, 한 기업 당 보통 5~7개 이상의 인도 기업과 상담을 주선한다. 시장개척단 사업을 진행하면서 양적으로나 질적으로 많은 인도 기업인을 만날 수 있는 기회가 있었기에 이를 통해 느꼈던 일을 이야기해보고자 한다. 인도 하면 다문화와 다양성을 떠올릴 수 있는데, 내가 만난 인도인들도 이 범주에서 크게 벗어나지 않는 듯하다.

인도 시장개척단 사업에 대해서 간략히 설명을 하면, 주요 방문 도시는 산업 중심지 델리와 뭄바이이다. 특정 산업 분야를 제외하고는 거의 모든 비즈니스가 이 두 도시에서 이루어지고 또 다양한 산업 부류의 기업을 초청하기가 좀 더 수월하기에 주요 방문처가 된다. 그 외 도시로는 첸나이와 벵갈루루를 들 수 있다. 개최 시기는 계절과는 큰 상관이 없으나, 6월 말에서 8월까지 이어지는 우기는 피하는 편이다. 행사 당일 집중호우라도 내린다면 인도의 열악한 배수시설로 도로가 잠기고 교통이 마비되어 행사가 원활히 진행되지 않을 수도 있기 때문이다.

가장 중요한 비즈니스 미팅 상담 주선은 국내 참가 기업의 진출 목적과 그에 걸맞은 인도 기업을 조사하고 발굴한 리스트를 토대로 이메일과 전화로 비즈니스 상담회에 초청을 한다. 관심을 표명한 인도 기업에게는 별도의 미팅 참가 신청서를 접수 받고, 참가 목적이 적합하다고 판단될 경우에 한하여 상담을 주선한다.

시장개척단 사업은 해외 진출에 어려움을 느끼는 기업들에게 좀 더 효율적으로 진출의 기회를 마련해주는 수출지원 사업이라 할 수 있다. 일을 수행하면서 한국 기업과 인도 기업의 비즈니스 의향이 서로 맞아 거래가 성사되고, 인도 진출 가능성을 발견하여 수출까지 이루어질 때 뿌듯한 자부심을 느낀다. 그러나 이는 사업 종료 이후 느낄 수 있는 보람이지, 일을 진행하면서는 난관에 부딪힐 때가 많다.

비즈니스 상담을 주선하면서 가장 애를 먹는 것은 스케줄대로 진행되지 않을 때이다. 인도 기업인들도 점차 시간관념이 철저해지고 약속도 잘 지키지만 아직도 많은 기업들이 약속 시간에 개의치 않고 올 때가 많다. 스케줄대로 진행하기 위한 나름의 내 노하우는 인도 기업인에게 약속시간을 정해진 시간보다 30분 빨리 통보하는 것이다. 여유를 두고 약속시간을 잡을 경우, 오전 상담장이 텅텅 빌 일은 걱정하지 않아도 된다.

인도 관련 일을 하면서 확인에 확인을 거듭해야 한다는 것은 무척 중요한 일이다. 꼼꼼히 챙겨보지 않다가는 낭패를 보기 십상이다. 인도 쪽 미팅 참가자도 보통 행사 개최일 전까지 3회 이상은 최종 확약을 받는다. 그렇다 하더라도 그중 약 30%는 당일에야 돌연 참가를 취소하는 경우가 많다.

행사 당일에도 미팅 스케줄에 따라 최종 방문 여부를 확인하는데, 이 날은 인도에서 각종 사건 사고는 다 나는 듯하다. 참석을 못하는 사람들의 주요 변명은 주변 친척이 상을 당했다는 등, 갑자기 교통사고가 나서 병원에 가고 있다는 등이 가장 많다. 그나마 이런 말은 웃으면서 넘어갈 수 있지만, 전화했을 때는 오고 있는 중이라고 말을 하면서 결국엔 나타나지 않는 경우도 있다. 처음부터 못 온다고 말해주면 일하기가 훨씬 수월할 텐데, 그네들 입장에선 타인에게 거절을 하거나 NO라고 말하는 것이 어렵다고 한다.

사실이긴 하지만 인도 일을 하면서 내가 양치기 소년같이 되는 상황이 많다. 한국 기업과 인도 기업 사이에서 일을 조율할 때 인도 기업 말만을 그대로 전했다가 제대로 일이 진행되지 않는 경우가 있기 때문이다. One minute(일 분)만 기다려 달라는 것이 몇 시간이 되고, 답변 달라고 전화하면 보내지도 않은 메일을 보냈다고 말하기도 하고, 본인이 불리하다고 생각할 경우는 아예 잠적하기도 한다. 또한 마치 전혀 그간의 일을 모르는 것처럼 오리발을 내미는 경우도 있다. 이런 경우는 잘못된 비즈니스 파트너를 만났을 때 나타나는 현상 중에 하나이다.

또 다른 에피소드는 미팅에 참가하는 인도 기업 중 비즈니스 방향이 맞지 않는 기업이 오는 경우이다. 보통 참가자는 선별해서 초청을 한다 해도 그중에 일부는 다른 목적을 갖고 참석하는 이들이 있다. 또한 초청을 확약하지 않았음에도 불구하고 오전부터 나타나서 행사 끝날 때까지 머물다 가는 기업인도 있다. 이들은 신규 비즈니스 창출 기회를 잡기 위한 목적으로 많이 오는데, 왕성한 호기심으로 한국 참가기업에 여러 가지 질문을 하게 된다. 관련 사업에 대한 사전 지식이 없는 상태에서 질문을 쏟아 붓다 보니 한국 기업의 진을 빼놓기 십상이다. 우리나라의 정서상 보통 이런 기업이더라도 바로 냉대하지 못

시장개척단 비즈니스 상담장에서 인도 파트너와 함께 자료를 검토하고 있다.

하니, 내 역할은 중간에서 미팅을 제어하여 한국 참가기업들을 자유롭게(?) 해야 하는 임무이다. 비록 환영 받지 못하는 자리임에도 불구하고 인도인들의 비즈니스 열의는 정말로 대단한 것 같다.

보통 인도인과의 비즈니스는 영어로 통용되기에, 통역이 필요한 기업에 한해 영어가 가능한 현지 유학생을 보통 담당자로 선정한다. 이들의 영어실력이 출중하다고 하여도 기술적인 내용을 전부 소화해

내기가 어렵기 때문에 문제가 생기는 경우가 있다. 한국 참가자가 명심해야 할 사항은 통역에게 모든 것을 위임하지 말고, 더욱 적극적으로 상담에 참가를 해야 한다는 점이다. 인도인이 말이 많은 것은 사실이지만 상대방의 말을 잘 경청하기도 한다. 비록 능숙하게 대화가 어렵다고 하더라도 천천히 말하는 바를 애기하면 인도 담당자에게 신뢰를 줄 수 있다. 통역에게만 전적으로 위임해 상담을 진행하면 인도 기업 입장에서는 후속 비즈니스에 대한 기대가 떨어지게 마련이다.

이런 시장개척단 비즈니스 상담회를 통해서 적합한 인도 파트너 기업을 발굴하고, 현재까지 거래하고 있는 기업이 있는 반면에 인도에 대한 안 좋은 기억만을 갖고 돌아가는 기업도 있다. 모든 기업이 만족할 수는 없지만 꼭 수출 목적이 아니고 시장조사 차원에서라도 이런 사업을 통해 많은 것을 얻을 수 있다고 생각한다. 특히 다양한 인도 기업을 한 번에 만날 기회가 오기란 쉽지 않으니 말이다.

인도 시장개척단 사업을 수행해오면서 느낀 점은 인도 기업인만의 특징이 있는 것은 맞지만, 글로벌 비즈니스 마인드를 갖고 있는 기업이 상당수란 점이다. 어떤 이는 이런 자리를 마련해준 데에 대해 감사를 표명하고 후속 비즈니스 지원을 부탁하기도 하며 또 어떤 이는 한국 참가기업 제품이 기대했던 기능이나 솔루션을 보유하지 않았다고 실망감을 나타내기도 하다. 인도 기업 중 기대했던 상담이 이루어지지 않았을 때 우리 주최 측에 강한 불만을 제기하는 기업도 있는데, 시간을 내 힘들게 왔는데 참가기업에 미팅이 제대로 준비가 되어 있지 않다는 것이다. 또한 통역이 자기가 원하는 바를 다 말하지 않는 것 같다고 이의를 제기하는 경우도 있다.

우리가 이런 사업을 통해 인도에 방문할 때 규모 있고 신뢰성 있는 인도 기업을 만나길 희망하듯이 인도 기업 또한 좋은 한국제품과 기업을 만나기 위해 참석한다. 인도는 코리아란 브랜드에 어떤 프리미엄도 주지 않기 때문에, 우리가 좀 더 적극적으로 제품을 홍보하고 좋은 신뢰감을 주어야만 비즈니스 성과가 도출될 수 있다. 인도가 비즈니스하기 쉬운 곳은 아니지만, 좀 더 이해하고 열린 자세로 접근할 필요가 있다. 인도는 미지의 세계가 아닌 바로 인접해 있는 진출 시장 중에 하나이기에…….

유지은

인천대 경영학과를 졸업 후 여러 일에 종사하다가 인도 비즈니스 컨설팅 회사에 입사한 후 7년 째 인도만을 바라보고 있으며 현재 (주)비티엔 책임 컨설턴트로 인도 비즈니스 마케팅을 담당하고 있다.

PART

3

부문별 **시장** 분석

—

산스크리트어 '수트라(sutra)' 라는 단어는 실타래를 의미한다. 하나하나의 실들이 서로 엮어져 실타래가 되고 또 멋진 코튼도 만들 수 있듯이 다양한 변수와 상황, 인물들이 어우러져 삶이 되고 그들만의 다양하고도 독특한 문화가 창조되는 그런 정신이 인도에서는 필요하다.

07

첸나이 **게임** 산업

이 주 민 Funizen Solution Pvt. Ltd. 대표이사

"어이, 칼리안 쿠마르, 인도를 동양으로 봐야 할까? 아니면 서양으로 봐야 할까?"

4년 전 일이다. 그 당시 인도의 실정에 맞는 게임을 찾아야 했던 나에게 오는 제안은 대체로 두 가지였다. 하나는 한국을 비롯한 아시아의 게임 개발회사에서 오는 메일로 '인도의 가부장적인 문화, 커뮤니티를 중시하는 관습' 등을 예로 들며 인도에서는 아시아의 콘텐츠가 어울릴 거라는 메일이었고, 또 다른 메일은 '인도인은 영어를 쓰며 영국 식민지를 오래 경험했기 때문에 사고방식과 문화가 서양' 이라는 취지로 북미 게임 개발회사들이 제안하는 것이었다. 다소 황당하게 들렸을 내 질문에 칼리안 쿠마르의 답변은 간단했다. "We are

India." "아니 그것 말고, 그럼 너희가 스스로를 규정할 때 Yellow라 할지, White라 할지……. 그런 게 있을 거 아냐?" 그러자 옆에 있던 와심이 대답했다. "We are brown."

4년이 지난 지금에 와서도 인도 시장, 특히 내가 몸담고 있는 콘텐츠 시장을 이처럼 가장 명확하게 설명한 대답을 들은 적이 없다. 우문현답이었다고나 할까.

인도 온라인 게임 회사의 스카웃 제의

인도의 콘텐츠 시장을 설명하기에 앞서, 우선 간단하게 내가 인도에 오게 된 얘기를 해야겠다. 내가 2008년까지 몸담고 있던 시피(Sify)사는 인도 기업 중 인터넷 관련 회사로는 처음으로 나스닥에 등록된 회사다. 입사 당시 브로드밴드 3위의 점유율, i-Way라 불리는 인터넷 피시방 체인점 2,500여 개, 그리고 종합 포털 사이트와 볼리우드 영화 사이트 등 인터넷에 관련하여 다각화된 사업을 전개하던 회사였다.

이 회사는 2004년에는 온라인 게임 퍼블리싱 사업에도 진출하길 희망했는데 그 이유는 다음과 같다. 보통 인터넷 산업을 이끄는 축으로 크게 세 가지를 지적한다. 하드웨어, 인터넷망, 그리고 마지막으로 콘텐츠이다. 이들 축은 서로 상보 관계에 있으며, 한 축의 발전이 나머지 축들을 견인해 끌고 간다. 굳이 예를 들면, 고사양 PC를 구매하면 인터넷 라인 속도를 업그레이드하고, 컴퓨터로 TV와 영화를 보려 하는 것과 같다. 물론 그 반대도 가능하다. 최신 그래픽을 자랑하는 게임이 출시되는 시기에 많은 게이머들이 PC와 인터넷 속도를 업그레이드하는 경우이다.

이미 브로드밴드와 피시방 사업을 진행하고 있던 시피사의 당시 고민은 브로드밴드의 수요와 시피 피시방 체인에서 소비자의 체류시간을 증가시키는 데 있었다. 결국 이를 위해서는 강력한 콘텐츠가 필요하다는 결론에 도달했고, 이중 게임은 가장 적합한 콘텐츠로 여겨졌다.

시피사의 람 라즈 회장과 쉬리칸트 조쉬 사장은 곧장 한국과 중국의 게임 산업 성장을 연구하고, 퍼블리싱 회사들을 벤치마킹하여 인도에서도 게임 사업을 시작하려 하였으나, 곧 난관에 봉착했다. 인도 내 게임 사업이 아직 선례가 없던 관계로, 적합한 게임 콘텐츠의 선별, 사업본부의 구성과 운영, 수익모델의 구상과 집행 등 실제 산업 속에서 경험을 쌓은 인력을 인도에서는 찾기 힘들었기 때문이다. 결국, 2004년 5월 쉬리칸트 사장이 한국을 방문해서 나에게 스카우트 제안을 한 후, 나는 그해 말부터 시피사의 온라인 게임 본부장으로 일을 시작하게 되었다. 그 후 회사 내 유일한 외국인으로 2,300여 명의 인도 직원들과 함께 3년 반을 동고동락한 후, 올해 2008년 상반기 시피사를 퇴사하였다. 더불어 같이 회사를 퇴사한 팀원들과 함께 Funizen Solutions Pvt. Ltd.라는 회사를 설립하였다.

인도 시장의 엔터테인먼트 콘텐츠 회사

지금껏 인도 시장에 진출을 희망하는 많은 엔터테인먼트 콘텐츠

온라인 게임 프로모션 일환으로 Sify 사가 주관한 컨테스트에서 진행을 맡은 유명 라디오 자키들의 모습

회사들을 만나보면, 다들 진출을 열망하지만, 한편으로는 인도 시장에 대해서 확신을 가지지 못하고 있었다. 그들의 질문, 즉, 인도에 게임, 채팅 사이트 또는 블로그 사이트와 같은 시장이 형성될 수 있는가? 이에 대한 내 생각은 다소 부정적이다. 다음이 그 이유이다.

인도에서 온라인 엔터테인먼트 콘텐츠 사업을 고려하는 주체는 크게 두 가지이다. 하나는 아시아에서 게임 산업이 단기간에 급속하게 성장을 한 것을 경험한 해외 기업들이다. 이들은 인도 시장도 가까운 시기에 곧 조성되리라는 판단 하에 진출을 고려하는 경우인데, 한국을 주도로 한 중국, 일본 기업들이 그 예이다. 가령, 인도 IT 관련

보고서 중 유일하게 신뢰할 수 있는 나스컴(Nasscom)의 조사에서도 이미 인도 내 PC 판매량 및 브로드밴드의 보급률이 중국의 2002년을 초과한 것으로 나온다. 따라서 이후 중국에서 채팅과 게임 같은 엔터테인먼트 콘텐츠 산업이 폭발적으로 성장했다는 점에 착안, 유사한 콘텐츠와 사업전략으로 인도에 진출하는 방식이다.

그러나 이들 중 만족할 만한 성과를 낸 경우는 거의 없는데, 그 이유는 단순히 인구 규모로 인도 시장을 중국 시장과 동일시했기 때문이다. 그들이 간과한 중요한 점이 있는데, 바로 그것은 '인도인들이 영어를 쓴다.'는 점이다. 국경의 제한을 받지 않는 인터넷에서는 지리적 제약보다는 언어의 장벽이 시장을 구분한다. 언어의 장벽을 느끼지 못하는 인도 젊은 세대가 굳이 빈곤한 국내 콘텐츠 시장에 얽매일 필요가 없다. 이들은 야후인디아보다는 야후미국을 더욱 선호하며, 북미의 블로그를 통해 서로 자신을 소개한다. 따라서 인도 내의 최고 포털 사이트라고 해도 실제 페이지뷰를 포함, 인도나 사이트의 입지는 한국이나 중국보다 훨씬 낮은 편이다.

일전에 세계 최고의 그래픽카드 회사의 인도 지사장인 친구가 푸념을 하길, 아무리 인도의 자사 사이트를 잘 만들어놓아도, 대다수 인도 소비자들은 북미 사이트로 접속을 한다는 말을 한 적이 있다. 같은 이유이다. 참고로, 한국 기업들이 이점을 놓치는 이유는 한국 시장에서는 한국어 언어 자체가 해외 기업들에게는 진입 장벽으로, 내부적으로는 국내 소비자들에게 다른 선택의 여지를 주지 않아서 이를 경험하지 못했기 때문이다.

환원하면, 블로그건 채팅이나 게임이건 새로운 콘텐츠가 진출했을 때 이를 먼저 받아들이고 주위에 입소문을 내줄 인도의 얼리어답 터들은 이미 북미의 콘텐츠를 사용하고 있다는 말이다. 따라서 인도 에 진출한 콘텐츠들이 커뮤니티를 성장시키지 못하고 조기 쇠락의 운명을 맞게 된다. 온라인 게임을 예로 들자면, 인도에 아시아 게임들 이 진출하기 훨씬 전부터 인도의 열성 게이머들은 북미 서버에 접속 을 해서 게임을 즐겨왔다. 이미 세계 최고의 콘텐츠들을 경험한 그들 에게 낮은 사양의 PC에서도 구동될 수 있는 '인도식 눈높이 게임'이 들어왔으니 그들이 외면하는 건 당연하다. 결국 시장에 대한 정확한 이해가 없이 타 시장의 모델을 그대로 답습함으로써 이들 해외 기업 은 실패를 경험하게 되었다.

두 번째 주체는 게임 사업을 시작하는 인도 기업들이다. 이들은 해외 시장의 폭발적인 온라인 콘텐츠 사업에 자극을 받아 자국에서 도 시장을 먼저 선점하려 시도했다. 릴라이언스 그룹 같은 대기업도 포함된 이들 주체는 적어도 앞서 얘기한 해외기업들보다는 국내 시 장을 잘 이해하고 있는 편이다. 그러나 이들에게도 자국 시장은 녹록 치 않은데 이는 콘텐츠에 대한 본질적인 이해가 결여되어 있기 때문 이다. 예를 들어 2년 전 뭄바이에 본사를 둔 K사와 회의를 한 적이 있 다. 회의가 거의 끝나갈 무렵 그 회사가 자랑스럽게 보여준 차기 출시 작은 한국에서도 인기가 있었던 댄스 게임 스타일이었다. 과거 한국 에서 댄스 게임이 중국으로 진출하여 가히 폭발적인 인기를 구가하 자 중국에서 몇몇 개발사들이 비슷한 종류의 게임을 만든 적이 있었 다. K사의 차기 게임은 이 중국 기업이 만든 게임 중 하나였다. 성공 가능성의 근거를 물어보는 내 질문에 그들의 대답은 확신에 가득 차 있었다. 춤을 좋아하는 인도 문화에 볼리우드의 BGM을 음원으로 사용하여 젊은 층을 공략하겠다는 것이다. 물론 이를 위해 현지화 작업도 철저하게 진행되었는데, 캐릭터 얼굴과 머리모양을 인도인으로 바꾸고, 음원 역시 인기 많았던 볼리우드 영화 음악이 삽입되었다.

그렇다면 성공했을까? 아니, 철저하게 실패했다. 게임 콘텐츠 자체에만 몰두하여 게임 이면에 숨겨진 게이머들의 니즈를 파악하지 못했기 때문이다. 온라인 댄스 게임을 하는 10대들의 가장 큰 관심은 '이성 친구 사귀기'이다. 가상의 이성 친구에게 잘 보이기 위하여 댄스 연습을 하고 유료 아이템으로 자기 캐릭터를 치장하는 것이다. 이를 파악하지 못하고—물론 게임 개발사도 알려주지 않지만—단순히 게임 콘텐츠 자체에만 집착했기에, 인도 게이머의 95% 이상이 남성이라는 점을 간과한 것이다. 게임 자체가 재미있다고 하더라도 남성들끼리 서로 자기 댄스 캐릭터를 보여주면서 게임을 계속할 리가 없다. 더구나 돈을 내고 자기 캐릭터를 치장할 유료 회원이 있을 리 만무하다.

결론적으로 시장과 콘텐츠의 본질, 이 두 가지를 이해한 기업이 아직까지는 없었다. 어쩌면 이걸 기대하는 것 자체가 너무 무리한 요구일지도 모른다. 가령 급속하게 양적 성장 위주의 전략을 추구하던 80년대 한국 기업들에게 '콘텐츠 시장이 황금알을 낳는 거위'라고 하면 과연 몇이나 동의했을까? 현재 인도 기업들도 예외는 아니다. 그렇다고 콘텐츠를 이해하는 해외 기업들에게 인도에 와서 다년간 체류하면서 시장을 이해하라고 할 수도 없는 노릇이다.

현지화 및 서비스 제공이 관건

자, 그렇다면 인도 시장은 정말 해답이 없는 시장일까? 그렇지는 않다. 까다로운 시장이기는 하지만, 해결책이 없는 것은 아니다. 오히려 앞서 얘기한 인도의 특이성을 활용하면 새로운 가능성이 보인다. 다시 말하면, '영어를 사용하는 시장'이기 때문에 기회가 있다는 것이다.

이 기회를 이해하기 위해서 현재 한국의 콘텐츠 개발사 현황을 살펴봐야 한다. 다른 산업도 마찬가지이지만, 온라인 게임은 국내 시장이 협소하여 해외 시장에서의 성공 여부가 회사의 생존을 결정한다. 그러나 과거 온라인 게임 종주국이라 자칭해온 한국이 중국, 대만, 일본의 온라인 게임에 밀리기 시작, 산업 위기론이 나온 지도 벌써 3~4년 전이다. 이런 난관 속에서 한국 게임 개발사들은 사력을 다해 해외 진출을 시도하고 있으며, 이를 실패한 개발사들은 혹독한 현실을 경험하고 있다. 상황을 타개하기 위한 정부의 지원과 노력에도 불구하고 호전될 기미는 보이지 않던 바, 작년 말부터 정부와 기업 간에 GSP(Global Service Platform) 모델에 대한 논의가 시작되었다. GSP란, 해외의 퍼블리셔 도움 없이 국내에 서버를 설치한 후 게임 콘텐츠 및 웹사이트를 영어로 바꾸어 직접 해외 게이머들에게 서비스하는 모델을 의미한다. 즉, 과거 해외 퍼블리셔와 맺은 계약에서는 총 매출의 20% 이하를 로열티 명목으로 가져왔지만, GSP 모델에서는 개발사가 직접 글로벌 게이머들에게 서비스하기에 매출의 대부분이 개발사에게 돌아온다. 이로 인해 더 이상 해외 퍼블리셔를 찾지 않고 개발사들이 현 상황을 돌파할 수 있는 가장 훌륭한 대안으로 작년 말부터 각광받기 시작했다.

문제는 올해 초까지만 해도 현 상황을 타개할 새로운 돌파구로 예상되던 GSP가 일 년이 안 되어 그 열기가 시들어간다는 것이다. 정부와 기업의 높은 관심에도 불구하고, 초기 한두 개 성공 케이스를 제외하고는 지속적인 성공 사례가 없기에, 점차 GSP 모델의 성공 가능성에 대한 의구심이 확산되고 있는 실정이다. 물론 국내 개발사에게도 이 모델이 현 난국을 타개할 유일한 대안으로 기대되었기에, 그 상실감 역시 이만저만이 아니다.

그러나 국내 개발사와 해외 퍼블리셔의 양측 입장을 다 경험한 내 경우, 초기부터 GSP 모델의 한계를 지적했다. 그 이유는 다음과 같다. 콘텐츠, 특히 게임처럼 유저와 강력하면서도 지속적인 상호작용을 요구하는 콘텐츠의 글로벌화 작업은 단순한 번역으로 완성되지 않는다. 더욱이 한국은 엔터테인먼트 콘텐츠를 전문적으로 번역하는 곳이 아직 없다. 콘텐츠의 글로벌화 작업은 단순한 번역을 넘어서서 소비자 의식의 흐름과 기대수준을 정확히 파악하여야 한다. 즉, 콘텐츠의 소개를 읽어보면서 즉석에서 다운로드와 회원 등록할 충동을 느끼게 하려면 단순히 정확한 번역의 문제가 아닌, 감정에 호소해야 하는 것이다. 창의적인 문구와 재미있는 카피라이팅, 향후 수년간 있을 업데이트에서도 지켜질 일관적인 용어 선정을 한국의 공문서 및 제품 매뉴얼 번역 전문 업체에게 기대하기에는 다소 무리다.

현지화 작업보다 더욱 큰 문제는 서비스 제공 측면에서 나타난다. 본질적으로 콘텐츠 산업은 제품 산업이 아닌 서비스 산업에 속하는 바, 신속하고 양질의 서비스를 어떻게 제공하느냐의 문제가 대두된다. 즉, 어떻게 사이트를 업테이트하며 영문 게시판을 관리할 것인가? 글로벌 유저의 불만 사항에 어떻게 영어로 자유롭게 응대를 할 것인가? 이벤트는 어떻게 기획, 진행할 것이며, 그 반응에 대한 분석을 어떻게 리포팅할 것인가? 이런 문제에 대한 고민 없이 단순히 콘텐츠만 영어로 바꾸어놓으면 전 세계 글로벌 게이머들이 우리에게 찾아와 입소문을 내줄 것이라는 안일한 기대가 현재 GSP의 부진한 실적의 원인이라고 생각한다. 더불어 이는 굳이 GSP만의 문제가 아닌, 수년 전부터 자사의 콘텐츠를 가지고 북미 시장에 지사를 설립했던 한국 개발사들의 저조한 실적에도 시사하는 바가 있다. 자사의 콘텐츠를 너무 과신했던 한국 지사들은 현지화 및 서비스 제공은 안일하게 생각했기에 시장의 높은 기대수준에 부응하지 못했던 것이다.

인도 게임 시장의 가능성

이제 인도의 가능성을 살펴보자. 먼저 나는 한국에 서벡스(주)라는 GSPP(Global Service Platform Provider)를 제공하는 회사의 설립에 참여했다. 이 회사는 과거 GSP의 영역을 각 단계로 세분화한 후 각 단계를 가장 잘 진행할 수 있는 회사들이 참여한 컨소시엄 회사이다. 그리고 이중 나의 인도 회사인 Funizen Solutions Pvt. Ltd.가 담당하는 역할은 다음과 같다.

① 게임 및 콘텐츠의 2차 감수 및 카피라이팅

② 인도 게임마스타 및 콜센터를 활용한 글로벌 게이머들의 질의응답 및 불만사항 응대

③ 게임 및 웹사이트 내에서의 유저 동향 파악과 반응의 분석, 보고

④ 게임 내 이벤트 계획 및 집행

한마디로 말하자면, 최근 인도의 활용 방안에 대해서 가장 많이 나오는 용어가 BPO(Business Process Outsourcing)라고 하면, Funizen Solutions의 모델은 게임 전문 BPO인 셈이다. 물론 Funizen Solutions가 인도 최초의 게임 BPO는 아니다. 이미 북미 개발사들을 대상으로 BPO 서비스를 제공하는 인도 기업들이 있으나 이는 단순히 퍼블리셔의 아웃소싱 업체일 뿐, Funizen Solutions처럼 GSP를 희망하는 한국 개발사들을 지원하지는 않는다. 더불어 게임 콘텐츠와 게이머들을 이해하는 인력들로 구성되었기에, 지원의 범위 역시 초기 현지화 작업부터 리포팅까지 전 분야에 걸쳐 참여하고 있다. 현재 Funizen Solutions 케쥬얼 게임인 노스테일(www.nostale.net)의 글로벌 서비스를 운영하고 있으며 글로벌 시장을 겨냥하는 차기 게임들을 물색 중이다.

이것이 인도 시장의 포기를 의미하는가? 그렇지 않다. 다만 북미에서 인기가 있는 게임들이 자연스럽게 인도에서도 파급력이 생긴다는 점을 이용할 뿐이다. 즉, 일차로 북미 시장을 겨냥하고 이를 위해 인도의 자원을 활용하되, 그 결과가 성공적일 때는 자연스럽게 인도 시장에서도 점유율을 높이는 전략이다. 또한 인도 시장이 단기간에

형성되리라 희망하고 모든 걸 걸고 들어오는 오류를 범하지 않을 뿐이다.

두 번째 질문. 그렇다면 인도 콘텐츠 시장은 북미 시장에 종속되었다 생각하고 무작정 기다려야 하는가? 인도의 자원을 활용하는 것과 별도로 인도 시장 자체에서 수익을 창출할 방안은 없는가? 이에 대한 해답이 Funizen Solutions의 두 번째 사업 모델에 있다.

이를 이해하기 위해서 인도 시장의 다른 측면을 살펴봐야 한다. 먼저 수요 측면이다. 다들 알겠지만, 90년대 초중반부터 시작된 인도의 경제 성장은 21세기에 들어서서는 그 성장세가 가히 폭발적이 되었으며 해외 자본과 기업들을 인도에 진출시키는 원동력이 되었다. 초창기 이들의 목적은 인도의 물적, 인적 자원을 이용하여 북미 및 유럽 시장을 공략하는 데 있었지만, 점차 인도 시장 내의 구매층과 그 성장세에도 관심을 둔다. 인도의 핵심 구매층을 누구로 봐야 할까? 다른 시장과 마찬가지로 크게 두 가지 기준이다. 첫째, 해당 층의 인구가 많아야 하며, 둘째, 구매력이 있어야 한다. 그렇다면 현재 인도 인구 중 가장 큰 비중을 20대 중후반이 차지하며 영어와 인터넷을 사용한다는 사실이 이들의 구매력을 보여준다는 측면이 자연스럽게 보인다.

그러나 이들을 타깃으로 해외 기업들이 프로모션을 진행할 때, 하나의 큰 문제에 봉착하게 된다. 기존 홍보 광고 채널이 다양하지 못하고, 비용이 터무니없이 높다는 점이다. 즉, TV 및 케이블 채널을 통한 홍보 광고는, 일반 기업들은 거의 엄두도 내지 못하는 수준이다. 인터넷을 통한 홍보도 별반 다르지 않다. 인도의 포털 사이트 배너 광고

인터넷 피시방에서 한국 온라인 게임을 즐기고 있는 게이머들

가격이 한국의 주요 사이트 배너 가격에 비해 결코 낮지 않으니 말이다. 따라서 인도에 진출한 외국 기업들은 이러한 제약 조건으로 젊은 세대를 대상으로 하는 마케팅에 큰 어려움을 겪고 있다. 소위 말해 제품과 자본은 있는데 홍보를 할 수단이 마땅치 않은 셈이다.

이번에는 공급 측면을 보자. 특히 눈을 돌려 인도의 인터넷 피시방 사업을 보자. 나스컴은 현재 인도 전국 피시방의 수가 15만에서 20만 개 정도로 추산하고 있다. 한국의 피시방이 과거 2000년 초반

전성기 때 약 23,000개 정도였으나 지금은 2만 개 아래로 후퇴한 걸 생각하면 거의 10배 수준이다. 대단하다고? 그렇지 않다. 이중에서도 정말 피시방이라 말할 수 있는 것은 2만 개를 넘지 않는다. 상당수 피시방이 5개에서 10개 PC의 영세 수준이며, 낙후된 하드웨어 사양, 피시방 점주의 무관심 등으로 방치되어 있다. 심지어 인터넷 라인이 없어도 인터넷 카페라고 버젓이 간판을 써놓은 곳도 본 적이 있다. 점주가 PC와 인터넷을 구분하지 못하기에 일어난 해프닝이다. 인도 피시방 중 제대로 영업을 진행하고 있거나, 적어도 영업의 의지가 있는 피시방은 현재 약 20,000여 개로 추정하고 있다.

이들의 가장 큰 고민은 무엇일까? 바로 과금 솔루션이 없다는 점이다. 즉, 한국의 피시방처럼 바코드를 인식해서 지불 금액을 알려주고, 일별, 월별 매출을 계산, 관리해주는 솔루션이 없다 보니 피시방 점주로서는 하루 종일 카운터에 앉아 수기로 매출을 관리해야 한다. 물론, 타인을 믿지 않는 인도의 문화상 아르바이트생을 고용한다는 것은 상상조차 하지 않는다. 물론 재정적으로도 여의치 않다. 참고로, 2년 전 시피사의 자체 조사에 따르면 콘텐츠가 빈곤한 관계로, 인도 피시방의 일반 체류시간이 평균 22분으로 조사되었다. 이런 상황이니 직원을 고용할 금전적인 여유가 있을 리 만무하다. 그러면 IT로 유명하다는 인도이니, 그들이 직접 과금 솔루션을 만들면 어떨까? 기술적으로 가능은 하겠지만, 시장의 반응에 대해서는 낙관할 수 없다. 과금 솔루션은 단순 기술의 문제가 아닌, 수년간의 경험을 통한 안전성과 편의성에 핵심 경쟁력이 있기 때문이다.

Funizen Solutions의 두 번째 사업 모델이 여기에 있다. 즉, 인도 피시방 업주들에게 과금 솔루션을 무료로 제공하여 그들의 편의를 도모함과 동시에 PC에 설치된 과금 창을 프로모션을 위한 채널로 활용하는 방안이다. 새로운 모델이 아닌 한국에서는 이미 보편화된 이 방식을 인도 실정에 맞게 현지화하는 작업이다. 이를 위해 한국에서 가장 시장 점유율이 높은 피시방 과금 솔루션 업체와 파트너십을 체결했으며, 현재 솔루션의 현지화 작업을 진행하고 있다. 현지화 작업이 끝나는 2009년 초부터는 본격적인 피시방 공략에 나설 예정이다.

솔루션 못지않게 더욱 중요한 문제, 즉, 전국에 산재해 있는 피시방을 어떻게 파악하며 그 점주들을 누가 어떻게 설득할 것인지에 대해서도 이미 대비가 되어 있다. 과거 시피사의 피시방 체인이 전국적으로 확대될 때 이를 담당했던 매니저들이 Funizen Solutions에 가세하여 전국적인 수준의 영업 준비를 마치고 있기 때문이다.

이 모델의 1차 목적은 전국적으로 피시방의 네트워킹을 만들고 이를 홍보 채널로 활용함으로써 수요와 공급을 연결해주며 수익을 창출하는 데 있다. 그러나 더욱 큰 목적은 장기적으로 Funizen Solutions가 향후 가져올 콘텐츠를 탑재하기 위한 초석을 미리 인도 피시방에 장착한다는 것이다. 모두가 콘텐츠만 생각하고 있을 때, 콘텐츠를 탑재할 플랫폼을 먼저 선점하고자 하는 전략이다.

지금까지 내가 진행하는 프로젝트를 바탕으로 인도 콘텐츠 시장에 대해 다소 두서없이 얘기를 진행해왔다. 요점은 다음과 같다. 우선 나는 인도 시장에 국한되지 않고 언어로 구분되는 인터넷 시장의 동향을 보려 했다. 둘째, 콘텐츠 제공자로서 느끼는 한국 기업들의 고민과 니즈를 이해하려 했다. 마지막으로 콘텐츠의 제공이 해결이 되었을 때, 서비스 제공을 위해 인도의 자원을 어떻게 활용할지 고민했다. 다소 진부한 말이지만, 인도에 진출하려 하는 한국 기업들이 가지고 있는 본질적인 경쟁력은 하나밖에 없다고 생각한다. 인도인들도 잘 모르는 그들의 니즈를 우리가 안다는 점이다. 이를 파악한 후, 어떻게 한국의 자원과 경험을 이들의 수요에 맞게 현지화시킬 것인지 고민해야 한다. 이는 무엇보다도 장기적인 관점에서 진행해야 한다. 타 시장도 마찬가지겠지만, 인도 시장은 지혜와 인내심이 성패의 요인이라 생각한다. 나의 일천한 경험이 인도에서 콘텐츠 사업에 관심 있는 기업들에게 작은 통찰력을 제공해주었으면 한다.

이주민

고려대학교 사회학과와 경희아태국제대학원 및 피츠버그 주립대학에서 국제경영을 공부했다. 졸업 후 BGS 한국지사의 콘텐츠 현지화 PM을 시작으로 지난 8년간 온라인 콘텐츠, 특히 게임 개발 및 퍼블리싱 관련 회사에 근무했다. 게임의 현지화 및 글로벌화에 대한 컨설팅과 콘텐츠 신사업 전략을 주로 담당했다. 2004년부터 인도 시피(Sify)사의 온라인 게임 본부장으로 2008년 1월까지 재직하였다. 한국에서는 (주)엔트웰의 마케팅 이사, (주)서벡스의 사외이사로 활동 중이며 2008월 인도에 Funizen Solutions Pvt. Ltd.를 설립, 대표이사로 재직 중이다. unclemin@hotmail.com

08

콜카타를 주목하라

문 대 헌 인도 콜카타한인회장

변화의 10년

지금으로부터 10여 년 전 우리가 탄 비행기는 인도 3대 도시의 하나이자 동인도의 관문(關門)인 콜카타(당시는 캘커타로 불림) 상공을 선회하며 착륙지를 찾고 있었다. 그런데 우리 눈에 들어오는 것이라곤 온통 야자수 숲뿐이라 '여기에 무슨 도시가 있을까' 하는 생각을 했다. 그때가 살인적인 더위가 막 시작된 4월이었기에 비행기에서 내리자마자 후끈한 공기가 달려드는데 숨통까지 막힐 지경이었다. 국제공항 청사라고 해야 기껏 한국의 작은 시골 역사(驛舍)를 연상시켰다. 에어컨은 상상도 못하던 때인지라 대신 천장에 줄지어 매달린 수십 대의 선풍기들이 낑낑거리며 무겁게 돌아가고 있었다. 딱딱한 얼굴을 한 공항 입국 심사직원들은 마치 범죄인을 취조하는 형사들 같았다. 가지고 들어가는 수화물에 대해서도 사사건건 시비를 걸며 뒷돈을 요구하기 일쑤였다. 공항청사를 나서자 제일 먼저 우리를 반긴 이들은 떼거리로 몰려드는 동냥아치들이었다.

그러나 10여 년이 지난 지금 말 그대로 '강산이 변했다.' 콜카타 국제공항도 많이 업그레이드됐고 조만간 세계적인 수준의 공항으로 거듭날 예정이다. 최근 몇 년 사이에 최현대식 대형쇼핑몰, 슈퍼마켓, 고급 아파트단지, 병원들이 우후죽순처럼 들어서고 있다. 그만큼 콜카타 경제가 성장했고 또 성장할 것을 대변해준다. 또한 콜카타 주변에는 대단위 신도시들이 한창 개발 중에 있다. 콜카타 북동쪽 공항 근처의 라자르하트에는 뉴타운이 그리고 남서쪽 하우라 지역에는 콜카타웨스트인터내셔널시티가 조성되고 있다. 이들은 곧 다가올 콜카타 주거환경의 대변혁을 예고하는 것이다. 지금까지 콜카타 남북을 가로지르며 동부간선도로 역할을 하였던 EM Bypass가 조만간 콜카타의 중심 간선도로가 되지 않겠나 하는 생각이 들 정도로 콜카타가 급팽창하고 있다.

이러한 대단위 신도시 개발을 감안할 때, 앞으로 건설과 관련한 산업이 크게 발전할 것으로 내다볼 수 있다. 특히 건축자재 및 공구, 인테리어 및 가구에 혁신적인 변화를 불러올 것으로 보인다. 최근에는 새집으로 입주하는 데 필요한 모든 것을 한자리에서 장만할 수 있는 전문백화점이 생긴 것도 보았다. 현재 많은 목재가구가 인도네시아 등지에서 수입되고 있는데 품질에 비해 가격은 터무니없이 높은 편이다.

공산당과 웨스트벵갈

그러면 무엇이 이 같은 변화를 몰고 왔다고 보아야 할까? 이에 대한 답은 여러 군데서 찾아볼 수 있겠으나 지난 31년간 웨스트벵갈과 콜카타에서 정권을 유지해 온 CPI(M)(마르크스공산당) 내부의 변화에서도 찾아볼 수 있다.

1977년 정권을 잡은 CPI(M)은 조티 바수(Jyoti Basu)를 주총리로 세웠다. 그는 지난 2000년 스스로 사임하기 전까지 23년간을 다스리며 오늘의 웨스트벵갈과 콜카타를 만들어낸 핵심인물이며 94세가 된 지금도 왕성한 정치활동을 하고 있다. 공산당이 집권하여 토지개혁을 통한 지주 죽이기, 노동운동 옹호를 통한 부르주아 죽이기에 혈안이 되자 기존의 기업체들이 이를 견디지 못하여 도산하거나 다른 지역으로 빠져나가는 바람에 웨스트벵갈은 전날의 영화(榮華)를 잃어버리기 시작했다. 그 덕(?)에 공산당은 절대다수의 농민과 노동자들의 지지로 지금까지 철옹성 같은 정권을 유지해오고 있다.

2000년 조티 바수는 주 총리직을 부다데브 바타차르야(Buddhadev Bhattacharya)에게 넘겨주고 스스로 권좌에서 물러났다. 조티 바수의 바통을 이어받은 바타차르야 주 총리는 집권초기부터 산업화를 위한 변화의 바람을 몰고 왔다. 자신이 세일즈 총리임을 자임하며 국내외 유수 기업을 웨스트벵갈에 유치하기 위해 적극적인 외교를 펼치고 있다. 지난 2006년부터 시작된 싱구르 사태와 2007년에 발생한 난디그람 사태는 주정부의 산업화를 위한 굳은 신념을 단적으로 보여주는 실례들이다.

하우라 역에서 34km 떨어진 후글리 지역의 싱구르에는 인도의 대표적인 자동차메이커인 타타가 250만 원짜리 경차를 생산하기 위해 공장을 짓기로 되어 있다. 그러나 농지매입 과정에서 주민들과 야당의 거센 항의에 부딪쳐 급기야 폭력 사태로 이어지기도 했지만 주정부는 지금까지 요지부동으로 타타 프로젝트를 든든하게 지원하고 있다. 타타는 지난 2007년 1월 공장 건립을 시작하여 지금까지 진행시켜오고 있는데, 이 프로젝트에는 한국의 몇몇 업체도 동참하고 있다.

그리고 콜카타에서 남서쪽으로 70km 떨어진 난디그람에는 인도네시아의 살림(Salim) 그룹이 경제특구(SEZ)로 석유화학단지를 조성하기로 되어 있었다. 그러나 부지 강제매입에 항의하는 농민들과 이를 진압하는 경찰 사이에 무력 충돌이 있었고 이 과정에서 주민 10여 명이 경찰의 발포로 죽자 주정부는 야당과 심지어 공산당 내부로부터 심한 비난을 받기도 했다. 그러나 이와 같은 희생과 갈등을 무릅쓰고 웨스트벵갈 정부는 산업화를 위한 몸부림을 멈추지 않고 있다.

열악한 기업환경

이 같은 주정부의 뼈를 깎는 노력에도 불구하고 웨스트벵갈 내 기업 유치는 생각만큼 쉽지 않다. 아직 과거의 부정적인 이미지를 벗어버리지 못했을 뿐만 아니라 실제적인 기업환경 역시 뒷받침되지 않고 있기 때문일 것이다.

콜카타 명예 총영사님과 함께

웨스트벵갈에서 기업 활동의 발목을 잡는 것들 중의 하나가 잦은 파업이다. 각종 정부정책 및 사안을 둘러싸고 의견이 대립될 때 자신의 의견 관철 또는 대중홍보를 위한 주요수단으로 정당 및 노동조합 등은 파업에 의존한다. 전인도 파업, 웨스트벵갈 파업, 콜카타 파업, 택시 파업, 버스 파업, 주유소 파업 등이 그 대표적인 것들이다. 이날에는 당원 및 노조원이 곳곳에 배치돼 무력과 폭력으로 파업을 집행(?)하게 된다. 어떤 때엔 한 달에 3~4일을 파업으로 보내기도 한다. 일반시민들이야 뜻밖의 휴일이 늘어서 좋겠지만 기업을 하는 사람들에겐 치명적인 손실을 불러올 수 있는 것이다. 요즘 신세대 고학력자들이 주로 흘러들어 가는 IT 산업단지는 가끔 파업에서 '면제특혜'를 받기도 하지만 그렇다고 안전이 보장되는 것은 아니다. 단위사업장에서 일어나는 불법 노동쟁의 행위도 그 배후에는 항상 정당이 버티고 서서 기둥서방 노릇을 하고 있기 때문에 법으로도 해결이 어렵다.

인프라 또한 아직 턱없이 부족하다. 새롭게 건설되고 있는 신도시에는 아직 도로 및 교통망, 전기 및 상하수도와 같은 기본시설이 제대로 돼 있지 않기 때문에 성급하게 먼저 입주한 주민들은 큰 불편을 겪고 있다. 항만의 경우, 시설은 차치하고서라도 세관공무원들의 서비스개념 부재와 복잡한 서류절차로 컨테이너가 도착하고도 한 달이 지나야 겨우 통관이 될 수 있을 정도다. 이로 인해 많은 물량이 첸나이와 같은 남쪽 항으로 들어와서 육로를 통해 운송된다. 전기 사정의 경우, 다른 주에 비해 상대적으로 양호한 편이나 그 품질 면에서는 절대적으로 열악하다. 고품질의 전기를 요하는 사업체의 경우, 자체 발전소 건설이 불가피한 실정이다.

관련 정부 관리들의 안일하고 비협조적인 자세와 불필요하게 복잡한 행정절차도 한 몫을 한다. 현지 공무원들에게서 서비스정신을 찾기란 폭풍우 몰아치는 밤에 별을 보는 것과 같다. 수많은 관련규정이라는 것들도 많은 시행착오를 겪고 시간과 비용을 낭비하고 나서야 하나하나 알게 되는 경우가 대부분이다. 누구도 처음부터 친절하게 다 가르쳐주지 않기 때문이다.

이런 수고를 덜기 위해서는 의식과 지식과 경험을 갖춘 믿을 만한 현지전문가의 도움을 받을 수밖에 없지만 그런 전문가를 찾기도 쉬운 일이 아니다. 이곳에는 많은 고급인력이 있지만 그중 대부분이 IT 업계로 흡수되기 때문에 IT 이외의 중소기업에서 필요로 하는 고급 인력을 구하기란 여간 어려운 것이 아니다. 설사 그런 사람이 있다 하더라도 상당한 대가를 요구할 것이 분명하다.

콜카타의 호텔은 늘 만실(滿室)이다. 수년 전 EM Bypass 변에 두 개의 특급호텔이 들어섰다. 그 당시 현지 언론들은 그 수지타산에 대해 한결같이 물음표를 던졌다. 그러나 지금 그 호텔들은 불어나는 수요를 감당하지 못하고 있을 정도다. 특히 콜카타는 국제적인 수준의 중저가 호텔이 턱없이 모자란다. 초특급과 싸구려로 양분돼 있다고 해도 과언이 아니다. 현재 두 개의 새로운 특급호텔이 EM Bypass 변에 부지를 마련해놓고 대기상태에 있다.

용감한 한국인들

이런 어려운 여건임에도 불구하고 사업을 위해 이곳을 찾는 한국인의 발걸음은 끊이지 않는다. IMF 사태 이후에는 그 수가 부쩍 늘었다.

약 5~6년 전에는 한국에서 의료기를 하셨다는 분이 이곳에서 사업을 해본 적이 없는 인도 파트너와 의료기 제조업을 시작하려고 했다. 한국인은 기술과 장비 및 원자재를 투자하고 인도 파트너는 공장과 자금을 댄다는 것이었다. 마음이 급했던 한국인은 이미 장비도 발주해놓은 상태였다. 한편 인도 파트너는 세관관리였는데 국영은행에 융자를 신청해놓고 승인을 기다리고 있었다. 그러나 은행에서 수없는 '내일' 을 약속했지만 끝내 융자 승인은 이루어지지 않았다. 결국 그 한국인은 모든 것을 포기하고 이곳을 떠날 수밖에 없었다. 뚜렷한 근거도 없이 인도 파트너의 말을 너무 쉽게 믿어버린 용감한 한국인의 비극적인 결말이었다.

이곳에서 개인 대 개인으로 동업을 하는 것은 위험천만이다. 바람직한 동업은, 우리가 양질의 기술과 충분한 자금을 가지고, 탄탄한 판매 네트워크가 있는 현지 업체와 손을 잡는 것이다. 그렇지 않으면 결국에 돈 잃고 기술 잃는 결과를 초래할 것이다.

지금으로부터 3년 전에 한국에서 회사원으로 일하던 어떤 분이 이곳에 와서 한국식 닭튀김 사업을 시작했다. 콜카타에 유일한 한국식당이라고 할 수 있다. 한국의 입맛과 서비스로 승부를 걸어 나름대로 성공을 이룬 셈이다. 지금은 몇 개의 지점을 거느리며 견실하게 사업을 이끌고 있다. 사실 이분도 처음에는 값싼 노동력을 이용하여 봉제 사업을 하겠다고 무작정 한국에서 재봉틀과 원단을 싣고 왔다. 그러나 전혀 예상하지 못한 통관장벽에 부딪혀 모든 것을 잃고 전혀 새로운 사업을 찾아 나선 것이다. 콜카타에서 사업을 하려는 사람은 서둘러서는 아무 것도 이룰 수 없다. 꼼꼼하게 모든 것을 챙기고 짚고 넘어가야 한다. 복병은 곳곳에 도사리고 있기 때문이다.

한국에서 의료기 판매업을 접고 이곳에서 미용실을 개업한 분이 있다. 이전까지는 미용실이라고 하면 중국인들의 전유물로 간주됐다. 그러나 중국식의 칙칙하고 어두운 분위기를 탈피하여 한국식의 깨끗하고 밝은 실내 분위기 연출로 많은 현지고객을 확보하고 있다. 최근에는 큰 쇼핑몰 내에 최신 설비를 갖춘 미용실 숫자가 부쩍 늘었

다. 그러나 그 가격을 보면 상류층이 아니고서는 접근하기 힘들 정도
로 높다. 그러나 이곳은 그런 곳들보다는 좀 낮은 가격으로 중상층 고
객을 상대로 선전을 펼치고 있다.

나의 바람

콜카타에는 몇몇 대학가가 있지만 대학생을 위한 문화 공간 및 쉼
터가 전무하다시피하다. 기껏 주변에 난립해 있는 복사집과 노점상
이 그 전부다. 현재의 인도경제 발전 속도라면 조만간 콜카타의 대학
가도 다양한 문화의 산실로 탈바꿈할 것을 예상해볼 수 있다. 억눌렸
던 문화적 욕구를 마음껏 발산하며 충족시킬 수 있는 공간이 절대적
으로 필요하다. 나에게 바람이 있다면 이런 젊은이들이 창조적으로
놀고 쉴 수 있는 마당을 마련하여 이들과 함께 호흡하며 그 강렬한 에
너지를 나누며 사는 것이다.

문대헌

1991년 경북대학교 대학원 법학과를 졸업하고 1995년에서 1996년까지 (주)현
대자동차서비스에서 근무하였다. 1999년부터 2007년까지 (주)에이엠아이코리
아 인도연락사무소장으로 근무하였으며 2007년부터 현재까지 현지법인 모히
마컨설턴시의 이사로 재직 중이다. 2005년부터 재인도콜카타한인회 회장을 역
임 중이며, 콜카타 자다푸르대학에서 한국어를 강의한 바 있다.

09

인도 **제약** 산업

하 기 완 오츠카제약 인도사무소 부소장

인도 제약 산업의 현황

인도의 의약품 시장은 최근 10년간의 평균 10%에 가까운 성장에 힘입어 한국에 필적할 만한 수준에까지 올라 세계 10위권을 넘보고 있다. 하지만 생산량 베이스로 보면 벌써 한국을 따돌리고 세계 4번째 생산국으로서 자리매김한 지는 벌써 오래 전이며, 세계 생산량의 8%를 인도가 담당하고 있다. 생산액 베이스로 보면 1990년대 11억 달러에서 2006년 124억 달러로 크게 증가되었고, 그 가운데 수출이 47억 달러이다. 주요 수출 상대국으로 원약은 미국, 독일, 중국 순이며, 제제는 미국, 러시아, 나이지리아 순이다. 최근 중국의 값싼 원약과 중간체가 인도의 원약 기업을 위협하고 있으며, 이를 극복하기 위해 중국 기업의 중간체를 싸게 사다가 몇 단계 발전시켜 되파는 사업 수완을 발휘하기도 한다.

인도의 제약 산업은 IT 산업과 함께 인도 산업의 대표적인 성공사례로 꼽힌다. 성공 원인으로 풍부한 우수 인력과 영어 공용국의 장점을 살린 제네릭의 선진국 수출에 있다고 하겠다. 2009년까지 특허 만료되는 제품이 많아 시장 규모는 점차 확대될 전망이며, 제네릭 개발에 저비용의 우위를 점하고 있는 인도 기업에겐 기회로 볼 수 있다.

인도에는 약 2만 개의 제약회사가 있다고 이야기되고 있으며, 상위 20개 회사에서 과반을 점유하고, 상위 30개 회사에서는 약 70%를 점유하고 있다. 인도 제약기업을 만나보면 원약(중간체 포함)부터 최종제제까지를 제조하는 수직통합형 기업이 많으며, 이것을 하나의 큰 이점으로 삼고 있다. 여기서 멈추지 않고 창약과 관련하여 합성연구를 대행해주는 CRO(Contract Research Organization)와 임상시험을 대행해주는 CRO, 거기에 생산을 대행해주는 CMO(Contract Manufacturing Organization)까지, 즉 창약에서 상업화까지 기능을 가지고 아웃소싱을 유치하는 기업이 생겨나고 있다. 현재 약 34개 회사의 외국 기업이 조업 중이며, 1991년의 경제자유화와 2005년의 특허법개정에 의해 외국 기업의 활동이 활발해졌다. 증가하고 있는 직접 투자의 대상은 신약 도입과 연구개발센터의 창설이다. 현재는 GSK가 다국적기업 중 1위이며, 전체 순위에도 3위에 올라 있다.

GSK는 1919년에 인도에 제품 판매를 시작했으며, 1970년 특허법의 개악에도 인도에 남은 몇 안 되는 다국적 기업으로 인도 증시에 상장되어 있을 정도로 토착화했다고 볼 수 있다. 이로 인해 GSK는 인도 현지에 2,000명에 달하는 MR(의약정보 전달자)과 4,000여 도매상을 아우르는 강한 유통망을 가지게 되었다. 이를 무기로 다국적기업으로부터의 제품 도입에도 힘을 기울이고 있다.

인도의 유통구조는 상당히 복잡하여 외국 기업의 눈에 보이지 않는 장벽이 되고 있으며, 최근에는 쥴릭이 진출하여 유통단계를 간소화하려 하나, 기득권 세력의 저항 또한 만만치 않으리라 본다. 인도의 독특한 제도로서 제조회사에서 생산된 의약품은 'C&F(Clearing and Forwarding)' 라고 불리는, 대부분 각주에 하나씩 존재하는 창고업자에게 보내지고, 그 이후 6만 개에 이르는 스토키스트(Stockist)라 불리는 도매상으로 보내져 약국과 병원으로 유통된다. 국토가 대단히 넓고 세금문제가 얽혀 있어(각 주 간의 물건 이동에도 세금은 부과되므로) 외부의 창고업자를 사용하는 것이 일반적이다.

마지막으로 주질환을 살펴보면, 감염증을 비롯한 급성질환이 많았지만 요즘은 순환계 및 당뇨를 비롯한 만성질환이 증가되고 있다. 인도인은 유전적으로나 생활습관으로 보나 심장 관련 질환이 많다. 내가 처음에 인도에 와서 고생한 것 중 하나가 인도인들과 같이 먹는 저녁식사였다. 인도인은 저녁식사를 9시에 시작하는데, 한국 시간으로 하면 12시 30분에 저녁을 먹게 되는 것이다. 이들이 즐겨 먹는 커리(카레)가 기름과 소금 범벅인데다 저녁을 먹고 바로 잠자리에 드는 습관은 심혈관계 질환의 점유율은 높이는 데 크게 기여하고 있다.

제약 산업 관련 제도 및 정책

　인도 제약 산업 정책의 근간은 하루에 1달러 미만으로 살아가는 3억의 국민들에게도 의약품의 근접성을 높이려는 공익적 정책과 제약 산업이 하나의 세계적인 산업으로 발전해 나갈 수 있도록 뒷받침하는 산업발전 정책이다. 어찌 보면 두 마리 토끼를 잡는 정책이 혼재되다 보니 집행이 늦어지기도 하거니와 어느새 정책이 뒤집어지기도 한다. 대표적인 것이 특허 관련 정책으로서 2005년에 물질특허가 도입되어 보호기간은 최저 20년간으로 연장되었으나, 특허법상 절대적이며 독창적인 신규 화합물이 아니면 특허를 인정하지 않고 있다. 대표적인 예가 노바티스의 ‘글리벡(만성골수성백혈병 약)’ 물질특허로, 특허청은 ‘절대적 신규성’이 없다는 이유로 물질특허를 인정하지 않고 있다. 선진국에서는 ‘절대적 신규성’의 정의가 모호해서 TRIPS 협정을 위반하고 있다고 비판하며 개정을 요구하고 있다. 인도 정부 또한 세계 표준에 맞춰 재개정하고자 하나 선거철이 다가오면서 쉽지는 않아 보인다. 또한 인도의 특허 제도는, 제도 운용상에도 문제가 있어 다툼이 빈발하고 있으며, 운용 법칙 또한 불확정인 동시에 불명확하다.

　우리가 관심을 가지는 의약품 가격규제는 국가의약품가격국(National Pharmaceutical Pricing Authority: NPPA)이 주 관할관청이며, ‘원약 판매가격’, ‘최종제제 판매가격’, ‘최종제제 판매의 이윤율’에 대한 3단계 규제를 실시한다. 저렴한 의약품의 안정적인 공급이 목적이며, 현재 74성분만이 가격규제 리스트에 수재되어 있고 거의가 필수의약품이다. 우리의 염려와는 달리 대부분의 의약품은 규제의 대상이 아니며, 자유가격제가 정착되어 있다. 하지만 대부분의 약가는 한국의 1/4~1/5 정도 수준에 지나지 않는다. 현재 인도정부에 의해 2006년부터 〈Drugs Price Regulation and Control Act〉가 준비 중에 있다. 특히 특허 의약품에 대해서 인도국민에게 수용 가능한 가격이 되지 않으면 안 된다는 기본원칙 하에 가격규제를 위해 다른 나라의 가격 규제책을 벤치마킹하고 있다. 총선 이후 탄생하게 되는 신정권 출범 후 이 안이 시행될 확률이 높아 보이는데, 제약계가 주목해야 할 정책 중 하나이다.

의약품의 판매 승인 신청에는 전 임상시험, 임상시험의 시험 데이터가 요구되며, 해외에서 판매 실적이 있는 의약품도 인도에서 3상 시험을 실시해야 하다. 인도의 의료보험제도는 전 국민 건강보험이 실시되어 있지 않으며, 건강보험 가입자 수는 인구의 10% 이하이다.

환경변화와 전망

인도의 제약 산업은 2010년에는 100억 달러에 이를 전망이고 인구의 증가(시장의 확대), 중산층의 증가(투약 대상층의 확대), 급성질환에서 만성질환으로의 변화가 주된 성장 원인이 될 것이다. 수출 또한 계속 커져서 2010년에는 135억 달러에 달할 것으로 예상되나, 세계경기의 둔화와 루피화의 절상이라는 복병을 만나서 달성이 쉬워 보이지는 않는다.

내수와 수출 모두 호조를 보일 것으로 기대되나, 한편으론 다음과 같은 이유로 기업 간의 경쟁 또한 격화되리라 예상된다.

① 2005년 특허법 개정에 의한 다국적기업의 인도 진출
② 다수의 제조업자 간 경쟁에 의한 코스트 다운에 대한 압박
③ 선진국 시장에서 경쟁 격화

이러한 변화에, 특히 특허법의 개정에 대응하기 위해 인도 기업들은 지금까지는 없었던 비즈니스 모델로 전환이 요구되었으며, 가장 큰 변화가 신약 개발의 시작이었다. 하지만 신약 개발에는 시간과 자본의 투자를 요하며, 큰 리스크를 수반하는 전략으로서 모든 회사가 뛰어들 수 없기 때문에 기본전략으로 종래의 비즈니스 계승 발전에, 일부 기업만이 신약 개발 조직을 갖추었다.

간단히 정리해보면 인도의 제약 산업에는 3개의 큰 흐름이 보이고 있다. 첫 번째는 모든 인도 기업에 적합한 제네릭 의약품의 수출 확대이며, 두 번째는 연구 개발의 활성화로서 신약개발(R&D)과 NDDS(New Drug Delivery System) 분야에 활성화가 진행되고 있다. 특히 NDDS는 단기간에 실적을 낼 수 있으므로 인도 기업이 집중적으로 지원하는 특기 분야이다. 세 번째로 제조수탁·연구수탁의 확대인데, 이는 특히 세계 임상시험의 허브가 된다고 하는 정부정책이 관계되어 있다.

먼저 제네릭 수출에 대해서 살펴보면, 앞에서 언급했듯이 제네릭 시장의 확대에 의해 인도의 수출은 늘어가고 있다. 인도 기업에 의한 DMF의 제출 건수는 미국 다음으로 많으며 점유율은 30%에 이른다.

특히 대기업은 해외 M&A를 통해 해외시장 기반을 강화하고 있다. 이러한 전략은 앞으로 격화될 인도 내수시장의 영향을 상쇄할 수 있다.

문제는 루피화의 절상에 의해 수출이익이 감소하고 있고 최대의 수출시장인 미국 시장의 경쟁 격화로 이익이 줄어들고 있다. 이로 인해 신규시장 개척의 필요성이 대두되어 일본 시장에 관심이 높아지고 있다. 인도 기업의 일본 시장 진출 동기는, 세계 제 2위의 의약품 시장인 일본 후생성의 제네릭 사용 촉진 정책과 관계가 높으며, 신기술과 세계적인 연구 네트워크 등과의 액세스가 용이하기 때문으로 풀이된다. 일본에 진출한 인도 기업은 랜박시(Ranbaxy), 토렌트(Torrent), 자이더스(Zydus), 시플라(Cipla), 루핀(Lupin) 등이며, 최근에 닥터레디스(Dr. Reddy' s)가 도쿄에 사무실을 개설했다. 아직까지 한국 시장이 일본 시장에 비해서 매력도가 떨어지는 것이 사실이지만 관심을 기울이고 있는 것은 분명하다. 소수이지만 몇몇 회사는 공공연히 한국 기업의 M&A에 대해 검토하고 있다고 밝히고 있으므로, 한국 시장의 진출 또한 시간문제라고 생각된다. 2008년 안으로 체결이 예상되는 한국 · 인도 FTA는 7%라는 관세 장벽, 즉 물리적 장벽 제거도 중요하지만, 인도인들의 한국에 대한 심리적인 장벽의 제거에 큰 도움을 주지 않을까 걱정된다. 따라서 인도 기업의 한국 진출에 대해서는 예의주시할 필요성이 있으며, 한 회사의 성공으로 한국 시장이 블루오션으로 판단될 경우 인도 제약사들의 파상공세가 예상된다.

연구 개발 분야 지출은 해마다 증가하고 있으며, 주로 신약개발을 향한 비율이 증가하고 있다. 인도 기업 15사 정도가 창약 연구를 하고

인도 제일의 바이오-제약 기업 바이오콘 파크 전경. 바이오콘 파크에는 1억 5천만 유로가 투자되고 있으며, 아시아 최대의 바이오파마 허브를 지향하고 있다.(위)

바이오콘의 설립자 기란 회장 저택에서 회장 부부와 함께(옆)

있지만, 단독으로 신약개발을 할 수 있는 기업으로 닥터레디스와 랜박시 정도가 꼽히고 있으며, 기업체력과 기술력에서 어려움이 예상된다. 외자와의 제휴가 필요하지만 현실은 순조롭지 않아 차후 기업의 수익을 압박하리라 예상된다.

최근 인도는 아웃소싱 기지로서 각광을 받고 있다. 제조 수탁에 있어 인도의 우위성은 낮은 제조비용(미국의 40~50%의 비용)과 높은 기술력, 미국 FDA의 GMP 인증 제조 시설이 100곳 이상 있다는 것이다. 임상 연구 수탁에 있어서 인도의 우위성은 환자 수가 많아 임상시험의 진행속도가 빠르며, 비용이 선진국 비용의 25% 수준이라는 점이다.

다국적기업들의 진출에 대해 살펴보면, 크게 3단계로 대별될 수 있다. 1990년 이전에 단독으로 진출한 GSK와 같은 외자사들은 본사의 글로벌 전략과는 전혀 상관이 없었다. 1990년에서 2005년 즉, 인도의 경제 개방화·자유화 이후부터 특허법 개정 전까지는 인도 기업과의 합작 전략이 주를 이루다가, 2005년 이후에는 자사의 글로벌 전략수행을 위해 단독으로 진출하는 회사가 크게 늘고 있다.

일본 회사들의 현황을 살펴보면 다케다를 제외한 일본의 빅5는 모두 인도에 진출해 있는 상태이다. 가장 먼저 진출한 에이자이는 벌써 2004년에 판매 법인을 뭄바이에 설립하여 대표제품 두 가지를 인도 회사들과 코마케팅(Co-Marketing)하고 있으며, 2010년 가동을 목표로 의약품의 원약·제제 공장에 원약·제제의 연구 기능을 겸비하는 거점을 인도 남부에 구축 중이다. 다이찌산쿄는 깜짝쇼로 우리를 놀라게 했는데, 랜박시의 매수전에 벌써 판매 법인을 설립하여 올메텍 판매를 착실히 준비하고 있었으며, 이에 뒤질세라 아스테라스도 주재원 사무소를 열고 판매 법인을 준비 중에 있다. 오츠카도 판매법인 설립을 위하여 분주하게 움직이고 있다. 일본의 넘버원인 다케다만이 계속 저울질 중에 있는 것 같으나, 조만간 상륙함에는 틀림이 없어 보인다. 다케다도 다이찌산쿄의 뒤를 이어서 인도의 메이저 기업을 인수하려 한다는 소문이 무성하게 나돌고 있는 것으로 봐서, 다른 일본 기업이 다이찌산쿄의 모델을 뒤따를 가능성은 높아 보인다. 인도를 비롯한 제3세계에서의 입지 확보, 저비용 생산시설의 활용과 제네릭 시장의 경쟁력 강화를 위한 포석이 아닐까 하는 생각이 든다.

시사점

위에서 살펴본 바와 같이 다국적기업의 인도 시장 적극적인 사업 확대는 인도 제약시장의 잠재력을 높이 평가함과 동시에, 우수한 인력을 비롯한 리소스의 활용에 있다는 점에서 우리에게 시사하는 바 또한 크다고 하겠다. 특히 한국인들에게는 부족한 영어 실력과 글로벌 마인드를 인도인들에게서 기대해볼 수 있으며 큰 시너지를 내리라 믿고 있다. 하지만 전제조건으로 한국문화의 이해를 돕기 위한 투자 또한 병행해야지만 상생의 관계는 오래 가리라 생각한다.

지금 한국의 제약시장은 내우외환에 시달리고 있다. 한미 FTA 체결과 정부의 약가 인하 정책 사이에 곤혹을 치르고 있으며, 기존의 경영 전략으론 한계에 봉착했다고 볼 수 있다. 어쩌면 이번이 전화위복의 기회가 되어 우리 제약기업의 글로벌화에 쓴 약이 될 수도 있다. 글로벌화의 목적을 크게 4가지로 나눠보면, 첫 번째 시장개척, 두 번째 현지의 기술 및 제품 도입, 세 번째 원재료 생산 및 조달, 네 번째 현지 우수인력의 활용(R&D 등)에 둘 수 있다. 현 시점에서 우리에게 가장 적합한 전략은 세 번째와 네 번째로 보이며, 초기의 시행착오를 줄이기 위해 현지 사무소 및 소규모의 R&D 법인을 통한 현지 제도 및 문화의 습득과 현지 네트워킹이 바람직해 보인다. 무엇보다 중요한 것은 빠른 시간 내에 글로벌 인재의 육성을 비롯한 현지 경영능력의 확보에 있다. 확보된 경영능력은 글로벌화의 다른 목적들, 특히 자사제품의 독자진출도 자연스럽게 앞당길 수 있다.

10년 전만 하더라도 매출액 면에서 인도의 제약기업들은 한국의 기업들과 별반 다를 바가 없었으나, 선진국 시장의 진출을 목표로 장기적인 노력과 투자를 지속한 결과, 한국 기업들의 매출을 단숨에 뛰어넘어 세계 최대 생산기지로 도약하게 되었다. 지금 와서 인도 회사에 대한 벤치마킹이 유효할지는 약간 의문스럽지만, 인도의 리소스를 활용한 글로벌화는 영어와 도큐멘테이션이라는 우리의 약점을 극복하는 데 많은 도움을 줄 것이다.

한때 중국 시장에 대한 진출이 봇물을 이룰 때 화두는 "중국에 진출하지 않고 지속성장 가능할까?" 이었듯이, 이 물음은 현재 인도에 그대로 적용된다 하겠다.

하기완

1996년 성균관대학교 약대를 졸업하고, 한국 오츠카제약 응용개발부(마케팅)에 입사하였다. 2001년 일본 오츠카제약 자회사인 일본항체연구소에 파견 근무했으며 이어 한국OIAA(Otsuka International Asia & Arab)에서 마케팅 및 신제품 개발 업무를 수행하였다. 2007년 서강대 경영대학원을 졸업하였으며 2007년부터 일본 오츠카제약 인도사무소 부소장으로 파견 근무 중이다.

티르푸르 섬유봉제 사업

박 기 택 Kenneth Apparel Pvt. Ltd. 대표이사

모든 거래와 일은 문서로 이루어지고 진행된다

지도상에서 인도는 아시아에 위치하고 있지만 유럽인과 더 밀접하다고 할 수 있다. 그들은 과거 수백 년 동안 유럽인과 갈등, 투쟁 혹은 교역하며 살아왔기 때문이다. 그런 면에서 분명 동남아시아인과는 다른 점을 발견할 수 있다. 정치, 경제, 비즈니스에서도 포르투갈, 영국, 프랑스, 독일 등 유럽국가와 더욱 친밀하며 실제 섬유의류 수출의 50~60%가 유럽 바이어를 상대로 하는 것이다. 비즈니스 출장도 유럽 쪽이 훨씬 많다. 물론 영국 영향을 많이 받은 것이 틀림없다. 그들은 정치, 사회, 경제의 시스템이나 모든 비즈니스 형태가 유럽에 익

숙할 뿐만 아니라 인도인의 의심에 가까울 조심성까지 더해져 한국인으로서는 상대하기가 매우 까다롭다.

비즈니스에 있어 대부분 우리는 흔히 말로서 또는 전화 한 통이면 해결되리라 생각하지만 불행하게도 인도에서는 그것이 통하지 않는다. 특히 물건을 사는 바이어 입장에서는 더욱 그렇게 생각할 수도 있겠지만 인도에서 비즈니스 할 때 모든 거래는 글로 남겨지는 서류로서 이루어진다. 예를 들면, 한국의 모 의류 수입업자가 인도에 출장 왔을 때 현지 업체와 상담을 통해 이루어진 스타일, 가격, 수량, 납기 등을 확정하고 돌아갔지만 그 후 인도로부터 아무 연락이 없어 확인해보니, 그동안 진행된 것이 아무것도 없어 몹시 당황했다고 한다. 현지 업체 역시 정식서류(order sheet)를 기다리다 소식이 없자 물건을 살 의향이 없는 것으로 간주하여 더 이상 오더를 진행하지 않았다고 한다. 인도에서는 상담을 통해 혹은 전화상으로 구매 의사를 확정하였더라도 반드시 공식적인 서류를 이메일과 함께 보내주어야만 한다. 이것은 인도에서 비즈니스 경험이 있는 사람이라면 공통적으로 느끼는 점이다. 대부분의 한국 사람들은 도대체 무슨 일이 이렇게 느리고 잘 안 되느냐고 하소연하는 경우가 많은데 맞는 말이다. 나 역시 현지 법인 등록을 하면서 힘들고 시간도 많이 허비하는 것 같아 화도 많이 났으나 반대로 그들의 절차나 시스템을 잘 몰라 그렇게 된 측면도 없지 않았다.

영어능력을 키우고 현지인을 이해하도록 해야 한다

　인도는 28개 주와 6개의 중앙정부 직할지가 있다. 중국 못지않은 방대한 국토와 인구, 다양한 문화, 기후, 음식, 언어 등은 매우 복잡하다. 예를 들어 현재 사용 중인 지폐의 금액은 15개의 다른 언어로 인쇄되어 있고 이는 공식적으로 사용되는 언어들이다. 비공식으로 사용하는 언어를 합친다면 수십 가지에 이를 것이다. 지방 사투리와는 전혀 다른 개념이다. 그만큼 모든 것이 다양하다. 중앙정부에서는 힌디어와 영어를 공용어로 쓰도록 하고 있지만 타밀나두 주나 서벵갈 주에서는 힌디어는 거의 쓰지 않는다. 현지인들은 타밀어 또는 벵갈어를 사용한다. 때에 따라서는 인도인들끼리도 통역이 필요한 웃지 못 할 경우도 종종 벌어진다. 하지만 영어는 어느 지역에서나 통한다. 영어를 모국어로 사용하는 영국, 미국, 호주 등을 제외하고 인도인처럼 영어를 잘하는 나라도 없을 것이다. 그들의 독특한 제3의 언어 인도영어는 세계가 인정해주고 있다. 영어를 하지 못하면 직접적인 인도 진출은 어렵다고 할 수 있다. 물론 중소기업으로서는 여러 가지 제약으로 힘들겠지만 지금부터라도 영어를 배우라고 권하고 싶다. 흔히 해외진출이니 글로벌화니 말하지만 머리나 가슴은 전혀 글로벌이 아닌 경우를 많이 본다.

　그런 면에서 S기업의 현지 전문가 양성은 좋은 제도라고 할 만하다. 그들이 해외진출의 첨병이 될 수도 있으니까. 가끔 누군가는 골치 아프고 잘 안 되니 차라리 가격을 더 주더라도 한국에서 작업하는 것이 어떠냐고 말하기도 한다. 하지만 지금은 그럴 수 있을지 몰라도 결국 글로벌화에 있어 더 늦어지고 뒤처질 뿐이라는 사실이다. 현재에 만족하는 안일한 생각이라고 말하지 않을 수 없다. 한국은 분명 선진 국 진입을 눈앞에 두고 있고 이미 소비자의 수준은 선진국이라고 해 도 무방할 것이다. 선진국에서 일반적인 봉제의류를 만들어 수출하 는 나라는 없다. 현재는 의류뿐만 아니라 거의 모든 농산품, 공산품 등을 수입하고 있지 않는가. 남들보다 한걸음 먼저 진출하여 교두보 를 만들어야 한다.

투지와 끈기, 인내심이 절대 필요하다

중소기업이 진출하기에 인도는 결코 쉽지 않은 곳이다. 나는 남인 도에 있으면서 한국으로부터 직접 진출한 섬유의류업체나 관련 에이 전트를 하는 한국인을 만난 적이 없다. 그만큼 어렵고 재미가 별로 없 다는 반증이다. 아마 괜찮았다면 너도 나도 몰려왔을 것이다. 인도네 시아, 중국, 베트남은 현지에 진출한 한국인 업체, 한국인들로 북적 인다. 하지만 인도에서는 금방 가시적 효과가 나타나지 않는다. 소싱 을 하고 진행하는 데 시간이 많이 걸린다. 끈기와 인내심이 요구되는 부분이다. 비즈니스뿐만 아니라 생활 속에서도 인내심은 끊임없이 시험당할 것이다.

나는 얼마 전 사무실을 벵갈루루에서 코임바토르 외곽의 섬유타 운 티르푸르로 옮겼다. 이사를 하면서 트럭으로 10시간이면 충분한 거리를 꼬박 이틀 후에야 짐이 도착했다. 트럭 운전사는 나와 휴대폰 으로 통화할 때마다 2~3시간 후면 도착할 테니 "돈 워리(Don't

전통 패턴을 새로운 디자인으로 개발해 젊은이들에게 인기가 있는 인도 의류 가게

worry)"라고만 해댔다. 도착 시간을 넘기자 휴대폰도 불통되고 하룻밤을 거의 뜬눈으로 새우며 짐이 분실되는 것은 아닌지 상상하니 아찔해졌다. 현지 우리 직원은 짐이 분실되는 일은 거의 없다고 말했지만 믿을 수가 없었다. 그 다음날 아침에야 할쭉거리며 느긋하게 나타

나는 운전사와 이삿짐을 보는 순간 어이도 없고 한편으론 반갑기까지 했다. 그렇다. 인도는 그런 곳이다. 기다리는 곳, 기다리다 지치는 곳, 지칠 때쯤이면 하나씩 나타나는 곳이다.

특화된 상품을 찾아라

일반적인 의류제품들은 사실 가격이나 생산성 등이 그렇게 좋은 편은 아니다. 그러나 인도는 넓다. 여러 지역에서 여러 가지 다른 아이템을 생산한다. 여성용 액세서리나 스카프 등은 북인도 델리, 라자스탄 등을 중심으로, 니트류는 북인도 루디아나, 남인도에서는 티르푸르이며, 패션 아이템 등은 서부 인도 뭄바이, 가죽제품은 남부 첸나이 이런 식으로 널리 분포되어 있다. 특히 수작업을 하는 여성용 옷들을 찾아보면 재미있는 아이템이 많으며 개발하면 상품성 있는 것들도 많다. 앞에서도 언급했듯이 일이 유럽 쪽으로 많다 보니 유럽풍이나 인도풍이 대부분이지만 개발하기에 달렸다고 본다. 다만 공장들이 여러 지역에 분포되어 있다 보니 시간과 경비가 많이 든다. 그러므로 지속적으로 리서치를 하며 소싱을 해야만 좋은 결과를 얻을 수 있다. 한때 인기가 있었던 배꼽티 역시 인도 전통 의상 사리 속에 받쳐 입는 티셔츠에서 힌트를 얻은 것처럼 지금도 많은 유럽 디자이너들은 인도 구석구석을 다니며 매 시즌 2~3개월간 장기체류하면서 현지 공장, 디자이너들과 교류하며 상품을 개발하고 오더를 만들어낸다.

한 가지 좋은 예가 100% 오가닉(organic) 코튼이다. 식물성 섬유 중 주름이 가는 단점이 있긴 하지만 인간에게 가장 친숙한 소재이자

한 단계 더 나아가 친환경 웰빙 제품이라는 측면에서 상당한 경쟁력
이 있다. 자연환경보호 차원에서나 우리 몸에 해로운 화학비료, 살충
제 등을 쓰지 않는 유기농 면화를 유럽인들은 10년 전부터 개발하기
시작하여 지금은 매년 소비량이 꾸준히 늘고 있는 상황이다. 유기농
면화를 재배하여 엄격한 검사를 통해 옷을 만들고 생산과정, 환경 그
리고 사용되는 모든 부자재에서부터 염료까지 그에 대한 기준이 까
다로워 일반제품보다 가격이 20~30% 높지만 생산을 위해 몇 시즌 전
에 유기농 면화를 미리 예약(booking)해두는 업체도 있다. 이제 한국
에서도 사람들이 좀 더 건강한 의식주를 지향하게 되면서 유아, 산모,
그리고 피부가 민감한 사람들이 유기농 면제품을 찾고 있다. 이런 것
들은 좋은 아이템이라 할 수 있다. 물론 파키스탄, 터키, 이집트, 말
리, 미국 캘리포니아 등지에서도 일부 생산하고 있지만 인도는 요가,
명상 등 평화주의적 삶과 웰빙 제품 유기농 면의 이미지가 잘 맞아떨
어진다. 미래의 자연환경이나 사회가 복잡성을 더해가면서 더불어
늘어나는 유해한 공해나 자연환경 속에서 오가닉 제품은 그 필요성
이 더욱 절실해지고 있다.

앞에서도 언급했듯이 인도에서는 예기치 않은 변수들이 곳곳에서
나타난다. 가장 중요한 것은 이를 긍정적으로 받아들이는 사고와 집
요함, 인내를 가진 사람만이 무엇인가를 찾을 수 있다는 사실이다. 인
도 산스크리트어 '수트라(sutra)' 라는 말을 한 번쯤은 들어보았을 것
이다. 브라마수트라, 요가수트라, 카마수트라 등 힌두 및 불교경전이
나 이야기 제목 뒤에 많이 붙어 있는 이 단어는 실타래를 의미한다.

하나하나의 실들이 서로 엮어져 실타래가 되고 또 멋진 코튼도 만들 수 있듯이 다양한 변수와 상황, 인물들이 어우러져 삶이 되고 그들만의 다양하고도 독특한 문화가 창조되는 그런 정신이 인도에서는 필요하다.

박기택(Ken Park)

1979년 (주)대우 부산공장에 입사하여 11년을 근무하였다. 1990년부터는 미국 수입의류업체 Capital Mercury Apparel에서 16년을 근무하였다. 방글라데시, 파키스탄, 인도 등지에서 장기 근무하였으며 미안마, 인도네시아, 스리랑카, 터키, 네팔, 아랍에미리트, 이집트, 요르단, 케냐, 탄자니아, 레소토, 스와질란드, 남아프리카공화국 등 주로 아시아와 아프리카에서 의류 생산이 가능한 지역을 두루 아웃소싱하였다. 현재 인도에 정착하여 2006년 인도 현지 법인 에이전트 Kenneth Apparel Pvt. Ltd.를 설립하고 대표로 있다. 2008년 6월, 오가닉 제품과(티셔츠) 니트 제품 사업에 주력하기 위해 사무실을 벵갈루루에서 티르푸르로 이전하였다. kenpark@kennethapparel.net

인도인의 **라이프스타일** 변화

김 영 미 한국해비타트 자원개발국장

챈나이에 살면서 국내 한 브랜드의 리서치 일로 "인도 젊은이들의 라이프스타일 조사"라는 명목 하에 인도 젊은이들을 약 20명 정도 인터뷰한 적이 있다. 주변에 물어물어 소개를 받다 보니 IIT를 막 졸업한 22세 청년부터 40대 영화감독까지 다양한 사람들과 인터뷰할 기회를 가질 수 있었다. 그들의 소비 성향과 여가 활동 등에 대한 질문이 목적이었지만 인도의 급속한 변화를 체험하고 있는 그들의 시각을 엿볼 수 있는 다양한 대답이 나왔다. 가까이 지내던 인도 친구들은 대부분 30대 초중반으로 나보다 나이가 어린 친구들이었는데 인도인에 대한 나의 선입견을 초장부터 여지없이 깨뜨릴 정도로 의외로 개방적이고 서구화된 라이프스타일을 즐기고 있었고, 여성들도 모이면 비즈니스에 대해 많은 관심사를 나누곤 했다.

부동산 마케팅 분야에 근무하며 월 5만 루피 정도를 받는다는 리나는 개방적인 기독교 가정에서 자라서 그런지 기혼임에도 불구하고 여자 친구들과 저녁 모임을 종종 즐겼는데 아이를 가질 계획이 전혀 없다고 단언해 나를 놀라게 했다. 사촌의 아들이 아파도 회사에서 조퇴하는, 가족이 지상 최고로 중요한 인도 땅에서 아이도 없이 살겠다니……. 사실 인도 여성들의 변화는 단지 개방적인 가정만의 이야기가 아닌 듯했다. 아이들의 개인교사로 거의 매일 우리 집에 왔던 29세 미혼인 산드야는 꽤 보수적인 벵갈루루 출신의 브라만 집안 출신이었는데 초등학교 선생이면서도 결혼보다는 의류 사업에 관심이 많아 친구들과 의류 브랜드를 론칭할 계획을 열심히 세우고 있었다.

또 같은 유치원 학부형으로 아주 가까이 지냈던 친구 프리얌은 자신도 힌두 브라민이면서 매우 철저한 힌두교식 삶을 지키는 시댁문화 때문에 종종 스트레스를 토로하곤 했는데, IIT를 졸업하고 실리콘밸리에서 좋은 조건으로 근무하다 "미국은 맞벌이 부부가 아이 키우기에 너무 힘들다."는 이유로 얼마 전에 귀국한 남동생의 부인과 외식 비즈니스를 시작하려는 꿈을 가지고 있다. 첸나이에서 단편영화를 만들고 있는 40대 니란잔 씨는 최근 주목할 만한 라이프스타일의 변화가 무엇이냐는 나의 질문에 "여성들이 저녁에 펍(Pub)에 가서 즐기거나 주위에 네트워크를 형성하는 것"이라고 이야기했다. 예전에도 이런 여성들이 없었던 것은 아니지만 무엇보다 중요한 점은 이들을 바라보는 시각이 이제 일반적인 사회 활동의 하나로 보편적으로 받아들이기 시작했다는 사실일 것이다.

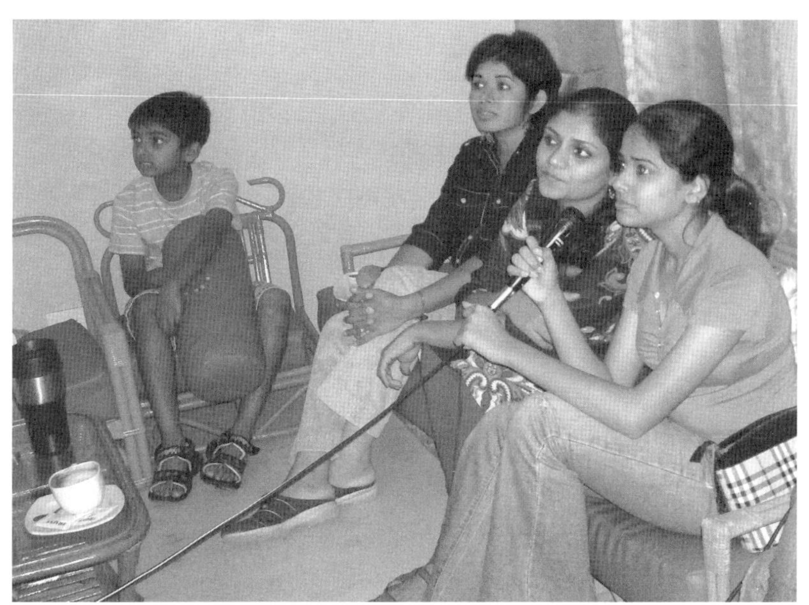

첸나이에 최근 론칭한 가라오케 카페에서 즐거운 시간을 보내는 젊은 인도 여성들

이 리서치를 하면서 가장 인상적이었던 점은 인터뷰에 응한 대부분의 젊은이들이 향후 그들이 살아갈 사회와 그들이 누릴 라이프스타일에 대해 매우 낙관적이고 긍정적인 시각을 가지고 있었다는 것이다. 긍정적이기보다는 비판이 앞서고 자신의 능력보다는 주변 환경이 척박함을 늘 불평해왔던 한국의 나의 세대에 대해 다시 생각해보는 계기가 되기도 했다. 인도 젊은이들은 그들이 윗세대에 비해 훨씬 많은 것을 누리고 소비활동의 주체로 부각하고 있음에 매우 만족

해하며 노력하면 성공과 부를 누릴 수 있다고 진정으로 믿고 있었다. 극심한 빈부격차와 엄연히 존재하는 계급 내에서의 혼인 등에 대해 고민하는 목소리도 있지만 그들의 국가가 이제 힘을 갖기 시작했다는 미래에 대한 긍정적인 확신이 다양한 라이프스타일을 즐기려는 새로운 신 소비층을 양산하며 인도의 변화에 더욱 가속도를 붙이고 있음이 느껴졌다.

그들의 화두이기도 한 '글로벌'

2006년 초 처음 인도 첸나이에서 살기 시작하면서 만난 많은 인도인과 생활 속의 여러 사건은 내가 그동안 피상적으로 알고 있었던 인도에 대해 계속 의문이 들게 했다. 매일 매일의 문화 충격과 늘 기대와 다른 방향으로 전개되곤 하던 일에 혼자 씩씩대며 두어 달쯤 보낸 어느 날, 내가 이 예측불허의 땅에 대해 도대체 아는 게 없다는 생각에 마음이 조급해지기 시작했다. 미국이나 유럽은 몇 년씩 살아본 적이 없으면서도 왠지 잘 아는 듯한 착각에 빠지곤 하는데 인도는 살아도 살아도 모를 것 같았다.

인도 땅 안에서 인도를 좀 배워야겠다는, 그것도 '단기속성코스'로 가르쳐줄 만한 곳이 어디 없을까 여기저기 기웃거리다가 시내 슈퍼마켓에서 집어온 외국인들을 위한 시티 정보지에 적힌 주소를 보고 무작정 찾아갔다. Relocation 및 Cross-cultural 서비스를 하는 Global Adjustments(GA)라는 회사였는데 예상 외로 집에서 아주 가까운 곳에 있었다. 목적도 불분명하게 무작정 찾아온 정체 모를 외국인을 이 회사의 크로스 컬추럴 서비스 팀장인 쇼바 나이두가 맞아주었다. 잡지를 보고 이 회사에 와보면 뭔가 인도에 대해 배울 수 있는 프로그램이 있을 것 같아 찾아왔다는 나의 애매한 설명에 쇼바는 난데없이 내게 직장 경력을 묻고 이것저것 질문을 해대더니 대뜸 한국에 대한 강의를 할 수 있겠냐고 물어왔다. 첫 면전에서 무슨 소리인가 싶어 의아해했더니 장기출장이나 연수 목적으로 해외로 나가는 인도인들에게 글로벌 에티켓과 각 지역의 비즈니스 문화를 교육시키는 것이 이 회사의 주 사업 중 하나인데 마침 첸나이의 스탠다드차타드 뱅크에서 한국에 관한 교육을 시켜달라고 의뢰가 들어왔다는 것이다. 한국 관련해서는 마땅한 자료나 전문가도 없고, 아는 한국인도 없어서 의뢰를 받고서도 할 수 있을까 고민하던 차에 엉성하나마 영어로 떠드는 한국인이 제 발로 찾아온 것이었다.

한국에서 연수를 받으며 6주를 살아야 하는 인도의 젊은 소프트 엔지니어들에게 한국을 가르쳐라, 준비 기한은 한 달. 도대체 강의는 커녕 일상 회화도 번번이 막히곤 하는 내가 그들을 대상으로 하루 종일 트레이닝을 코스를 맡는다고? 말도 안 되는 이야기 같았지만 설명을 듣다 보니 왠지 내가 해야 할 것 같은 생각이 들었다. 한번 해보겠다고 겁 없이 승낙해버리고 밀려오는 후회를 애써 누르며 나도 모르던 우리나라의 객관적인 자료에 대해 공부하기 시작했다. 지리적 정보, 역사적 정보, 생활 정보, 인도와의 관계, 기초 한국어 등의 내용으로 파워포인트를 만들고 내가 할 수 있는 이야기들을 스크립트로 꾸며 무조건 외우기 시작했다. 그렇게 한 달이 지나고 첸나이 북부 에그모어에 있는 한 호텔에서 14명의 젊은 인도인을 상대로 'Survival

Korea’ 트레이닝을 했다.

첫 강의 때 느꼈던 점은 인도 젊은이들이 의외로 수줍어하고 해외에 대한 정보가 별로 없다는 점이었다. 기본적으로 엔지니어링 교육을 받은 인재들이고 영어도 나름 능숙한 젊은이들이니 해외 정보도 많고 태도가 개방적일 것이라고 혼자 생각했었는데 여자는 물론 남자들도 어찌나 수줍어하는지 기본 한국어 회화를 따라 해보라고 했더니 모두 수줍은 표정으로 고개를 숙여버린다. 하지만 시간이 좀 지나 분위기가 더 편안해지고 한두 명 말문이 터지기 시작하자 질문이 거의 없을 거라며 나를 안심시키던 쇼바의 말과 달리 한국 배우에 대한 사적인 질문에서 남북 관계에 대한 질문까지 알아듣기도 어려운 발음으로 너도나도 질문을 던져 적잖이 당황했던 순간도 여러 번 있었다.

GA사는 이 크로스 컬추럴 서비스 사업을 기반으로 한 리로케이션 비즈니스가 꽤 짭짤한 듯했다. 한마디로 문화 콘텐츠를 서비스하는 부동산 사업이라고도 할 수 있는데 한쪽으로는 첸나이에 잇달아 진출하는 다국적기업의 외국 직원들에게 집을 구해주고 그 가족들에게 지속적으로 문화체험 프로그램 및 정보제공과 상담 등으로 인도 정착에 대한 컨설팅을 해주는 것이고, 다른 한편으로는 해외로 진출하는 인도 기업을 위해 글로벌 문화 교육 트레이닝 프로그램을 운영하는 것이었는데 최근에는 후자에 대한 의뢰가 점점 늘어나고 있는 듯했다. 나와 GA사의 인연을 맺게 해준 쇼바는 현재 벵갈루루 지사에 근무 중인데 벵갈루루는 강의 의뢰가 더 많아 정신없다고 늘 비명이다.

어쭙잖은 한국인 강사가 없는 것보다는 그래도 나았는지 이후 GA 사는 한국에 관한 트레이닝 요청이 있을 때마다 강의를 요청해왔다. 물론 한국에 관한 트레이닝 요청이 자주 있지는 않았다. 오히려 중국에 관한 강의 요청이 점차 증가하는 듯했고 내게 중국에 관해서도 진행을 해달라고 했다. 이전에 근무한 회사에서 베이징 지사 설립 및 클라이언트 미팅을 위해 중국 출장을 몇 번 다녀온 경험만 가지고 중국에 관해 떠드는 것은 사실 무슨 사기 치는 기분이었지만 한국과의 공통점이나 아주 기본적인 사항만 얘기해주면 된다는 말에 등 떠밀려 중국 텐진으로 연수를 준비 중인 모토롤라의 BPO 직원들과 중국 세션을 몇 차례 진행하기도 했다.

이러한 글로벌 문화 교육의 수요가 늘어나는 작은 예만 봐도 인도가 잰걸음으로 글로벌을 향해 가고 있음을 알 수 있다. 2007년 3월인가에는 '글로벌'이라는 화두 하나를 놓고 마주앉은 인포시스의 나라야나 무르띠와 위프로의 아짐 프렘지 두 거물의 대담이 대표경제지 〈이코노믹타임스〉 두 면을 덮기도 했다. 기업의 전략적 측면으로 글로벌을 논하자면 한도 끝도 없겠지만, 글로벌의 저 끝단을 보면 우리는 '영어공부'에서 출발하고 있고 그들은 '문화공부'를 하고 있는 듯하다. 한마디로 세계의 스탠더드에서 튀지 않는 눈높이 맞추기이다. 놀라운 손놀림으로 국물 음식까지 손쉽게 입으로 가져가곤 하는 그들에게 포크와 나이프를 쥐어주는 것이다. 사실 우리라고 국제 매너에 아주 밝다고 할 순 없지만 우리는 눈치의 힘으로 웬만한 국제 매너도 극복하곤 하는데 그들은 젓가락 사용하는 법부터 강의 시간에 배우려고 했다. 대부분 고등 엔지니어링 교육을 받은 인력들이니 교

한국에서 근무할 예정인 인도 소프트웨어 엔지니어들이
한국 문화 강의에서 젓가락 사용법을 배우고 있다.

육을 못 받은 것도 아닌데 인도 이외의 나라에 대해서는 생각보다 훨씬 무지한 듯했다. 아니 무지하다기보다는 국제 이슈에 전혀 관심이 없었던 듯 시야가 좁다는 게 더 맞는 표현일지도 모르겠다.

강의 참석자 중에는 인도가 어떤 나라들과 국경을 맞대고 있는지, 중국의 수도가 베이징인지도 모르거나 한국이 아시아에 속한 나라가 아니라고 생각하고 있는 사람도 있었다. 기본적으로 영어 소통이 가능해서 훨씬 세계와 일찍 접해봤을 듯했는데 내가 주로 진행한 오후 강의 이전 시간이 공항 이용법, 비행기 타기, 해외여행 팁, 식탁예절(테이블웨어 사용) 등 대부분 해외여행을 처음 해보는 사람들에게 할 법한 교육 내용으로 이루어져 있는 것만 봐도 알 수 있었다.

사실 인도인들은 배움을 매우 좋아한다. 내가 첸나이에서 살면서 가장 많이 받은 휴대폰 스팸 문자메시지가 최신 영화음악 벨소리 다운로드 광고와 더불어 온갖 학습 강의 및 MBA 과정의 광고 문자들이었다. 또 타밀나두에는 브라만 집안에서 주로 행해지는 골루(Golu)라는 전통이 있다. 집 안에 온갖 인형을 모아 홀수로 설치한 단에 9일 동안 전시하고 찾아온 손님들과 간단한 선물을 나누는데 9일째 되는 날에는 책, 악기 등 학습이 필요한 온갖 사물을 모아 지혜의 여신 사라스와티에게 푸자를 한다. 자전거나 자동차도 이날 온갖 꽃과 풀뿌리 등으로 붙이고 푸자를 하는 주요 대상이다.

이렇듯 학습을 좋아하는 인도인들인지라 인터넷으로도 다양한 교육 콘텐츠 사업이 시작되고 있는 듯하다. 유명한 영국의 더미(Dummies) 시리즈 중 『*Doing Business in India*』 책을 집필하기도 했던 GA의 란지니 사장도 발 빠르게 인도 최초의 e-러닝 비즈니스 교육 포탈을 준비 중이라고 해서 한국의 SERI 및 몇몇 온라인 교육 사이트를 참고해보라고 일러주기도 했다. 하지만 온라인 교육 사업은 어느 정도 인프라가 갖추어져 있어야 한다. 동영상 하나도 매끄럽게 구동되지 않는 지역이 산재한, 무늬만 브로드밴드인 인도의 인프라로는 아직 쉽지 않은 부분이 많은 것 같다.

란지니의 글로벌인디안닷컴은 당시 IT 부문의 마란 장관 및 코그

니산트의 락슈미 나라야난 부회장 등까지 귀빈으로 초대해서 타지 코로만델 호텔에서 대대적 오프닝을 하고 다음날 아침 〈The Hindu〉 에도 대문짝만하게 실렸는데 가만 보니 아직도 활성화를 못 시키고 있는 듯하다. 오픈 직후 한국에 관한 교육 콘텐츠도 넣겠다고 하여 자료를 넘겨준 게 2007년 5월이었는데 1년이 훌쩍 지난 지금도 사이트에서는 란지니의 강의 동영상만 몇 개 올라와 있는 1년 전 콘텐츠들이 대부분이고 한국 자료도 여전히 추후 제공될 정보로 안내되고 있다. 조급한 내 마음 같아서는 지금쯤은 이 사업을 심각하게 재고해봐야 하지 않을까 싶은데 란지니는 잘 되고 있단다. 역시 그녀도 여유만만 인도인이다.

'마살라'의 인도

몇 번의 통역 경험도 인도인에 대한 새로운 관점을 가지게 해주었다. 대부분 한국에서 온 시장개척단과 인도 회사의 미팅 통역이었는데, 인도인들은 미팅의 준비나 실전에 매우 신중한 태도를 보였다. 한번은 디지털 장비 구입을 위해 실사 나온 한국회사와 미팅을 위해 첸나이에 있는 한 회사의 통역을 맡게 되었다.

그런데 본 미팅은 며칠 남았는데도 계속 전화를 걸어오기 시작했다. 통역을 하려면 이 분야에 대해 기본 지식이 있어야 할 테니 본 회의 전에 한 번 사전 미팅을 가질 수 있느냐부터 시작해서 실사단을 위해 제작한 회사 홍보영상에 한국어로 자막을 넣었는데 번역이 잘 되었는지 와서 봐 달라, 한국시찰단과 식사가 몇 번 있는데 어떤 순서로 어디어디를 가면 좋겠느냐는 등 한국 미팅 문화와 한국인들에 대해 계속 나에게 물어보고 회사 내에 관련자를 총동원하여 디테일하게 분별로 스케줄을 준비하는 것이었다. 대부분의 회사들이 거래처가 방문할 때 그 준비에 만전을 기하긴 하지만 나만 해도 상대방의 기준보다는 결국은 내 기준에 좋은 것을 많이 결정하곤 했는데 이들의 태도는 상당히 인상적이었다.

장비 구입을 위해 인도에 온 실사단 단장은 인도를 처음 방문한 분이었는데 대부분의 한국인이 그러하듯이 인도에 대한 선입견과 실제로 접하는 변화된 모습의 마치 극과 극과도 같은 편차에 3일 내내 꽤 혼란을 겪은 듯했다. 경쟁 제품 실사 전이긴 했으나 가격이나 성능, 인터페이스, QC 등 여러 가지로 강점이 있어 보이는 제품 설명을 하루 종일 접하고, 인도가 이런 제품도 만드는구나 하고 회의장을 나가면, 차창 밖으로 보이는 인도의 거리는 너무나 더럽고 뒤떨어지고 비첨단적이어서 도저히 그런 제품을 만들 수 있을 것 같지 않은 나라로 여겨지며 불신의 감정이 생기는 것이다. 인디아 디스카운트의 현장이었다. 과연 이런 나라에서 만들어지는 제품을 믿고 구매해도 되는 것인지 혼란스러워하는 그분이 이해가 되면서도, 비단 인도만의 이야기는 아니겠지만, 정말 제품 자체의 좋고 나쁨을 떠나 판단을 좌우하는 고정관념이 존재함을 우리도 인도도 인정하고, 그것은 앞으로 풀어가야 할 숙제인 것 같았다.

실제로 인도는 그렇다. 이쪽 끝과 저쪽 끝의 편차가 너무 크고 또 비상식적이다. 우리 눈에 모순이 그들의 일상 속에 흔하게 존재한다. 이 대목에서는 '모순' 이라는 단어보다 '우리 눈에' 라는 단어가 중요

하다. 우리 눈에 '모순'이 그들 눈에는 모순이 아니고 우리 눈에 '거
짓말'이, 우리 눈에 '말도 안 됨'이 그들에겐 전혀 거짓말이 아니고
말도 안 되는 것이 아님을 몇 번 체험하게 되자, 우리의 잣대로 생각
하고 비교하는 버릇을 자꾸 없애는 노력을 해야만 했다.

둘째가 처음 다녔던 유치원에 아쉬와르야라는 젊은 여선생이 있
었다. 둘째 담임이기도 해서 가깝게 지내고 결혼식에도 참석하고 했
었는데 어느 날 갑자기 사표를 냈다며 학교에서 보이질 않았다. 아쉬
운 마음에 따로 만나서 왜 사표를 냈는지 물어보니 자신이 평상시에
쇼핑하는 돈만 한 달에 20,000루피가 넘는데 월급이 10,000루피가 안
된다는 것이다. 돈이 필요해서 다니는 것은 아니지만 원장이 12,000
루피로 올려준다고 약속을 하고 안 지켜 사표를 냈단다. 인도의 부유
층과 일반 사회적 기준의 소득의 차이가 엄청남을 느끼게 해준 일이
었다.

이토록 인도는 같은 재화나 서비스에 대한 가치의 잣대가 상황과
사람에 따라 너무나 제 각각이다. 급속히 외국 자본이 들어오고 물질
주의가 팽창하고 있는 현실 속에서 이러한 모순은 쉽게 정리될 것 같
지 않다. 비슷한 일을 하고 yes/no 수준의 영어지만 대충 의사소통이
가능해 외국인 가정에서 일하는 가정부는 4,000~5,000루피를 월급으
로 받아가지만 타밀어만 하는 가정부는 인도 가정에서 800~1,000루
피를 받는다. 같은 아파트 같은 평수의 마주보고 있는 집이 한쪽은 인
도인 가족이 20,000루피에 입주하고, 한쪽은 외국인 가족이 45,000루
피에 임대계약을 맺는다.

델리에서 취재차 만났던 디자이너 오리짓 센은 내가 인도 사회와

문화가 너무 모순이 많은 것 같고 혼란스럽다고 하자 인도의 '마살라' 개념을 이해하면 인도 문화가 좀 보이기 시작할 거라고 얘기해주었다. 인도 최고의 디자인학교 NID 출신의 그는 피플트리라는 의류 매장을 운영하며 사라져가고 있던 라자스탄의 블록프린팅 기법을 현대화된 디자인을 통해 부활시킨 주인공인데, 인터뷰 내내 마살라 문화의 대표 콘텐츠가 바로 볼리우드 영화 산업이고 인도 문화의 기저에 마살라 문화가 깔려 있다고 강조했다.

인도 향신료들을 섞어놓은 '마살라'라는 단어는 사실 인도 음식에서 주로 쓰이는 말이다. 외국인들에게는 쉽지 않은 개념이라, 어울리지 않아 보이는 것도 잘 믹스하여 다양한 요소의 혼재함 속에서 새로운 가치가 나온다는 말인가 싶었는데 살다 보니 그 말을 알 듯했다. 예를 들어 처음 인도에 가서 인도 옷을 파는 매장에 들렀을 때 도대체 어떻게 이런 어울리지도 않는 요란한 컬러들을 한 디자인 안에 매치시켜 놓았을까 이해를 해보려고 해도 할 수가 없었는데 살다보니 어느 순간 그 옷들이 예뻐 보여서 구입하고 마는 경악스러운 경험을 하게 되는 것이다. 인도 요리에 들어가는 향신료들은 하나하나 그 맛이 어찌나 강한지 그중에 하나만 넣어도 충분이 맛이 나겠는데 그들은 그 강한 맛들을 모두 섞어버린다.

첸나이 프랑스 문화원의 한 행사에서 만났던 로욜라 컬리지의 부학장 알폰소 교수는 내게 인도는 유럽이라고 했다. 각 주마다 문화와 언어, 인종, 풍습이 모두 달라 마치 다른 나라들 같지만 그 어디나 공유하는 대륙의 문화와 정서가 분명 있으니 마치 유럽과 흡사하다는 것이다. 매우 공감이 가는 말이었다. 내게 인도를 가르쳐준 대부분의 인도인들도 어찌 보면 한국의 30배가 넘는 그 대륙의 동남쪽 한끝에서 자신들만의 문화와 역사를 일구어온 인도인들 중 몇몇일 뿐이다. 결국 이 글은 첸나이에서 2년여의 기간 동안 내가 경험하고 느낀 인도와 인도인일 뿐이며 그 일천한 경험으로 이 글을 통해 "이것이 인도다."라고 내세우는 것처럼 무모한 주장도 없을 것이다.

김영미

숙명여대 불문과를 졸업하고 서울대학교 대학원에서 미술이론을 공부했다. 디자인하우스에서 월간 〈디자인〉 기자로 일한 후 2000년 디자인 컨설팅 회사인 이노디자인에 입사해 2006년까지 홍보/마케팅 이사로 근무하였다. 이후 인도 첸나이에 2년여 기간을 살면서 월간 〈디자인〉 인도통신원, 첸나이 글로벌 어저스트먼트사의 크로스 컬추럴 트레이너 및 〈At a Glance〉 편집자문위원, 마드라스외국인여성클럽(OWC)의 어린이 분과 대표 등 다양한 활동을 했다. 현재 한국해비타트의 자원개발국장으로 일하고 있다. plurplur@gmail.com

인도 **조기유학**

한 숙 주부, JTS 자원활동가

인도, 자녀교육 시킬 만한 곳인가?

인도에 진출하고자 하는 중소기업인이나 자영업자에게 가장 걸리는 문제는 '자녀교육' 일 것이다. 인도 주재원들에게 학교에 대해서 물으면 미국계 학교 보내게 서류나 잘 준비하라는 말을 듣게 될 것이다. 그리고 혹시 입학을 기다려야 할지 모르니 영국계에도 원서를 넣어보라는 소리를 들을 것이다.

혹시 인도에 개인이 진출한 경우 아이들 학교에 대한 조언을 듣는다면 또 다른 말을 들을 확률이 크다. "미국이나 영국 학교 아니고 로컬도 좋은 학교 많아." 하는 식으로. 이때 '로컬' 이라는 말에는 인도 교육 전체를 폄하하는 느낌이 담겨 있는 경우가 많다. 인도에 진출하는 한국인들은 미국계나 영국계 학교 이외에는 다 '로컬 학교'로 부르는 일이 관행화되어 있는 것 같다. 인도에서 몇 년 살아본 이들은 "그래도 국제학교를 보내야지." 할 것이다.

만약 학비가 지원되는 대기업 직원 같으면 학비가 비싼 미국계 학교나 국제학교에 보내기 위해 서류나 잘 준비해가면 된다.(요즘은 인도에 진출하는 한국인이 늘어 대기업 주재원이나 대사관 직원의 자녀도 미국계 학교를 가기 위해서 6개월~1년 이상 기다리기도 한다.) 그러나 학비가 지원이 안 되는 경우 인도에서 아이가 다닐 학교를 찾으려 하면 하루 이틀 인터넷 검색만 해도, 이미 인도에 나가 특정 지역에 자리 잡은 몇몇 이들의 말만 들어도 머리가 지끈거리기 시작한다.

각 주마다 다른 특이한 학제는 빼고라도 잘 알려진 대표적인 학제만 해도 CBSE, ICGSE, ICSE, IB, A 레벨 등으로 다양하고 Public school, International school, World school, OOO Academy, Military school, OO college 등 학교의 종류도 여러 가지다. 사립학교가 있지만 설립 주체만 표시할 뿐 중학교 이상 올라가면 교육인적자원부에서 관리하는 한두 가지 학제(그것도 고교 과정이나 되어야 인문 교육과 실업 교육으로 크게 나뉘니)만 가진 우리에게 인도 학제는 너무나 복잡해 보인다.

또 인도에 먼저 진출한 교민들의 얘길 들어보면 혼란은 더욱 가중된다. 누구는 OO라는 학제의 OO학교가 좋다 하고 누구는 OO학교는 절대로 보내지 말라고 한다. 학교가 다양한 만큼 학비 또한 다양해서

1년에 100만 원 선에서 2천만 원을 육박하는 학교까지 있다.

　그리고 무엇보다도 인도 진출 전에 인도라는 나라가 내 아이를 교육시킬 만한 곳인가? 하는 근본적인 질문에 스스로 답을 할 수 있을 만큼 내가 한국에서 정보를 확보할 수 있는가 하는 것도 큰 문제다. 영어에 대한 장벽이 없는 경우라 하더라도 우리와는 사뭇 다른 인도 교육에 대한 기본 이해가 선행되지 않는 한 인터넷의 자료를 제대로 이해할 길이 없다. 그런데 설상가상으로 영어를 불편하지 않게 해독할 만한 능력이 안 되는 경우도 허다하다.

　다행히 자녀를 보내고자 하는 학교에 대한 정보를 얻었다 해도 학교와 접촉하는 과정은 지난하다. 인도의 대부분 학교들은(특히 유명하다는 학교는) 입학시험을 치르는 시즌이 아니면 아무리 메일을 보내도 그저 메아리도 울리지 않는 경우가 허다하다. 영어가 좀 된다고 전화를 해도 사정은 비슷하다. 인도의 휴일이나 학교 사정을 모르고 전화하니 입학 상담자와 제대로 연결되는 경우가 없고 처음 들으면 해독이 잘 안 되는 인도 발음에 기가 질려 전화를 못하게 되기도 한다.

　좀 성급하지만 짧은 지면 관계상 결론을 먼저 말하자면, 인도는 자녀교육을 시킬 만한 곳이다. 인도 학교는 우리나라보다 자녀에게 조금은 더 '건강한' 환경을 제공할 수 있고 점점 세계화되어가는 추세에 좀 더 빨리 편승할 수 있는 시스템이 되어 있다.

　인도에서는 어떤 학제를 택하든 언어 2개는(인도의 소수 언어 포함) 고교를 졸업할 때 시험을 치러 통과해야만 한다. 그리고 인도 학교는 어느 학제를 선택하든 유급제가 있어 그냥저냥 학교를 다닐 수가 없게 되어 있다. 시험문제는 일반 상식의 일부분만 뺀다면 다 서술식이다. 우리나라 중고교 서술형 문제처럼 한두 줄, 길어야 서너 줄짜리가 아니다. 시험문제는 거의 대부분 어떤 주제에 대해 쓰도록 되어 있다.

나는 화학을 전공한지라 CBSE 보드에 재학 중인 딸의 작년(9학년) 방학 숙제를 보니 "볼타 전지에 대해 기술하시오." 라는 문제가 나와 있었다. 딸에게 물으니 방학 숙제는 학교 시험 문제 형식이라고 했다. 한 챕터를 다 외워서 그냥 아는 대로 써야 하는 문제다.

영어는 특정 주제가 주어지고(예: 지역사회에서 성공한 여류 인사를 인터뷰하고 그 성공 요인을 기사 형식으로 쓰시오. 9학년) 몇 자이내로 써라가 대부분이다.

또 인도는 태어나면 입학시험을 예약해야 하는 학교(둔스쿨, http://www.doonschool.com/index.htm)가 있고, 졸업생이 몇 백 명 단위로 외국의 명문대학을 들어가는 학교(로렌스 산와르, http://www.sanawar.com/, DPS R. K. Puram, http://www.dpsrkp.net/)들도 있고, 전교생 평균이 90점을 넘는 학교도 있다고 한다.

또 주기적으로 여러 이슈로 미국의 유수한 저널들이 조명하는 학교도 있다. 이 학교들 홈페이지를 방문하면 학생들의 보드시험 결과나 대학 진학 성적 등이 올라와 있다. 지면 관계상 싣지는 못하지만 영미 명문대학 진학 실적만 본다면 우리나라 민사고나 외고 등은 경쟁 상대도 안 된다는 것을 직감할 수 있을 것이다.

그러니 인도인들 영어 발음이 안 좋아서 인도에서 교육을 시키면 영미권의 주류사회에 진출할 때 어쩌고저쩌고 하는 식의 논의는 인도 교육의 면모를 알게 되면 될수록 무의미한 것임을 깨닫게 된다.

인도에서 학교 찾기

인도 교육을 이해하기 위해서는 인도 역사를 조금 아는 것이 도움이 된다. 인도가 200년 영국 통치를 받았지만 동인도회사의 인도 진출 당시부터 고려한다면 근 300년간 영국의 영향권 안에 있었다. 인도로 진출한 영국인들은 자녀 교육을 위해 해발 1,000~2,000미터 전후의 날씨가 좋은 지역에 여러 기숙학교를 세웠다. 그래서 인도 남부의 우띠, 코다이카날, 벵갈루루, 북부의 데라둔에서 무수리, 쉼라에 이르는 라인에는 100년 전후의 기숙학교가 다수 있다.

이런 학교 가운데 100년이 넘는 역사를 지닌 곳은 기독교나 가톨릭 재단에서 만든 학교가 대부분이고 50~80년 정도의 역사를 지닌 학교도 가톨릭 재단이 세운 곳이거나 인도인이 세운 사립학교가 대부분이다.

좋은 학교를 찾는 가이드북들이 인도 출판시장에는 다양하게 나와 있다. 그중 가장 대표적인 책이 『*Guide to good schools of India*』이다. 사이트는 www.gsi.in이다. 그런데 이 책을 볼 때 몇 가지 유념해야 할 사항이 있다. 책의 뒤표지에 광고로 나와 있는 학교는 명문학교가 아니라 신생학교가 돈을 주고 광고를 한 것이니 속지 말기를.(사이트 하단에 광고를 하는 학교도 마찬가지다.) 그리고 학교 홈페이지 주소를 치고 들어가도 학교 홈페이지가 아닌 경우가 있으니 이때는 전화번호를 이용하기를.

대입 결과가 좋고 학생 관리가 철저하여 명문학교라 불리는 곳들은 50년 전후의 ICSE 보드나 CBSE 보드를 채택하는 인도 사립학교임을 염두에 두어야 한다. 또 100년 전후의 국제학교도 그렇다. 10년 이내의 ICSE와 IB 보드를 채택한 학교들은 요 몇 년간 한국인 유학생들에게 악명 높은 학교도 있다는 것을 또한 염두에 두어야 한다. 그리고 사립학교들도 2006년 이후 IB 보드를 신설하고 있는 곳도 있고 사립학교 재단에서 국제학교를 세우는 경우도 있으니 알아두기 바란다.(외국인-NRI 포함-일 경우 이런 학교들은 학비가 입학금까지 2만 달러에 육박하고 해마다 1만 2천 달러 이상 지불해야 한다.)

또 인도는 실질적으로 고교등급제가 있고 같은 재단 고교를 졸업하면 명문 칼리지 진학이 용이한데 그런 학교는 대부분 가톨릭 재단이다. 학교 앞에 St.가 들어가면 눈여겨볼 필요가 있다. 그리고 해마다 6월 첫째 주 〈India today〉라는 인도의 유수 주간지에 실리는 India's best collage를 보고 그 이름과 같은 재단의 학교를 주의 깊게 보면 인도에서 상위 클래스 학교를 찾을 수 있고, 그런 학교는 인도 내 대학 진학뿐만 아니라 외국으로 진학하는 학생을 위한 지원 시스템이 있어 미국이나 영국으로 진학하는 데 큰 도움이 된다.(물론 IB 학제나 A 레벨을 하지 않아도 상관없다.) 그리고 인도인이 많은 싱가포르 대학 진학에도 더 없이 유리하다.

인도 내 학교를 찾으려면 기본 정보를 가지고 있다 해도 다른 학제 유입이나 학비 등이 변하기 때문에 현 시점에서 직접 확인하는 것이 제일 확실하다. 그리고 진출하려는 지역의 교민이 어떤 학교를 선호하는지 귀동냥을 하는 것도 중요하다. 각 지역마다 선호하는 학교가 조금씩 다르기 때문이다.

‘인도 로컬 학교’라는 선입견을 버리고 학교를 찾다 보면 아이의 장래를 위해 좀 더 나은 학교를 찾을 수 있을 것이다.(한국 교민들에게 제시되는 인도 사립학교 학비가 한국인들이 잘 아는 델리의 AES와 거의 맞먹는다면 그 속사정을 모르는 이들은 절대로 믿지 못할 것이다. 둔스쿨 홈피에 가면 외국인일 경우 입학할 때 학비가 2만 달러를 넘는다.)

그럼 이쯤에서 학교 찾기의 실전을 시작해보자.

우선 인도에서 가장 많은 학교가 선택하는 학제를 살펴보겠다.(각 학제에 대한 디테일은 너무 길어서 다 실을 수 없으므로 구글이나 인도 검색엔진을 이용하거나 아래에 언급한 카페의 정보를 찾아보기 바란다. 여기서는 인도 학교를 보내면서 피부로 느끼는 정도만 언급한다.)

학제 관련 참고 사이트

- 다음 포털 사이트의 〈하리삼촌의 인도 카페 ‘낚낀 세상 이야기’〉, 〈인도 조기유학생 학부모 모임 카페〉
- http://www.cbse.nic.in/
- http://www.cbseguess.com/
- http://www.icseguess.com/
- http://india.gov.in/citizen/secondary_education.php
- http://www.ibo.org/

우드스탁주니어 도서실

CBSE (Central Board of Secondary Education)

인도의 가장 대표적인 학제로 많은 명문사립학교가 채택하고 있다. 중등 과정에서 ICSE를 하는 학교도 초등 5학년까지는 CBSE를 채택하는 학교가 많다. 중등 과정인 6학년부터 8학년까지는 3개 언어를 하도록 되어 있다. 9학년부터는 2개 언어만 통과하면 된다. 과목은 분야별로 나뉘어 있는 것이 아니라 통합되어 있다. 과학에는 물리, 화학, 지구과학, 생물이 다 들어 있고 사회과목에는 역사, 지리, 경제 등이 함께 들어 있는 식이다. 공부의 양이 많고 폭이 넓다.

ICSE　(Indian Certificate of Secondary Education)

영국의 GCSE와 유사한 프로그램이다. CBSE 보드보다는 과목이 분화되어 있다. 그래서 ICSE 보드를 하고 CBSE 보드로 전학을 하려면 커리큘럼이 약하다는 말을 듣게 되기도 한다. 또 CBSE 보드의 학습량이 많은 단점을 보완한 커리큘럼으로 파악하는 시각도 있다. 영국으로 진학 시 고교학점을 그대로 인정받을 수 있다.

ICGSE　(International General Certificate of Secondary Education)

영국 캠브리지대에서 주관하는 학제로 보통 '캠브리지 보드'로 불리기도 한다. A 레벨을 하기 위해서는 선행되어야 하는 학제이다.

IB　(International Baccalaureate)

IBO가 주관하는 국제학제로 Certificate와 Diploma 과정이 있다. Diploma를 따야 이름이 난 명문 대학에 진학할 수 있다. 이때 Extended Essay를 통과해야만 한다. 소문이지만 한국 유학생의 30% 정도만 디플로마를 얻고 있다고 한다. 인도 대학이 아닌 미국이나 영국 싱가포르의 대학을 진학할 때 인정받는 학제이지만, 최종 결과가 대학 응시 시점이 지나서 나오기 때문에 예비 점수로 대학에 먼저 응시한다.

A 레벨

11학년부터 대학의 과목을 선수로 들을 수 있다. 선수 과목에서 대학이 인정하는 점수를 따면 대학에 가서 그 교과목을 수강하지 않아도 된다. 대부분의 인도 내 국제학교들이 채택하고 있다.

인도에서 국제학교와 사립학교를 구분하는 기준은 학제에 있음을 아시기 바란다. 특히 신설 국제학교에 보낼 경우 국제학제를 가르칠 만한 교사진이 있는지도 잘 파악해야 한다. 신설 학교들은 IB를 지도할 교사진이 부족한 경우가 많다. 특히 교육이 비즈니스의 주요 항목으로 떠오른 요즘의 인도에서는 이 부분에 대한 파악이 중요하다. 또 시설이 좋다는 것에 속아 진짜 중요한 것을 놓치는 우를 범해서는 안 된다. 또 인도에서는 군이 국제학교를 다니지 않아도 미국이나 영국 등 외국 대학 진학이 가능하니 이 점도 참고하시기 바란다. 또 학비가 비싸다고 해서 좋은 학교이고 학비가 싸다고 나쁜 학교가 아님을 알아 학교의 학생 관리와 학생들의 학업 수준 등을 잘 고려해야 한다.

입학시험

이렇게 인도 교육 전반과 주요 학제를 살펴보면 학교를 선택만 하면 될 것 같은 생각이 들 텐데, 그것은 '입학시험' 이라는 것을 간과한 착각에 가깝다. 우리나라 학생들이 민사고나 외고, 과고의 이름이나 학교의 존재를 몰라서 그 학교를 못 가는 것이 아니듯이 학교 면면을 살피면 '확' 구미가 당기는 학교들이 인도에는 도처에 있지만 '입시' 를 치러 통과하기 전에는 그림의 떡일 뿐이다.

입학 시기도 2월부터 8월까지 다양해서 시험 시기도 다 다르다.

델리 퍼블릭 스쿨 – 소네팟(Sonepat) 리셉션에서 두 딸과 함께

그리고 일시에 인도 주요 도시 5곳에서 시험을 쳐서 입학생 전체를 뽑는 학교도 있고 1년 내내 시험을 칠 수 있게 허용하지만 그 시험은 당락을 결정하는 것이 아니라 입학 순위를 결정하기 위한 시험인 경우도 있다. 시험 과목은 주로 영어(사립학교의 경우 힌디어를 의무적으로 내거는 학교도 있다), 수학, 과학, 사회나 일반 상식 등이다. 시험 범위는 각 학제별 응시 학생의 현 학년 내용이다. 각 학교의 시험 문제는 기출문제집으로 나와 있어 입시철이면 학교 근처에서 어렵지 않게 구할 수 있다. 그리고 학교 홈페이지에 시험 문제 유형을 탑재하

는 경우도 있으니 경향 파악은 어렵지 않다.

그러나 학제가 같더라도 입학이 가능한 커트라인은 학교마다 다르니 학교에 문의해봐야 한다. 어떤 학교는 '같은 학제 내에서 평균 80점을 넘지 않으면 응시하지 못한다.' 라는 규정 같은 것도 있다.

그리고 명문 사립 기숙학교의 경우 6학년이 지나면 아예 시험이 없어지기도 한다.(둔스쿨의 경우 7학년부터 입학생을 뽑는다.) 그래서 고교 과정이 시작되는 9학년에는 아예 자리가 없거나 한두 자리 난 것을 두고 많은 학생이 시험을 치르기도 한다. 이때 소위 말하는 명문학교들은 한국 학생이 입학한다면 인도 학부모의 항의가 있을 수도 있어 옵서버 형식으로 아이의 입학을 허가하기도 한다.(대한민국의 위상이 높은 줄 알지만 인도 사립 명문학교 가운데는 한국인이라면 아예 상담을 받아주지 않는 학교도 있다. 반면에 외국 학생 유치가 학교 명성에 도움이 되어 입학시험에 통과하지는 못했지만 열심히 다니겠다는 각서를 받고 아이를 받아주는 경우도 있다.)

11학년은 각 학제별로 10학년 보드시험(10학년을 정리하는 시험으로 인도는 10학년과 12학년 두 번 우리나라 수능과 비슷한 시험을 치른다.) 결과를 가지고 많이 움직이기 때문에 학생들이 선호하는 학교는 입시가 다시 치러지기도 한다. 이때는 입학 브로커들이 나서기도 하는데, 학교 측에서는 성적이나 다른 분야에서 두각을 나타내는 학생을 유치하여 학교의 명성을 드높이려 하고, 학부모나 학생 입장에서는 명문학교를 졸업해야 대학 진학이나 앞으로의 인맥 형성에 도움이 되기 때문이다.

공식적으로 얼마 하는 식으로 돈이 오가기도 하고 권력이 동원되기고 해서 인도 신문에 기사화되는 경우도 있다. 마음이 급한 학부모의 마음을 이용한 브로커 사칭 사기꾼도 많으니 우선은 학교와 접촉하는 것이 최선이다. 그 밖의 학년은 전학이 용이하지도 않고 제대로 관리되는 학교는 학생의 움직임이 거의 없다.

현실적으로 한국인 자녀가 갈 수 있는 학교는 신설 국제학교나 사립학교들인데, 이런 곳은 any time, everybody 받아주기 때문에 입시를 염두에 둘 필요는 없다. 대부분 이전에 다니던 학교에서 재학증명서와 등급이나 점수가 표시된 간단한 성적증명서만 있으면 입학 사정을 마칠 수 있다. 시험을 치라고 나오는 학교도 있지만 그 성적으로 당락을 결정하지는 않는다.

한국에서만 학교를 다녔다면 아이의 영어가 제 학년을 따라갈 만한 실력이 있는 아이는 드물 것이므로 처음에는 명문학교 욕심 내지 말고 집 가깝고 학비 적당한 학교를 골라 다니다가 거주하는 지역의 학교에 대한 정보가 많아지면 좋은 학교로 입시를 뚫고 옮기면 된다. 학년이 낮은 경우는 그게 가능하지만 우리나라에서 중학 과정을 다녔거나 특히 중3을 마치고 10학년으로 진학할 경우에는 많은 상황이 달라진다.

인도에는 10학년 마치는 시기에 각 학제별로 보드시험을 보기 때문에 통상 특수한 경우가 아니면(성적이 뛰어난 학생이 같은 학제에서 전학하는 경우) 학생을 받지 않는다. 그래서 한국에서 중3을 마치고 인도로 가면 눈물을 머금고 학년을 낮춰 9학년으로 가야 한다. 그러니 이 연령대의 자녀를 둔 이들은 인도로 학교를 보내는 것에 대한 심사숙고가 있어야 한다.

　몇 가지만 첨언하자면 인도 학교를 보낼 때는 학생들에게 한 권의 책 같은 1년 스케줄을 내주니 그것을 잘 참고하길 바란다. 그리고 인도 학교의 학부모 면담은 시험이 끝나고 성적이 나올 때마다 하는데, 우리나라처럼 부모가 학생 잘 봐달라고 눈도장 찍는 시간이 결코 아니라는 것을 명심하기 바란다. 아이의 시험지를 놓고 채점이 잘못된 것은 없는지, 아이의 부족한 면을 채우기 위해 어찌 해야 하는지 진지하게 논의하는 시간이다. 아직도 대가족 생활이 많은 인도인들은 이때 부모뿐 아니라 조부모, 삼촌 등 온가족이 출동하는 날이기도 하다.

　짧은 지면상 인도에서 학교를 보낼 때 유의해야 할 일이나 과외, 인도에서 다시 한국으로 돌아갈 때 염두에 둘 문제에 대한 언급은 못했다. 각 유학 관련 카페들을 뒤지면 이런 내용은 많이 나오고 현지에 진출해서 살면서 귀동냥할 기회도 많을 것이다.

한숙

대학에서 화학을 전공하고 과학 영재를 가르치는 학원 강사 및 대학 부설 자연사 박물관에서 아이들 실험 지도를 한 바 있다. 네 아이 중 위로 두 아이를 인도의 사립학교인 DPS Sonepat에 3년째 유학시키고 있으며 인도 유학이 한국에서보다는 적은 돈으로 소기의 성과를 내기에 적합하다고 믿는다. 특히 인도 사립학교는 이공계 진학을 위한 아이들에게 적합한 곳이 많다는 생각을 가지고 있다. 인도 조기유학생 카페 운영을 하며 인도 각 지역의 기러기 맘들이나 인도 유학 맘들에게 많은 이야기를 듣고 있다. 1986년 겨울 동계 사가르마타 등반을 하면서 서남아시아의 문화를 알게 되어 인도와 네팔을 수차례 여행했고 지난 3년간 인도의 여러 지역 학교를 답사하기도 했다.

13

'On the way' **건설** 현장에서

강 구 관 건설기술 컨설턴트, 로고스건설 부사장

세계 어디서나 규모가 작고 크고를 떠나서 건설이란, 설계도면과 그에 따르는 시방서와 물량집계표의 3박자를 갖추고서는 공사를 계획하고 실시하고 검토를 하는 과정이라고 정의할 수 있다. 공사를 계획함은 노동력, 자재조달 그리고 장비투입 등을 적절한 시기에 현장으로 투입하면서, 좋고 싸고 빠르게 일정관리를 하는 것이다. 여기 글들은 인도 현지 현장에서 공사를 하는 과정에 겪었든 일들을 속내를 털어놓고 드러내기 위함이다. 그렇게 길지는 않은 시간 동안 인도 사람들과 건설현장에서 있었던 일들을 간단하게 소개를 하고자 하는데, 글이라고는 써본 적이 없는 사람이 쓰게 됨을 우선 양해 바라고, 이런 기회를 통해서 인도의 건설시장 속을 파헤쳐본다는 게 기분이

좋은 반면, 한편 부끄러운 점들이 드러나는 것 같기도 하고 그동안 쌓인 걸 털어내는 기쁨도 있기에 감사를 드린다.

인도 사람들의 DNA

사람이 행동을 하는 것을 머릿속에서 명령을 하는 경우도 있지만 거의 자동명령으로, 저절로 행동으로 이어지면서 그 사람의 특성을 나타내는데, 특히나 인도 사람들은 연구를 해봄으로써 그들을 이해하고 그에 따르는 전략을 세우면서 접근함이 좋을 듯싶다.

인도가 옛날에는 농사도 잘되고, 자연의 혜택으로 숲이 형성되고, 그곳에서 농경사회로 살아가기에 아주 좋은 땅이었고, 그들은 아주 편안한 생활을 하였을 텐데……. 지금도 그들은 아주 평안하고 행복한 사람들인데, 그 주변국들이 그걸 그냥 놔두질 않는다. 농사는 3모작이 가능하지만 딱히 모를 심고 추수하는 시기를 정할 필요가 없다 보니, 한쪽에서는 벼를 심고 다른 쪽에서는 수확을 하였다. 그러다 보니 농사도 제대로 지을 수가 없는 주변국 사람들이 항상 쳐들어와서 가져가는, 소위 늘 노략질을 당하면서 살아온 결과, '아무것도 없다면 노략질은 안 당하겠지…….' 하면서 종교적인 리더들은 그들을 그렇게 몰고 갔다. 해서 절대적으로 준비를 하지 않는 삶의 형태가 오래전부터 형성이 되어오다 보니, 현재까지 그들의 DNA는 그냥 없이 살아가고, 전혀 비축을 할 필요가 없고, 외국 사람들은 무조건 무시를 하는 등등의 특이한 종교와 문화가 형성됨에 따라, 예전부터 여러 나라 사람들이 와보았자 아무런 가져갈 게 없었다는 게 어떻게 보면 그들의 생존전략은 썩 좋았다고 할 수가 있겠지만, 외부 세계의 물질적인 풍요함과 경제적 가치 앞에서는 그들도 어쩔 수 없이 지금이라도 몇몇 선두주자가 그들의 DNA를 수정하고 있다. 먼저 궤도수정을 한 그룹들이 잘 살아가니 그들을 따르는 소그룹들이 생기면서 아마도 한두 세대를 내려가면 그때 세계인들은 인도의 저력을 알 수가 있을 것 같은데, 그때 가서 인도 진출은 어려울 것이고 지금이 인도가 외부에 주는 좋은 기회라고 본다.

건설현장의 노동력

인도인들은 가족들이 한꺼번에 현장으로 들어오면서 우선 숙소를 짓는다. 나뭇잎으로 거적을 덮고, 그 안에는 단칸방으로 취사도구를 넣는다. 남자인부와 여자인부의 비례가 거의 반반 정도이고 옆에는 아이들이 있다. 일은 대개 9시부터 1시까지 오전 일을 하고 2시부터 6시까지 오후 일을 하는데, 물론 티타임은 오전 오후 두 번에 걸쳐서 한 30분 정도를 가지니 오전 4시간 오후 4시간으로 정확한 게 신기할 정도이다. 보름에 한 번 주는 임금 날짜는 대개 토요일인데, 임금을 주면 온라인 송금이 아니니깐 그 돈을 가지고 시골로 가서 가족들에게 주고, 간 김에 가족뿐만 아니라 친척들까지 만나서 이야길 하다 보면 일요일에 못 돌아오고 대개는 월요일 오후 혹은 화요일 오전에 돌아오니, 사용자 입장에서는 무슨 노동력을 제공받을 수가 있겠는가. 이런 실정이니 엄청난 저효율의 구조를 가지고 있다고 보면 거의 맞을 것 같고, 대개 평균임금은 남자 150루피(3,600원) 여자 120루피

(2,900원)이다. 참고로 내가 현장 생활을 한 1978년도의 대한민국도 여자 인부 일당이 3,000원 정도였는데……. 우선 무슨 일이든 작업의 효과는 인도인 20명이 일을 해야 한국인 한 사람 정도이니 단순비교를 해보면 한국 사람 1인에 인도 사람 20명으로 거의 일당이 7만원 꼴이 되므로 공사현장에서 나가는 노무비는 어쩌면 거의 같을 성 싶을 정도로 저효율성을 가지고 있는 인도의 노동시장이다.

또한, 교육을 받은 적이 거의 없는 일반 노무자들은 일을 하는데도 아무런 전문지식이 없이, 그냥 농사짓듯이 호미보다는 약간 큰 삽처럼 생긴 것으로 쪼그리고 앉아서 삽질을 하고, 목수라고는 하나 개인 연장인 망치도 없이 한 팀에 한 두어 개를 가지고 같이 나누어 쓰는 걸 보면 이게 무슨 일이 되겠는가 하는 의아심을 떨쳐버리기가 쉽지 않다.

또한, 사람들은 현장에서 거의 맨발로 다니니깐 걸음걸이 자체가 아주 느리면서, 무엇이든지 아주 느리게 하면서 하루를 보내겠다는 그 마음을 결국 깨뜨리질 못하고 기다려야만 하는 상황이다. 소위 돈내기라는 걸 시키면 거절. 같은 일을 어제는 1미터의 땅을 파는 데 오늘 1.5미터를 파면 돈을 2배로 주겠다고 해도 안 하는 그 뜻을 어찌 보통사람이 알겠는가. 빨리 끝나면 뭐가 좋은데? 하는 물음표만을 가득 가지고 있는 이곳 인도 노무자들. 누가 어떻게 컨트롤할 것인가? 쉽지 않은 화두를 던져본다. 인도정부가 건설시장에서 일하는 인도인의 노동력 생산성을 비교한 자료를 보면 선진국 1인의 생산력을 인도인은 대한민국의 1/20이고 미국의 1/25이라고 하니, 그건 일을 아예 하는 것이 아니고 거의 휴식시간으로 하루 일당을 받아가는 셈이다.

외국에서는 최근 두바이에 많은 인도인이 노동시장을 장악하고 있는데, 시급 1.05달러 × 12.5시간(8시간+오버타임 3.5시간=12.5 시간) = 13달러 즉, 680루피를 받는 셈이다. 물론 고용주가 왕복항공료 및 숙식제공을 하는 조건이므로 주변에 브로커들이 많을 수밖에 없다. 실제로 그들에게 돌아가는 건 알 수가 없지만, 현지에서 150루피보다 기술경력이 있으니 조금 낮게 셈을 하더라도 250루피 정도인데, 외국에서 두 배 이상은 받는다고 보면 외국에서는 그런대로 생산성이 나오는 일을 하긴 한다는 건데 왜 국내에서는 생산성이 저 모양일까. 사실 내가 처음 해외 건설 생활을 한 게 30년 전인데, 더더욱 놀라운 것은 그때에도 시급이 1.05달러였다는데 아무런 인플레이션이 없이 그냥 1.05달러에 수많은 사람들이 기다리고 있다는 건 인도 노동시장이 열악하다는 걸 단적으로 말해주는 장면이다.

자재와 장비들이 현장으로 들어와야 하는데

자 이제까지는 거의 현장 내의 작업인부에 관한 이야기라면, 공사를 하기 위해서는 현장으로 자재가 들어오고 장비들을 현장으로 들여와야 하는 그 엄청난 어려움들이 기다린다. 인도 사람들은 고대로부터 농경사회이고 모계사회라는 점을 이해해야 그나마 조금 이해가 될 듯하다. 장사를 하겠다는 게 얼마나 위험한 생각인지를 잘 아는 사람들이 재고 부담을 줄이기 위해서 가능한 물건 없이 거래를 하려고 하고, 주문제작을 하는 경우에는 더더욱 황당하기까지 한 상황이 자주 발생하는데. 현장으로 완제품 자재 조달은 "돈을 주면 우리가 물건을 주문해서 가져다주겠다." 한다. 팔고 사는 게 매매가 되고 거래가 되는데, 돈을 받으면 물건을 주겠다는 건 좋은데 지금 당장 없는 물건이 어디서 오겠는가 하는 의구심에서 돈을 안 주면 구입을 못하는 것이고, 물건도 없는데 무얼 믿고 돈을 주겠는가. 그래도 일단 한 30%는 줘보자 하면 우선 그 돈을 받고는 언제 물건이 올지는 장담이 안 된다. 가장 빠른 시일에 대안을 찾으면서 거래를 마치는 게 관건인데 이게 만만치가 않다. 장사하는 사람 말 믿을 것은 없고 그와 유사한 물건 파는 곳을 더 찾아내서 돈 주고 물건을 가져오는 게 최선의 방법이다. 이건 앉아서 전화로 사는 게 아니고 가서 직접 부닥쳐서 물건을 보고 돈 주고 가져와야 하니, 그것도 샘플과 고유번호를 주고서는 직원을 시키면 옳은 물건 사오기란 정말 만만하지가 않더라는 것이다. 이런저런 핑계로 비협조적인 DNA가 발동을 해서 거의 4~5일은 또 지나간다.

현장으로 주문제작 조달하는 것 다음으로 가장 힘든 부분인 외주업체 제작발주 및 반입은 더더욱 어려워져가고 있다. 예를 들면 외부 공장 제작들이 주를 이루는데, 그 제작업체에서 알아보기 쉽게 도면과 물량, 제작방법 등을 잘 가르쳐주거나 혹은 좋은 커뮤니케이션을 갖도록 하면서 기간 내에 현장으로 반입 설치를 하면 되는 아주 간단한 순서인데, 여기에서 계약당사자인 MD의 자질에 따라 아웃풋이 확연하게 달라진다.

대개의 경우 기일을 많이 넘기고, 진행과정을 물어보면 무슨 재료를 구하기가 힘이 든다는 등의 비상식과 비논리적인 답을 하면서, 그들이 제일 좋아하는 말 On the way. 항상 온더웨이에서 지쳐버려서

한국 업체에서 발주를 하고 인도 현지 건설회사에 의해 마무리 공정이 이루어지고 있는 건설현장

거의 숨이 넘어가는 지경에 이르러 터지는 한국 사람 특유의 고함소리. 그렇게 고함을 지르게 해놓고서는, 고함을 지르면 성질이 이상해서 해주고 싶어도 못 해주겠네 하는 식으로 전화 통화조차 힘들어지는 지경에 이르면 어떻게 도가 안 닦아질 수가 있겠는가. 거의 도인 수준으로 올라가서 이야기를 풀어가는데 그제야 돈을 적게 줘서 재료구매를 안 했다고 하니, 그럼 그동안 남의 돈 30% 받고 돈놀이를

했단 말인가. 그러면서도 하는 말, 내일 당장 해줄게. 이런 식으로 뱀장어 빠져나가듯이 나가는데 혀를 내두를 수밖에.

그러면서도 더더욱 참지 못할 정도로 화를 돋우는 게, 자기네들 인도 사람은 어떤 경우에도 화를 내질 않는다네. 참말로 미묘한 정신 세계를 가지고 있는 것이, 힌두에서 말하는 까르마 즉, 내 업이라. 지난 생애에서 내가 너를 많이 괴롭혔으니 이번 생에서는 내가 다 받아주마 하면서 같이 화를 안 내는 건 좋은데. 그것만 지나가면 속으로 ‘우짤 낀데? What do you want to do something to me? 무식하고 남을 배려할 줄 모르는 이기심으로 가득 뭉친 사람들의 특성이 어쩜 ‘우짤 낀데? 인 것 같기도 하고, 그러면서 사라져가는 인도인을 바라보며 우째 저 인간들이 나를 이렇게 골탕을 먹이는가 싶어서 오히려 나를 반성을 하게 되는데……. 그러면 우째야 되노. 누구도 거기에 대한 조언을 할 수가 없다. 그냥 가서 대목 대목마다 확인을 해보는 수밖에. 그냥 발품을 파는 수밖에. 가서 이게 또 우리 것인지 확인하는 것 외에는 다른 방법이 없는데, 또한 그렇게 해도 그걸 또 속이니 차에 싣는 것까지 봐야 한다. 하지만 그렇게까지 했는데도 또 속았으니 뭐가 전략적인 미스인지…….

Everybody connect to MD

물론 사람이 사람을 컨트롤할 수 있는 한계가 어디까지일까 다른 말로 묻는다면, 하고 계시는 업무를 동시에 몇 가지나 하실 수가 있나요? 군사적으로는 4개가 가장 적합하다고 해서 중대장은 4개 소대로 소대장은 4개의 분대로 하는 게 일반상식. 물론 전투라는 특이한 상황에서 실수가 없어야 다 살아남으니까. 회사에서 업무를 컨트롤하는 것하고는 다르겠지만 업무 컨트롤을 한 열 개쯤 하게 되면 어떨까. 경우에 따라서는 잘할 수도 있겠지만, 한두 개의 실수를 제외하고는 혹은 놓치더라도 별 문제가 없을 수 있다면 그럼 열 가지라고 정해보자. 인도 사람은 얼마를 컨트롤할까 하는 게 늘 궁금했었는데, 거의 무한대를 컨트롤하는 것 같다. 즉, 조직원(자기가 월급을 주는 사람) 개개인의 의사결정은 사장이 혼자서 다 한다. 여기서는 사장을 MD(Managing Director)라고 부르는데 대개의 조직은 일반적으로 조직상 상부조직 즉, 부장 혹은 이사를 중심으로 하는 조직처럼 보이지만 그 역할은 그 역할이고 사원 혹은 과장급의 조직원도 무슨 결재를 받으려고 하면 MD에게 직접 받는 게 이곳의 관례다. 일정 자격을 갖춘 즉 과장, 부장, 이사 등의 직책을 가진 자라서 그렇다손 치더라도 그 이하의 조직원들도 마찬가지이니, 쉽게 말해서 회사 돈을 1루피라도 쓰겠다고 하는 건 MD로부터 봉급을 받는 사람은 어느 누구도 예외가 없이 반드시 MD에게 보고 및 승낙을 받아야만 가능한 조직으로, 조직표라는 걸 만들 수가 없고 모든 사람의 이름을 나열하는 것이 이곳 인도 회사들의 조직이다.

직접 구매의 경우를 예로 들면 40루피(천 원) 하는 줄자를 현장에서 하나 사려고 하면 MD에게 전화를 해서 "써어, 현장에 줄자를 하나 사야겠는데요?" MD는 "알았어. 누구에게 시켜서 사다 줄게." 그러면서 MD가 바로 누구에게 조치를 취하면 그게 이삼 일에 오는 것이고, MD가 다른 일에 정신이 빼앗기면 언제 올지 모르는 것. 이런 구멍가게식의 조직이다 보니 자재가 현장으로 들어오는 게 그냥 기다리는 게 대책이다.

외주업체와의 계약인 경우 직접구매까지는 그래도 MD에게 전화라도 자주 하면 해결은 되지만 이게 상대가 외부제작업체인 경우에는 더더욱 외주업체 측에서도 똑같은 상황이 벌어진다. 그 외부업체 MD에게 연락하는 게 발주자의 MD만이 가능하므로 적극적인 MD는 그나마 다행이고 남에게 싫은 소리를 하기 싫어하는 이곳 정서상 소극적인 MD를 만날 경우에는 그 시간이 얼마나 걸릴지 모른다. MD를 비롯한 그 누구에게 물어봐도 그들의 대답은 한결같다. 사실에 근거한 대답이 아니라 대답하는 사람의 상상으로 "(아마) 오고 있는 중일 겁니다." 즉, 일을 안 해도 봉급을 주는 시스템에서 핑계거리가 생겨 인도 사람이 가장 좋아하고 해피하게 말하는 "온 더 웨이."

이럴 때는 어떻게 해야 할 방법이 없다 보니 그야말로 현장은 갑자기 조용해져버리고, 조용한 가운데에서 대책회의를 한다고 시공사 MD와 외주업체 MD를 불러서 회의를 해보면(사실 불러서 회의를 하기에도 녹녹치 않은 경우가 허다함), 회의라는 게 전후 사정을 들어보고 대책을 마련하는 게 목적인데 열 받은 발주자 측의 요구사항에 이런저런 핑계를 대기 마련이다. 대부분은 "자재를 구하고 있는 중이다." 혹은 "설계도면에 명시한 자재가 시중에는 없다." 등등의 자기 입장 해명과 함께 준비만 되면 일하는 것은 며칠 밤을 새워서라도 금방 끝낼 거라면서 각자 실현가능성이 없는 상상의 대답만으로 회의를 끝내고서는 또 온 더 웨이.

인도 건설기술의 수준

한국의 건설기술 수준을 얼마로 보는가에 대한 견해는 각자 다를 수가 있지만, 선진국인 G7 기준을 95점 정도로 본다면 대한민국은 성수대교가 무너진 후 많은 제도 보완에 힘입어 성수대교 사건 전 65점에서 사건 후 75점 정도로 보는 견해가 많다. 조금만 더 G7 국가의 제도를 국내실정에 맞게 보완한다면 85점까지는 금방 올릴 수가 있을 것 같은데, 75점 수준이라는 것은 건설 기술인의 역량은 다 했다고 보는 견해가 대부분이다. 그런 기술자들이 해외에 나가서 건설에 참여를 할 경우에는 선진시스템에 적응을 잘하여 그 어느 누구도 하지 못하는 99점까지 구사를 하는 기술인들이다.

그럼 인도의 건설 기술 수준은 어느 정도인가를 느낀 대로 말하라고 한다면, 거의 30점 정도……. 이걸 한 60점까지 올리기는 쉬운데도, 그게 몇몇 한국 사람이 인도 건설시장에 들어와서 조금씩 업그레이드시키는 과정이 전개되고 있다. 그걸 바라보는 인도 건설 기술자들의 눈이 과연 깨쳐질까 하는 의구심이야 있지만 긍정적으로 배워간다면 금방 좋아질 수 있다고 본다. 그 주체들을 발굴하고 그걸 가르쳐주고 하는 부분이 이곳 첸나이 현대자동차를 위시한 모든 생산라인에서 시발점이 되어서 한국을 배우고자 하면 업그레이드가 될 것이고 아니면 도태할 것이다. 시간이 지남에 따라 인도인의 가정에서 부의 축적이 이루어지다 보면 어느 시점에서는 '런 투 코리아' 라는 슬로건이 나올 듯도 하다.

누가 인도에서, 어떤 사업으로 성공을 할까

최근에 아주 흥미로운 책을 한 권 읽었는데, 가장 인도적으로 사업을 한 사람의 이야기였다. 그 내용이 우리로 말하면 택배 시스템이고, 월드로 말하면……. 배달하면 우선 생각나는 게 인도에서는 Blue Dart이고 미국에는 DHL이고 대한민국 하면 한진택배 정도 떠오른다. 인도에서 도시락 택배를 해서 성공한 사람의 이야기가 가끔 TV 다큐멘터리로 소개가 되곤 했었는데 이번에 책으로 나오면서 심층 인터뷰 형식으로 구성이 되어 있어서 그 흥미를 더해 주었다.

『Dabawalas: 도시락 배달』 그 내용인 즉, 뭄바이에서 콩나물시루 같이 많은 사람이 자기 도시락을 들고 기차 혹은 버스로 출퇴근을 하는 건 거의 불가능한 상황. 이에 집에서 만든 도시락을 직장까지 배달해주고, 다시 그걸 받아서 집에 가져다주는 택배 사업인데, 그 수치가 가히 놀랄 만하다. 하루 배달 도시락이 20만 개, 왕복 40만 개. 이 도시락이 제자리로 갔다가 오는데 실패 확률은 거의 없다고 한다.

배달하는 사람들만 약 5천여 명으로 1인당 40개 정도인데, 고객이 지불하는 한 달 배달 가격이 월 200루피(약 5,000원)이므로 배달원의 수입은 월 6,000루피(15만 원). 참고로 현장 노무자의 평균 월급 5,000루피(12만 원)에 비교를 해보면 수입 면에서도 결코 뒤떨어지지 않는다.

대체로 가정사가 너무 많아 고향으로 왔다 갔다 하는 통에 일은 뒷전인 인도 사람들. 연 평균 근무일이 240일 정도로 거의 두 달 일하면 한 달가량은 쉬는 그런 사람들인데 어떻게 그런 사람들로 네트워크를 만들어 쉴 것 다 쉬며 정확하게 배달 사업을 했는지, 그 자체가 거의 미러클 수준이다. 또한 그 배달원들이 가장 쉬운 정보전달 매체인 글을 아는 것도 아니고, 어떻게 정보를 공유하면서 정확하게 배달이 되는지 의아심을 떨치기가 어려웠다. 인도 밥을 좀 먹었다기보다 인도에서 숨을 좀 쉬어봤던 나로서는 정말 박수를 쳐주고 싶은 정도이다. 그 인력구성의 비결은, 어느 누군가 한 사람이 들어와서 일을 하는 게 좀 괜찮다 판단되면 그 사람에게 고향으로 가서 아는 일가친척들을 모을 수 있을 만큼 모아 오라는 주문을, 그래서 한 사람이 도시에 가서 성공을 하게 되면, 개천에서 용 낫다는 식의 표현이 어떨는지는 모르겠지만, 줄줄이 연계되고 구성이 되는 모계사회의 네트워크, 바로 그것이었다.

강구관

1977년에 대학을 졸업하고 당시 대한민국의 중동 건설시장 활기로 해외에서 5~6년간 건설현장을 경험하였다. 이때 익힌 기술로 2006년 서울 한터인 설계사무실에 재취업해 인도 첸나이로 오게 되었고, 2007년 2월 현대자동차 1차 벤더업체에서 현지인 시공업체와 계약을 한 건설현장에서 컨설턴트 자격으로 근무를 하던 중 현지의 로고스건설회사의 제의로 소속을 옮기고 시공관련 자문을 해주고 있으며, 인도 직원들과 원활한 업무협력을 위해 로고스건설의 자회사인 '로고스건설컨설팅'을 설립 현지 협력시공자의 자질을 점검하고 직접 발주시스템으로 발주자에게 도움을 주는 업무를 준비 중에 있다.

PART

4

나는 이렇게 **진출**했다

—

그런 측면에서 인도는 상당히 어려운 나라라고 할 수 있다. 예측이 어려운 만큼 문제 상황이 불시에, 그리고 전혀 예측하지 못한 곳에서 발생하곤 한다. 이러한 예측 불가의 문제를 줄이기 위해서는 철저한 시장 조사 및 인력시스템 구성이 절대적으로 필요하다고 하겠다.

14

푸네의 **한국인** 사장

김 근 기 ㈜월드비텍 대표

지금은 8월, 두 달째 이어지는 우기(雨期)로 이곳 푸네의 하늘에는 7일간이나 비가 쉬지 않고 내리고 있다. 식물들은 지난 일 년 동안의 갈증을 해소해서인지 더없이 싱싱한 모습으로 이즈음 데칸고원을 가로질러 빠른 속도로 달려오는 거친 바람에도 힘차게 맞서고 있다. 지금쯤이면 말복을 지내고도 계속되는 마지막 폭염으로 다들 늘어져 있을 한국과는 달리 온통 푸르름으로 가득 차 매일 빗줄기에 샤워하는 이곳은 한기마저 느낄 만큼 선선하다. 인도에서 먼지 없이 깨끗한 들판과 가득 찬 생명력으로 들판에 우뚝 선 나무들의 모습은 지금껏 한 번도 본 적이 없어서인지 약간 과장하자면 지금은 이곳이 인도가 아닌 싱가포르쯤 되는 것 같은 생각마저 든다.

처음 인도를 방문한 것은 2002년 10월이었다. 당시 이기호 경제수석이 김대중 대통령의 특사로 인도를 방문할 때 구성된 우리 측 경제사절단 일원 자격으로 처음 델리에 도착하였는데 우리 일행이 묵었던 특급호텔을 제외하고는 온통 하얀 먼지와 낡은 차들의 매연, 신호등으로 정차할 때마다 창문을 두드리며 구걸하는 거지들의 까만 손, 그리고 뜨거움, …… 이런 것들이 인도에 대한 첫인상이었다.

물론 그런 풍경들이 꼭 나쁘게 보인 것만은 아니다. 양국 정부의 공식일정에 따른 각종 행사나 회의에서 느끼게 되는 인도의 국력과 또한 넓은 땅, 풍부한 자원, 넘치는 인구 등등 무한해 보이는 발전 가능성을 지닌 인도의 그 매력은 사뭇 대단하였다. 그래서 그들의 가난한 거리 풍경은 오히려 작은 나라 한국인이 이곳에서 대접받고 또 뭔가를 도모할 수 있는 고마운 현실이라는 생각이 들었다.

그렇지만 구체적인 상품도, 인도에 대한 충분한 지식도 없는 상태여서 당시의 방문은 그냥 개인적으로 영광스러운 출장이자 값진 정보를 얻을 수 있는 좋은 기회로 지나가고 말았다.

뜻밖의 제안과 인도 진출

2003년 미국의 이라크 침공은 전 세계로 하여금 에너지의 중요성을 다시금 일깨워주었고 국제유가를 상승시키는 시발점이 되었다. 에너지 소비 총량 세계 9위, 석유 소비 세계 7위로 엄청난 에너지 소비국인 우리나라는 에너지 수요량의 97%를 수입에 의존하고 있어 국제유가의 상승은 우리 경제에 치명적일 수밖에 없다. 한편, 사상 초유의 최고가를 연일 갱신하는 국제유가에 대한 국가적인 불안은 에너지 절감 전문기업인 우리 월드비텍에게 새로운 기회가 되었고 특히 인도 투자진출에 직접적인 계기를 마련해준 셈이다.

(주)월드비텍은 지난 1995년 창립 이후 '물의 증발을 이용한 건물 냉방' 기술로 에어컨 회사인 위니아만도를 비롯해서 현대자동차를 포함하는 국내 전 완성차 업계, 자동차 부품, 전기, 전자, 물류 등 모든 산업 분야의 대형공장과 창고 등을 초저비용으로 냉방하고 있다. 이 기술은 에너지 절감율이 무려 90%를 넘기 때문에 냉방부하가 큰 대형 공장건물에 매우 유용한 기술이자 국가가 에너지 이용 합리화 자금으로 구매를 지원하는 우리나라 정부의 설치구매 권장기술이다.

2006년 3월 국내의 한 일간지에 소개된 이 기술을 보고 국내외 5개국에 진출하여 자동차 및 전자부품을 생산 공급하는 코스닥 상장 그룹 '인지콘트롤스' 에서 첸나이에 소재한 자사의 인도 공장 냉방을 위한 출장 제의를 했고 이 출장 기간에 고객사의 정구용 회장님께서 뜻밖에도 인도 시장의 전망을 바탕으로 '당사의 냉방기술을 조합한 샌드위치 패널 생산 공장의 공동 투자설립' 을 제안하셨다. 정 회장님의 진솔하고 직선적인 사업 제안에 비록 샌드위치 패널에 대한 아무런 지식은 없지만 정 회장님의 사업적 감각을 잘 알고 있는 나는 별 망설임 없이 선뜻 그 제안에 동의하였다.

2002년 10월, 델리에서 품었던 호감과 함께 가졌던 막연한 인도 진출의 꿈을 4년 뒤인 2006년에 와서 본격적으로 추진하게 된 것이다.

자율과 방종, 잘못된 판단

'시작이 반'이란 말이 있다. 2006년 인도 출장길에서 일단 투자를 결정하고 난 뒤 모든 것은 일사천리로 너무나 순탄하게 진행되었다.

먼저 현지 파견을 위한 인선에서 마치 기다렸다는 듯이 해외근무 12년 경력에 거기다 종교인 집안에서 태어나 신앙심이 깊은 믿을 만한 사람이 바로 나타났다. 말 그대로 '빨리빨리' 새로운 인사를 즉시 인도로 파견하여 단시일에 걸쳐 현지조사를 마치고 사업계획서를 완성하고 투자규모도 확정하였다. 그리고는 현지에 법인을 설립하고 공장부지도 구매하였다.

부지매입의 경우 마하슈트라 공단본부가 당초 제공하기로 약속한 공장부지의 한가운데에 도로가 관통하는 사실을 발견하고 구매 결정을 유보해야 하는 차질이 발생하였으나 공단본부 측에서 같은 공단에 속해 있는 훨씬 좋은 위치의 2만 평에 이르는 넓은 땅을 더 낮은 단가로 제공해주는 등 행운이 뒤따랐다. 거기다 우리 공장부지 안에는 녹지 6천 평이 들어와 있어 거의 무상에 가까운 비용으로 이 면적을 활용할 수 있게 되었다.

부지 결정 이후 곧바로 건축 계약이 체결되고 약 6개월에 걸쳐 본격적인 공장 건축 공사가 진행되었다. 공장건물의 지붕과 벽체의 마감은 기본 골조를 완성한 상태에서 한국으로부터 수입된 기계를 설치하여 자사의 생산라인으로 만든 샌드위치 패널로 완성하기로 했다.

제품의 브랜드는 인도의 더운 환경을 개선하는 능력과 한국의 모기업이 가진 냉방기술의 조합을 염두에 둔 'COOL~ SANDWICH

PANEL'로 결정하였는데 모두들 매우 흡족해 하는 것으로 느껴졌다. 처음으로 하는 해외투자였는데 진행이 너무 순탄해서 그저 감탄할 따름이었다. "해외 투자가 그렇게 어려운 일이 아니구나!" 생각하면서 조만간 기계설치 완료 및 판매로 초단시일 안에 기록적인 성공이 이루어질 것 같았다.

그런데 2007년 연말이 되어 생산라인이 한국에서 현지로 수송되었는데 갑자기 자금이 부족해서 통관이 지연되고 있고 그 이후 약 2개월의 설치 및 시험기간만 지나면 양산에 돌입한 예정인데 판로가 전혀 확보되지 않았다는 보고가 들어왔다. 그전의 보고와 다르기도 하였지만 그 내용에서 상당히 심각한 위험을 내포하고 있었다.

첫 번째로 자금 부족은 당초 계획과는 달리 공장 건축과정에서 예상 밖의 추가비용이 과도하게 발생했기 때문이었지만 인도 은행에서 대출한 뒤에 곧 기계가동 후 돈을 벌어 갚으면 될 것이라고 여겼는데 기대와는 달리 여러 현지 은행들이 오랜 상담에도 결과가 없이 시간만 허비하고 더 이상 방법이 없자 본사에 보고를 한 것이다. 그렇게 시간만 허비하는 과정에서 무려 수천만 원의 통관지연 벌금이 발생했다는 것이다. 참으로 어처구니없는 내용이었는데 결국 중요한 것은 한국에서 지금 당장 추가투자 혹은 긴급자금이 지원되어야 한다는 것이었다.

모든 것이 아무런 무리 없이 잘 진행되고 있으며 부족한 자금도 현지 은행들이 요식만 갖추어주면 앞 다투어 돈을 들고 와서 빌려줄 기세라던 보고와는 실제 상황은 판이하게 달라서 참으로 황당하고 당황스러웠다. 그리고 양산체제가 갖추어진 상태에서 시장이 없다는 것은 생산라인이 장식처럼 자고 있는 개점휴업 상태를 말하는 것으로, 한마디로 식물인간처럼 외부에서 자본공급이 지속되어야 살 수 있는 것이다. 그것도 정확한 회복시기를 기약할 수 없는 중환자처럼 말이다.

믿었던 도끼에 발등 찍히다

난 급히 인도로 날아갔다. 공장은 2만 6천 평의 한쪽 끝에서 마치 공룡화석처럼 1,200평의 너비에 철골 뼈대를 드러낸 채 불어오는 바람에 비명처럼 웅~ 웅~ 소리를 질러대고 있었다. 지금까지의 핑크빛 꿈이 한꺼번에 사라지는 순간이 온 것이다.

법인장과 인도 직원들 그리고 제복을 입은 경비들이 주변에서 눈치를 살피고 있었다. 먼저 동업자인 인지콘트롤스 회장님께 상황을 있는 그대로 말씀드리고 이해와 대책에 대한 도움을 청했다. 그리고 현지 실정을 정확하게 파악하기 시작했다.

가장 먼저 법인장의 인선과 관련해서 심각한 문제가 발견되었다. 무려 12년간의 해외 주재원이었으나 영어 구사능력과 자신의 업무와는 크게 관련이 없었기 때문에 지금까지 인도에서 업무가 진행된 것이 신기할 정도로 언어구사 능력이 부족했다. 그래서 지금까지의 인도상황에 대한 보고는 거의 자신의 짐작이거나 상대방의 이해 여부를 떠나 자신이 그들에게 주장한 내용을 상대방이 동의한 것처럼 생각한 것들이므로 사실과 다를 수밖에 없었다. 거기다 못된 송아지 부뚜막에 올라간다더니 인도에 성행하는 갖가지 뒷거래 문화를 가장

푸네 지역의 타타 자동차 회사

먼저 이해하고 우리 공장 건축업자에게 수표를 더 많이 지불하고 현
금으로 되돌려 받는 식으로, 혹은 발주를 주는 대가로 리베이트를 챙
겨 먹는 방법으로 자신의 주머니를 채운 것도 드러났다. 부친도 동생
도 현직 종교인 집안이라 털끝만큼의 의심 없이 철저하게 믿었던 대

리인에게 배신의 상처를 입고 보니 비록 인선 과정을 너무 허술하게 마무리한 나의 완벽한 실수의 결과이지만 정신적으로 충격이 너무 컸다. 심지어 그는 자신이 보는 앞에서 자신의 인도인 수하가 외주 공사업체로부터 거액의 리베이트를 받아 챙기도록 하였다니 정말 용서할 수 없는 배덕이었다. 결국 그는 지금 제3국으로 도주한 상태이다. 이것이 나의 첫 번째 믿었던 도끼에 발등이 찍히는 상처였다.

푸네 지역은 인도의 자동차 회사인 타타와 마힌드라가 위치해 있으면서 인도 정부의 강력한 유치정책으로 최근 전 세계의 유수한 자동차 회사들이 앞 다투어 이 지역에 공장을 만들고 있고, 우리나라에서는 GM대우가 진출해서 공장을 완성하고 있는 중이다. 자동차 회사가 들어오면 많은 부품공급사들이 동반 진출을 하므로 이곳은 날로 공장이 늘어가고 있는 중이다. 한국의 포스코도 이곳에 진출하였고 국내 굴지의 다른 기업도 이미 투자를 마쳤거나 속속 입주하고 있는 상태이다.

우리 회사가 이곳을 선택한 이유도 바로 이런 건설 수요의 급속한 확대에 따른 것이었고 일차 목표는 당연히 심적으로 동지의식을 느끼는 한국 기업들로부터 수주를 받는 것이었다. 샌드위치 패널이 인도 시장에선 그야말로 새로운 건축소재여서 초기에 좋은 실적을 만드는 것이 가장 중요하고 그런 측면에서 이 제품을 잘 알고 있는 한국 기업들이 우리 회사로서는 대단히 중요한 초기 고객이 아닐 수 없었다.

많은 한국 기업들은 우선적으로 인도로 진출한 한국 건설업체를 찾아서 그 회사에 턴-키 방식으로 공장건설 전체를 일괄 발주한다.

그리고 우리 회사도 방문하여 우리의 쿨샌드위치 패널에 만족을 표시하고 우리 제품을 자사의 건축소재로 사용할 것을 발주하는 건설업체에 요구하기도 한다. 그 정도면 더 이상 걱정할 필요 없이 우리 샌드위치 패널의 납품은 문제가 없는 것으로 법인장은 판단하게 된다. 그런데 놀랍게도 거의 확정적이라고 믿었던 한국 기업체의 지붕소재 발주가 인도의 현지 시공업체에게 나가고 말았다. 물론 샌드위치 패널이 아니고 매우 저급한 현지식이다.

충격이었다. 이유는 건설공사를 일괄 발주를 받은 건설업체 입장에서는 최대한 원가를 낮추어야 자사의 이윤이 극대화되는 이익 실현 구조상 우리 회사의 샌드위치 패널보다 낮은 공급가를 제시하는 현지 기업을 채택할 수밖에 없고, 이런 사정으로 오히려 발주처를 건설업체가 설득하는 실정이었다. 이유로 보자면 당연한 결과였다. 같은 한국인이라는 이유로 무조건 사줄 것으로 기대했던 우리가 잘못이었다. 저급한 현지 전통방식의 지붕이 우리의 경쟁 상대가 될 거라고는 한 번도 생각해보지 않은 우리의 잘못이었지만 한국 기업의 그런 선택이 우리 회사에게는 두 번째 믿는 도끼의 발등 찍기가 아닐 수 없었다.

팔은 안으로 굽는다는 진리, 그리고 적과의 동침

일단 갖가지 방법으로 긴급히 동원한 자금으로 회사의 운영은 정상으로 돌아왔지만 현지 전통방식의 건축소재 제작방법과 경쟁해야 하는 현실에서 나는 심각한 좌절감을 느꼈다. 올해 초부터 매달 반은 한국에서 반은 인도에서 보내면서 원가를 낮추고 고객 설득을 위해서 노력했지만 현지 전통방식의 지붕소재와 경쟁하려니 답을 찾을 수가 없었다. 그것은 마치 '에쿠스'와 '마티즈' 두 가지 모델을 두고 같은 시장에서 서로 낮은 가격에 경쟁하라는 것과 같은 이치였다.

그런데 이런 우리의 애타는 노력이 안타까웠던지 한국의 건설업체 법인장이 원가절감의 해법으로 소재 변경에 대한 아이디어를 제공해주었다. 중앙에 단열재를 두고 양쪽에 코팅된 철판을 성형하여 압착하여 만드는 샌드위치 패널에서 철판의 가격은 사실상 제품의 가격을 결정할 만큼 원가 비중이 크다. 따라서 한국의 최고급제품에 적합한 소재사용을 표준으로 하되 인도의 전통방식 지붕재가 사용하는 얇은 두께의 철판규격도 선택사양으로 생산하면 고객이 품질수준을 스스로 결정하여 적합한 가격의 제품을 구매할 수 있는 여지가 생긴다는 것이었다. 물론 어떤 경우도 품질에 있어서는 현장 제작시공의 인도 방식과는 비교할 수 없을 만큼 우리 제품이 뛰어나다.

정말 고마운 제언이었다. 역시 팔은 안으로 굽는다는 말이 맞았다. 한편, 우리와 같은 샌드위치 패널을 생산하는 인도 전역의 동일 업종 기업들의 생존방식도 궁금했다. 우리가 힘들다면 그들도 그럴 것이고 그들이 성공적이라면 다른 비결이 있을 것이라는 생각이었다.

처음 우리의 만남 요청에 그들은 의아해하면서 단단히 경계하는 모습이었다. 나는 먼저 그들에게 우리 회사의 어려움을 솔직하게 밝히면서 도움을 청했다. 그리고 원재료를 공동으로 구매하여 원가를 낮추자고 제안했다. 실제 생산품이 약간씩 다른 사실을 발견하고 서로 자사에서 생산하지 않는 제품을 대리 판매할 수 있는 방안을 제시하는 등, 적으로 경쟁하지 말고 동지로서 시장을 공동 확대하면 상호 이익을 증대할 수 있다며 윈윈 체제 구축을 설득했다.

망설이던 2개 회사에서 반응을 나타냈다. 그들은 정말 우리 회사를 방문했고 우리 쿨판넬의 제품 견본도 받아 갔다. 그리고 우리와 중복되는 제품을 생산하는 경쟁자는 우리 제품의 성형규격을 새로운 상품군으로 구성하여 판매를 실시하고 우리와 다른 제품군을 가진 회사와는 상호 딜러십을 보장하는 방식으로 협력할 것을 합의하는 MOU를 체결했다.

그리고 일차 자사의 판매망에 전시할 기초 제품군에 대한 발주가 들어왔다. 아직 유통망을 확보하지 않은 우리로서는 그들의 버스에 동승하는 큰 이익이 시작되었다. 실제로 그들은 모두 20년 이상의 업력(業歷)을 바탕으로 인도 전역에 30개 이상의 자사 지역판매 거점을 가지고 있어 그들의 시장개발 능력은 상당했다. 또한 그들을 통해서 당장 인도 정부에서 추진하고 있는 1,000가구 단위의 빈민 주택보급사업과 농촌 주택개량사업 등에 관한 논의가 입수되기 시작했다. 원가의 인하 방안 연구를 통해서 얻은 제품별 다양한 가격 제시 능력은 구매력이 다른 다양한 시장의 수요를 모두 만족시킬 수 있는 다양성을 확보하는 계기가 되었다. 상대와 맞서는 방패를 버리고 손을 내밀면 창이 꽂히는 대신 미소가 날아온다는 사실을 경험했다.

황당한 경험과 에로틱 팀워크

한국 기업들이 진출하면 인도 기업들보다 상대적으로 높은 급여로 비교적 우수한 인력을 확보하는 것 같다. 그런데 간혹 우리 한국인들이 인도 사람들을 마치 노예처럼 대하는 것을 보기도 한다. 그런 사람들은 대부분 한국식 영어로 엄청나게 권위 있는 표정과 말투에 자기가 하고 싶은 말을 툭툭 던지고는 "OK?" 하면서 지시를 마무리한다. 그리고는 정확한 업무지시가 안 되어 발생하는 엉뚱한 결과물이 나오거나 제때 이행이 안 되면 아주 한심하다는 듯이, 때론 접촉사고 낸 우리나라 운전사처럼 고래고래 고함을 지르며 혼을 낸다.

우리 회사에서도 그런 경우가 발견되었다. '코리안' 이라면 인격과 상관없이 "Sir"가 되는 곳이 인도다. 그건 우리 인적 품질과 상관없이 좀 잘 산다고 뻐기는 한국인들에 대한 그들의 공식호칭일 뿐이라며 언어실력의 증진과 진실로 겸손한 행동거지를 강력히 주문했다. 그리고 인도 직원을 포함한 모든 직원에게 이름표를 달고 유니폼을 입혀서 안전교육을 겸한 조회와 종례를 하면서 소속감을 고취시켰다. 그리고는 여러 개 화살은 쉽게 부러뜨릴 수 없는 것처럼 단결해야 살 수 있다는 뜻에서 화살의 Arrow를 뜻하는 "Arrowtic Teamwork"을 모임마다 외치게 하였다.

그러던 중 지난 5월 토요일 오후 늦게 공장 경비로부터 긴급한 연락이 왔다. 인도는 전기가 부족하여 공단이 매주 하루씩 단전되는데 우리 공장지역은 토요일에 단전이 되므로 부득불 토요일과 일요일 휴무를 실시하고 있는 중이다. 최근 전 세계적인 이상기후의 한 현상

인지 5월에는 절대로 발생하지 않던 폭우가 그날 공장지역에 쏟아지고 태풍이 와서 공장의 지붕이 일부 날아가서 공장 안으로 비가 쏟아지고 있다는 것이다. 그때는 생산라인의 설치 및 시운전을 끝내고 공장의 지붕을 우리 쿨패널로 씌워놓은 상태로 금요일 오후 늦게 설치한 일부 지붕 패널은 아직 볼트 고정을 안 한 상태였는데 갑자기 큰 바람이 불어 그 부분이 날아간 것이었다.

이건 실로 엄청난 대 사건이었다. 어렵게 설치를 마치고 생산을 해야 하는 기계가 몽땅 물에 젖어버렸다면 그야말로 전쟁터에서 무기를 다 잃는 처지인 것이다. 나와 한국 직원들은 영업적인 이유로 공장에서 무려 2시간 정도 떨어진 푸네시에 위치한 영업사무실 겸 숙소에 있다가 정신없이 달려 공장으로 갔다. 위험하게 앞지르기를 하면서 달려가는 차 안에 초조하게 앉은 채 자동차보다 더 앞서 마음으로 달려가는 내게 말로 다할 수 없는 참담함이 엄습해왔다. 공장에 도착했을 때는 이미 9시가 다 되어서 컴컴했다.

그때 나는 정말 깜짝 놀랐다. 구멍이 뻥 났을 공장 입구에 사람들이 웅성거리고 있는 것이었다. 우리가 처음 공장을 지을 때 변전기를 노리는 강도를 막느라 우리 경비요원이 상해를 입은 적이 있었기 때문에 난 그들이 기계를 노리는 도둑일지도 모른다고 생각했고 바짝 긴장하였다. 그런데 가까이 가며 보니 아는 얼굴인 듯싶더니 모두가 모두 우리 직원들이었다. 우리 직원들은 대부분 공장에서 2시간 거리에 있는 도시 아마드나가르에 살고 있는데 공장 옆에 있는 호텔주인이 알려준 소식을 듣고는 전 직원이 모두 지나가는 트럭을 빌려 타고 초조한 얼굴로 그 밤에 속속 모여들었던 것이다.

다행히 날아간 지붕은 기계가 설치되지 않은 부분이어서 큰 피해
는 없었지만 돌아갈 길이 없는 직원들은 모두 물이 홍건한 공장에서
기계를 닦으며 밤을 지새웠다. 안도해 하는 그들의 표정에서 뜨거운
애사심을 느꼈고 그들도 나도 정말 행복했다. 그들은 회사의 유니폼
을 입고 명찰을 같이 달고 눈이 마주칠 때마다 방긋방긋 웃어주는 한
국인 사장의 마음을 그대로 받아주었던 것이다. 그리고 진정으로 우
리가 뭉쳐야 산다는 에로틱 팀워크를 지켜주었다.

사람은 다 하기 나름이다. 사랑과 비즈니스엔 국경이 없다는 말에
진심으로 동의한다.

난 부끄럽지만 내가 겪은 내용들을 솔직하게 적었다. 우리는 지난
5천년의 유구한 역사, 그 긴 세월 동안 단 한 번도 배부른 봄을 지내
보지 못했고, 중국에 큰소리 한 번 못치고 눈치만 보면서 살아왔다.
전 세계에서도 가장 빈국이었던 우리가 지난 30년 갑자기 좀 살게 되
어서 인도에 와서 한국인이란 이유 하나로 융숭한 대접을 받는 처지
로 돌변했다.

인도는 BRICs 국가로서 가장 전도유망한 나라이다. 그들의 성장
은 정말 눈에 보인다. 우리가 책에서 느림보 코끼리 같다던 인도가 아
니다. 외국투자자의 공장뿐만 아니라 도로공사현장에서도 속도를 느
끼고 놀라게 된다.

인도와 비교하면 에너지도 땅도 사람도 사실상 없는 것과 같은 우
리가 그들에게 "Sir"라고 불리는 지금의 수준에 만족하고 교만해져서
함부로 행동하는 사이 인도는 금방 우리를 지나 훨씬 먼 곳으로 앞지

를 것은 불 보듯 뻔한 사실이다. 토끼와 거북이 이야기가 동화 속 이야기가 아닌 것이다. 정말 우리는 겸손하게 그들을 진정으로 사랑하면서 우리를 강화시켜 목적을 이루어야 한다.

따뜻하게 웃어주며 그들의 도시락 로띠 한 장을 집어서 반을 쭈욱 손으로 찢어 먹어주면 그들도 나도 너무 행복해진다.

김근기

숭실대학교 불문과 및 한국외국어대학교 대학원 국제경영학과를 졸업했다. 1995년 월드비텍을 설립해 현재 대표로 있으며, 1997년부터 2007년까지 대통령 수행 경제사절단으로 10여 차례 활동했다. 2006년 에너지절감 유공자 산자부장관상을 수상한 바 있다.

15

벵갈루루 IT에 뛰어들다

김 민 수 LG CNS India 사업개발부 대리

인도라는 낯선 나라에 와서 생활한 지도 벌써 6년이 훌쩍 지나갔다. 모든 것이 낯설고 새롭기만 하던 시간들은 이미 지나간 추억의 일부분이 되어버렸고 언제부터인가 인도인같이 생각하고 행동하는 내 모습을 발견할 때면 만족할 수도 그렇다고 실망할 수도 없는 설명하기 애매한 감정을 느끼게 되는 것이 사실이다.

인도라는 나라에서 대학 졸업 이후의 새로운 인생을 설계해보리라 마음먹을 수 있었던 것은 아마도 인도라는 나라가 세계 IT 시장에서 갖는 독특한 위상에서 기인한 것이라고 할 수 있다. 국민 평균 연수입이 1,000달러가 되지 않는 극빈국에 속하는 나라가 유독 IT 시장에서는 미국 다음가는 소프트웨어 수출국이라는 사실이 왠지

맞지 않는 옷을 입고 있는 것처럼 어색하게 느껴짐과 동시에 그 이면에는 분명 특별한 무언가가 있을 거라는 호기심을 억누를 수 없었던 것이다.

운명처럼 오게 된 인도에서 10개월간의 IT 연수 코스를 마치고 인도 내에서 존경받는 대기업 중 하나인 L&T 그룹 계열사인 L&T Infotech에서 3개월간의 인턴을 마치고 직원으로 채용된 이후부터 지금까지 어쩌면 인도라는 나라를 선택하도록 이끌어준 그 호기심에 대한 해답을 찾아온 여정이 아니었나 싶다.

현재 인도 내 IT 회사 중 매출규모 10위를 차지하며 약 2만여 명의 직원이 근무하고 있는 적지 않은 규모의 회사에서 6년이 넘게 근무하며 지켜본 결과, 인도 IT 회사들의 성공은 그저 운이나 요행으로 만들어진 것이 아니라 이들이 가지고 있는 경쟁력과 비즈니스 전략에 의한 것이었다는 사실이다. 세계 경제의 침체와 베트남, 중국 등 인력의 저비용을 내세운 신흥 IT 강국들의 도전으로 인해서 인도 IT 산업의 발전이 주춤하고 있는 것이 요즘의 현실이기는 하지만 1997년 경제 개방 이후 지속적으로 성장을 거듭하며 내성을 길러온 인도 IT 성장의 기반은 쉽게 무너지지 않을 것으로 예상한다.

반면, 외국 업체에서 근무하며 바라본 '자칭' IT 강국인 한국의 모습은 아쉬움이 큰 것이 솔직한 심정일 것 같다. 집집마다 초고속 인터넷이 들어와 있고 길을 걸으며 화상통화를 구현할 수 있을 정도의 발전된 인프라와 서비스를 갖춘 정보통신 산업의 선진국임을 부인할 수는 없지만 그것을 산업화하고 나아가 국제 시장에서 경쟁하기에는 취약한 부분이 많이 발견되기 때문이다. 특히, 국제 시장에서 효율적으로 경쟁하려 할 때 필요할 것으로 전망되는 '질' 적 경쟁력과 '양' 적 경쟁력 중 '양' 적 경쟁력을 담보하기에는 국내 IT 인력의 고비용과 충분하지 못한 인력풀이라는 한계를 안고 있다. 바꿔 말하면 이것은 국제 시장에서 충분히 통할 수 있는 매력적인 기술력을 보유하고 있지만 그 기술력을 상업화하고 보급하기에는 전문 인력의 부족으로 시장을 선점할 기회를 놓칠 가능성이 높고 결과적으로 국가 경제를 이끌어가야 할 추진동력을 상실하게 될지도 모른다는 우려에 다름 아니다. 이 우려는 장기적으로 경제 성장의 근간을 이루는 역할을 수행해야 할 이공계에 대한 사회적 인식이 시간이 지날수록 악화되며 우수한 인력의 지속적인 계발과 공급이 어려워지고 있는 우리나라의 현실을 비추어볼 때 더욱 설득력을 얻고 있다.

이를 극복하기 위하여 대한민국 IT 기업들의 외국 인력, 특히 인도 인력에 대한 효율적이고 효과적인 활용은 반드시 필요하다. 뛰어난 기초 지식과 그에 버금가는 창의력, 열의를 지닌 국내 고급 인력들은 신기술에 대한 연구 및 개발에 매진하도록 하면서 이미 개발된 기술에 대한 보급 및 유지 · 보수에는 그 분야에 대해 특화된 인도 인력을 활용할 수 있다면 국내 기업의 국제 경쟁력 강화에 큰 도움이 될 것이 분명하기 때문이다.

하지만 한국-인도 간의 협력 사업은 생각처럼 쉽지 않은 것이 현실인데 이것은 한두 가지 이유에서 기인한다고 이야기할 수 없는 부분이며 매우 다양하고 복잡한 양상을 띠고 있다고 할 수 있다. 서로간의 이해의 정도가 다르고 문화 · 경제적인 차이가 분명하며 더욱이 삶에 대한 근본적인 가치관에서도 많은 차이를 보이기 때문에 서로

L&T Infotech

가 완벽하게 만족할 만한 파트너십을 구축하는 데는 많은 시간과 노력이 요구되고 있다.

6년간 인도의 IT 기업에서 한국 업체들과 협력 사업을 진행하고 관리해온 경험을 바탕으로 국내 IT 업체들이 인도의 아웃소싱에 대해 특화되어 있는 인력에 대해서 효율적으로 활용할 수 있는 방법에 대해 소개하고자 한다.

내가 일을 해온 산업분야가 IT 분야인 까닭에 모든 산업분야에서 동일하게 적용하는 데는 무리가 있을 수 있으나 인도에 진출할 계획을 갖고 있거나 인도 업체와 파트너십을 체결하는 데 도움이 되기를 바란다.

기본적인 필요사항

　인도 기업과 협력 사업을 추진하는 데 기본적으로 요구되는 사항은 양사의 중간에서 코디네이션을 담당할 인력을 활용하는 것이다. 인도와 한국 사이에는 생각보다 큰 문화적 차이가 존재하는데 양측을 이해하고 있는 인력의 코디네이션이 없이는 자칫 기술 외적인 부분에 대한 오해로 인해 프로젝트를 망칠 가능성이 있다. 이를 방지하기 위해서는 한국을 잘 알고 있는 인도인이나 인도를 잘 알고 있는 한국인이 중간에서 오해의 소지를 최소화시켜줄 필요가 있다. 인도인들은 인간적인 정을 중시하는 동양적인 정서와 개인의 프라이버시가 매우 중요하게 생각되는 유럽적인 정서가 복잡하게 뒤섞여 있다. 그래서 적응하기가 쉽지 않고 한국인의 일반적인 사고방식으로는 이해하기가 어려운 부분이 매우 많은 것이 사실이지만 또한 정서적으로 유사한 부분을 갖고 있기도 하다. 한국인과 인도인 사이에서 이런 부분을 절충할 인력을 활용한다면 양국 사이에 존재하는 차이를 극복하는 일이 크게 어렵지 않은 이유가 여기에 있다.

　인도 인력을 효과적으로 사용하기 위해서는 단기적인 효과를 기대하기보다는 장기적인 계획으로 접근할 필요가 있다. 지속적으로 유능한 인력이 공급되고 있는 인도임을 감안한다면 장기적인 계획을 통해 형성된 협력 관계 속에서 한국 기업이 얻게 될 효과는 단순한 인력용역 이상의 것이 될 것이라고 확신한다.

협력업체 선정

인도의 경제가 매우 빠르게 발전하고 있는 것이 사실이고 이에 기반하여 회사의 규모 역시 빠른 속도로 커지는 경향을 보이고 있으나 여전히 인도인들은 규모가 큰 업체에서 안정적인 직장생활을 하는 것을 희망하는 추세가 강하다. 특히 IT 분야는 인도 인력에 대한 적극적인 구애를 보이고 있는 미국과 유럽의 대형 글로벌 업체들의 활발한 진출로 인해 인력의 이동이 빈번한 상황이다. 그러므로 인도에 처음 진출하는 기업이라면 중견기업 이상의 규모를 유지하고 있는 인도 업체를 우선적으로 고려해야 한다. 상대적으로 비싼 비용 등의 문제가 업체 선정의 걸림돌이 될 수도 있겠으나 이에 대해 지나치게 가중치를 두게 될 경우 얼마 지나지 않아 협력업체에서 근무하던 주요 인력이 다른 회사로 이직해서 서로를 이해하기 위한 그간의 노력이 물거품이 되어버릴 가능성이 높다. 인도 인력에 대해서 시간과 자본을 투자하여 겨우 함께 전략적으로 일할 수 있는 수준에 도달했는데 막상 그 인력을 활용할 시기가 되었을 때 훌쩍 다른 업체로 이직하게 되어버릴 경우 어쩌면 그 손해는 인건비의 차액보다 훨씬 큰 손해라고 할 수 있다.

이뿐만 아니라, 중견기업 이상이 아니면 신속한 인력 수급에도 어려움을 느낄 수밖에 없다. 시장 진입이나 개척 시의 유동성을 증진시키기 위하여 외부 인력을 고용하는 경우 필요 인력의 신속한 수급능력은 매우 중요한 요소라고 할 수 있다. 그러므로 협력업체를 선정할 때에는 그 회사의 Human Resource Management 능력을 고려하고 대상 업체의 최근 이직률에 대한 정보를 확인해야 하며 시장에서의 해당 기업에 대한 인식을 조사해야 한다.

이에 더하여 협력업체 선정 시 중요하게 고려해야 할 부분은 한국 비즈니스에 대한 대상 업체의 장기적인 계획을 확인하는 것이다. 처음부터 대형 협력 사업을 시작할 경우에는 물론이겠지만 어느 정도 서로를 이해하고 업무 프로세스를 조절하는 시간이 반드시 필요한 협력 사업의 특징을 고려할 때 한국 비즈니스에 대해 단기적인 계획만을 갖고 있는 회사와 협력 사업을 시작하게 되면 인도 기업으로부터 프로세스 안정에 필요한 여러 가지 협조를 받는 것이 어렵게 될 가능성이 높다. 그리고 이런 문제들은 결과적으로 프로젝트 결과물에 영향을 끼치게 되어 파트너십을 지속적으로 유지하기 위해 반드시 수반되어야 할 성공적인 초기 성과물 창출에 문제를 일으킬 소지가 다분하다. 그러므로 인도 업체와 협력 사업을 계획할 때 현재 계획하고 있는 비즈니스 비전에 대하여 상호간에 충분히 공유될 수 있도록 전략을 세우고 그것을 협력업체에게 명확히 전달해주어야 한다.

계약서 작성

당연한 이야기겠지만 인도 업체와 협력 사업에 관한 계약을 진행할 때에는 매우 세심한 주의가 필요하다. 계약서에 명시된 모든 내용에 대해서 되도록 공증을 받는 절차를 받아야 하며 일반적으로 인도 기업의 입장에서 작성된 내용에 대해서는 한국의 법령과 문제가 되는 부분은 없는지에 대해서 확실하게 규명해야 한다. 양국 간의 모든 법령을 확인하는 데 따르는 현실적인 어려움을 고려한다면 한국-인도의 중립지로 생각할 수 있는 싱가포르 등의 국가를 분쟁발생 시 중재국으로 명시하는 문구를 넣어두는 것이 필요하다.

계약서 작성 시 주의를 기울여야 할 다른 부분은 세금과 관련한 내용이다. 양국 간에 체결된 조세조약이 IT 서비스와 같은 영역에 적용하기에는 명확하지 않은 부분이 있어 이에 대한 다양한 해석이 분분하므로 원천징수세와 같은 부분에 대해서는 서로 책임소재를 분명하게 규정하고 명시해야 한다. 이에 대해서 명확히 규정하지 않을 경우 양사 모두가 심각한 문제에 직면할 수도 있다. 특히, 인도 정부에서 IT 산업에 허용하던 관세 등의 혜택을 가까운 시기에 다른 산업 종으로 변경하려는 움직임이 있으므로 이에 대한 분명한 명시가 요구된다.

프로젝트의 진행 및 마무리

계약이 원만히 이루어지고 프로젝트를 시작하고자 할 때 무엇보다 중요하게 생각해야 하는 것은 양사가 서로 주고받는 RFP(Request For Proposal)와 프로젝트 제안서이다. RFP와 제안서는 프로젝트를 성공적으로 이끌기 위한 기반을 닦는 것과 마찬가지로 생각하면 된다. 그러므로 이것들은 최대한 세부적으로 작성하고 상호간에 충분한 협의와 논의를 통해 프로젝트 과정과 결과물에 대한 명확한 이해가 이루어진 이후에 프로젝트를 시작해야만 성공적으로 진행할 수 있게 된다.

한국 업체와 프로젝트를 진행할 때 가장 어려운 것이 RFP를 세부적이고 구체적으로 전달받는 것이다. 물론 진행하고자 하는 프로젝트가 새로운 기술에 대한 부분이기에 세부적인 내용의 RFP를 기대하기는 무리임을 인정하지 못하는 것은 아니지만 지나치게 개념적인 RFP가 전달되고 그에 대한 제안서가 작성되면 자칫 프로젝트 결과물에 대하여 상호간에 잘못된 이해에 기반하여 진행될 가능성이 높다. 이럴 경우 프로젝트 중간에 혹은 최악의 경우 마무리 단계에서 결과물에 대한 수정이 불가피하게 되는데 이는 양사 모두에게 경제적, 시간적으로 치명적인 피해를 가져오게 된다.

인도 기업을 효과적으로 활용하기 위해서는 분명한 목표치를 설정해주고 끊임없이 관찰해야 한다. 특히, 한국 기업과의 프로젝트 경험이 전무한 경우라면 이 과정의 중요성을 더욱 커진다고 할 수 있다. 일을 편하게 하기 위해 아웃소싱을 하는 것인데 오히려 한국 기업과 일할 때보다 더 많은 시간과 노력을 투입해야 한다면 아웃소싱의 의미가 없는 것 아니냐고 반문할 수 있겠으나 장기적인 비즈니스 전략을 바탕으로 인도 인력을 활용하고자 한다면 초창기 이러한 투자는 반드시 수반되어야 할 것이다. 그리고 이렇게 밀접한 관계 속에서 프로젝트가 진행된다면 개발이 완료된 프로젝트 결과물에 대한 기술이전에 필요한 시간을 절약할 수 있게 된다.

프로젝트 RFP와 제안서 작성이 상호간의 합의 하에 마무리되고 나면 더 구체적이고 실제적인 프로젝트의 밑그림을 완성하는 디자인 단계를 거치게 되는데 이 단계는 사실상 프로젝트 성패를 좌우하는 중요한 단계라고 할 수 있다. 대부분의 인도의 서비스 업체들은 실제로 프로그램 코드를 작성하는 시간보다 디자인에 투자하는 시간을 더욱 중요하게 생각하는데 이것이 인도 IT 서비스 산업의 경쟁력의 중요한 바탕이 되고 있다. 한국 기업은 디자인에 많은 시간과 노력을 투자하는 인도 기업의 업무방식을 답답해하는 경향이 있지만 세부적으로 작성된 디자인 문서는 프로젝트 개발 기간 동안에 개발 지침서 역할을 담당함은 물론이고 프로젝트 이후에 발생할 수 있는 오류를 수정하는 데에도 중요한 근거가 되어 오류수정에 필요한 시간을 절약하는 데 많은 도움이 된다. 그러므로 한국의 업무방식과 비교했을 때 상대적으로 시간이 많이 소요되는 디자인 과정에 적극적으로 참여하고 확인하여 양측의 이해 정도를 최대한 깊게 하려는 노력이 요구된다.

프로젝트의 개발이 이루어지고 결과물에 대한 테스팅을 할 때는 분명한 테스트 케이스를 제공하여 결과물이 가지고 있을 수 있는 오류를 최소화해야 한다. 인도인들의 기본적인 특성상 UI와 같이 세밀한 관찰이 필요한 부분에 대해서는 한국인과 비교하여 상대적으로 취약하므로 완벽한 프로젝트 마무리를 위해서 구체적인 테스트 케이스를 제공하고 확인해야 한다.

다른 나라 업체와 협력 사업을 계획하고 추진할 때 공통적으로 고려하는 사항이겠지만, 성공적인 협력관계를 구축하기 위해 인도는 특별히 많은 시간과 노력이 필요하다. 그것은 문화적 차이에서 연유하는 것이기도 하고 사고방식의 차이에서 연유하는 것일 수도 있지만 가장 큰 이유는 아직까지 양국이 서로를 잘 알지 못하고 있는 데서 기반하는 것이라고 생각한다. 인도라는 나라가 가진 잠재력을 우리나라의 성장 동력으로 변환하기 위해서는 조속히 인도를 제대로 알아가기 위한 노력이 꼭 필요하다.

한국이 가진 진취적이고 적극적인 기상이 인도의 포용력 있고 유기적인 기상과 어우러져 새로운 시너지 효과를 창출할 수 있기를 기대한다.

김민수

2002년 국민대학교 정보관리학과(MIS)를 졸업한 후 2007년 프랑스 Adam Smith University에서 MBA를, 이어 인도 Tasmac에서 MBA Diploma 과정을 마쳤다. 인도 L&T Infotech의 Senior Marketing Executive로 근무하였고, 현재 뱅갈루루에서 LG CNS India의 사업개발부 대리로 일하고 있다.

16

락앤락, 인도 **유통** **시장**에 덤벼들다

함 태 욱 ㈜락앤락 인도법인 영업담당

인도에 와서 들었던 조언 가운데 가장 절묘하게 인도를 표현한 말을 꼽으라면 "인도에서는 되는 것도 없고, 안 되는 것도 없다."라는 표현인 것 같다. 언뜻 들어서는 무슨 말인가 싶은데 인도에서 생활하다 보면 나도 모르는 사이에 "아~ 이런 말이었구나." 하며 그 뜻을 절실히(?) 느끼게 되는 순간을 경험하곤 한다.

브릭스(BRICs) 국가에 속한 인도는 그 기대와는 달리 아직 국내에는 중국과 비교해 많은 정보가 없는 현실에서 나도 처음 인도 진출을 하는 데에는 크고 작은 어려움이 뒤따랐다. 하지만 혼자 부딪혀 나가거나 인도 사업에 대해 경험이 많으신 분들의 도움을 받으면서 하나씩 '인도 시장' 이라는 데에 조금씩 다가갈 수 있었다.

아직 배울 것이 많고 부족한 경험이지만 본 지면을 통해 지금까지 인도 시장 진출에서 경험한 것들을 나누고자 한다.

인도 시장 문 두드리기

● 현지 사무소(법인) 설립

회사마다 사업 계획이 다르고 사정이 다른 만큼, 연락사무소 설립을 통해 시장 정보 수집을 먼저 시행하는 회사도 있을 수 있고, 바로 시장 영업을 위한 법인 설립을 준비하는 회사도 있을 것이다. 개인적인 의견으로는 연락사무소 설립을 통한 구체적이고 세밀한 시장조사 후에 현지 법인 설립 여부를 결정하는 것이 좋다. 기존에 현지 바이어가 있어 시장에 대한 충분한 정보가 있는 경우일지라도 실제 몸으로 부딪히는 실상은 기존에 알고 있던 정보와 많이 다를 수 있고, 시장 상황 역시 BRICs라는 단어가 주는 장밋빛만 존재하는 것이 아니기 때문이다.

시장에 대한 충분한 사전 조사 후에는 현지 사무소(법인) 설립 절차에 들어가게 된다. 현지 사무소(법인) 설립은 외국 기업 스스로 하기에는 절차가 복잡하고 어렵기 때문에 지역별 코트라(KOTRA) 사무실과 상담을 통해 현지 유능한 에이전트를 소개받아 진행하는 것이 가장 효과적이다.

나의 경우도 뭄바이 코트라에서 소개해준 업체를 통해 사무소(법인) 설립을 진행했다. 물론 이 업체 이외에도 최소 다섯 군데 이상을 조사하여 비교, 검토하였으나 비용 및 효율성에서 '한국(외국) 기업'

(주)락앤락 인도 법인 영업사원들이 영업 회의를 하고 있다.

과 사업 경험이 있는 업체가 가장 효율적이라고 평가했고 해당 업체에게 사무소(법인) 설립 절차를 맡기게 되었다.

● 현지 사무소(법인) 조직 갖추기

현지 다른 한국 기업의 주재원으로 나와 있는 분들과 얘기하다 보면 가장 어려움을 겪고 있는 부분이 현지 인력에 관한 것이다. 누군가는 우스갯소리로 "인도에 사람은 많은데 정작 머리 좋고 쓸 만한 인재는 모두 해외로 나간 것 같다."는 말도 하곤 한다. 그만큼 인도에서 괜찮은 직원을 구하기가 어렵다는 얘기이다.

인도에서 직원 채용을 할 수 있는 방법은 크게 구인업체, 광고 그리고 지인을 통하는 것이다. 나의 경우 앞서 언급한 방법을 모두 사용해보았지만 가장 효과적인 방법은 구인업체를 통해 선발하는 것이었다.(구인방식별 장단점을 정리한 아래 표 참조)

방식	장점	단점	비고
구인업체	필요조건에 따른 인원 구인 용이	수수료가 높은 편임 (보통 1개월 임금)	Off Line 구인 업체
광고	비교적 단기간 구인 가능	기준 미달의 지원자가 지원	신문, 잡지
지인	필요조건 및 기본적 신뢰 용이	단순노무 이외에 고급 인력 구인은 어려움	

그리고 한국 업체들이 가장 많은 어려움을 겪는 문제가 '높은 이직률' 의 문제이다. 한국의 정서와는 사뭇 다른 인도인의 사고방식을 엿볼 수 있는 부분인데, 다른 회사(심지어 경쟁회사)에서 현재 회사보다 조금 더 높은 임금 조건을 제시할 경우 미련 없이 현재의 회사를 그만두어버리는 경우가 허다하다. 그렇다고 한국 업체에서도 현지

직원들이 원하는 근무 조건을 모두 충족할 수 없기 때문에 '급작스런' 직원의 이직에 대해서는 항상 준비가 필요하다.(한국 모 업체의 경우, 임금 협상 때 직원이 당당히(?) 경쟁 업체로부터 얼마의 임금 제안을 받았으니 이에 상응하는 임금을 지급하지 않으면 그 업체로 이직할 거라는, 임금 '협상'이 아닌 임금 '협박'이 되어버린 사례도 있다.)

나의 경우는 인도의 이런 직업 문화를 바꾸려고 하기보다는 이러한 이직 문화에 적절히 대응하여 피해를 최소화하는 방안을 시행 중이다. 대단한 것은 아니다. 다만, 해당 업무에 대한 모든 정보 및 자료를 형식화된 서류화를 통해 담당 직원이 갑작스레 사라지더라도 최대한 차질이 없도록 업무를 정형화하고 있다. 이는 한국 기업에서는 이미 뿌리 내린 업무 방식이지만 업무 체계가 비교적 폐쇄적인 인도에서는 반드시 필요한 방식이다.

업무 체계가 폐쇄적이라는 말은 이런 의미이다. 카스트에 따른 계급 문화가 아직 사회 전반에 남아 있기 때문에 회사 직위에 따라 같은 현지인일지라도 아래 직원과는 교류를 하지 않거나 업무와 관련해서는 편향적인 업무지시만 하는 경우가 많다. 이러한 업무 환경에서는 어느 한쪽이 빠져버리게 되면 톱니 빠진 바퀴마냥 업무 흐름이 끊기거나 제대로 업무를 진행할 수 없게 되어버리는 것이다.

그리고 인도 영업의 특성상 각 주요 주(State)별로 영업소(또는 인원)가 별도로 있어야 하는데 이와 같은 경우에는 같은 사무실에서 근무하는 상황과는 또 다르기 때문에 문제가 발생하기 쉽다. 이와 같이 주요 지역별로 별도의 사무실을 두어 관리하게 될 경우 같은 사무실에서 근무하는 직원 및 업무처럼 컨트롤을 할 수 없는 경우가 많기 때문에 이는 또 다른 규제 방식이 필요하다.

현지 시장 영업

인도 시장은 크게 오프라인과 온라인으로 나눌 수 있다. 먼저 오프라인은 전통 시장(Unorganized Market)과 신소매유통 시장(Organized Market)으로 구성되어 있다. 인도 유통의 중심은 전체 약 1,500만 개로 추정되는 전통 시장으로 시장의 97%를 차지하고 있다. 신소매유통 시장은 현재 약 3%를 차지하고 있으나 인도 대기업의 유통업 진출과 확장, 그리고 외국 거대 유통회사의 진출로 향후 인도 유통 시장에서 그 비중은 더 커질 것으로 예상된다. 온라인은 인터넷 쇼핑몰과 TV 홈쇼핑 시장으로 나눌 수 있으며, 온라인 시장은 현지 사회 인프라가 충분하지 못하기 때문에 사업 초기 단계라 볼 수 있다.

● **오프라인 채널(Off Line Channel)**

현재 인도 유통 산업의 약 97%를 차지하는 전통 시장의 구조는 지역별 도매업체(Distributor)를 통한 소매업체(Dealer) 판매 구조로 되어 있다. '굳이 지역별로 지역 도매업체를 두어 유통 구조를 복잡하게 할 필요가 있을까? '유통 구조를 간소화해서 좀 더 나은 가격 경쟁력을 가질 수는 없을까? 인도에 진출하고자 하는 업체의 경우 이와 같은 사항에 대해 의문점을 가질 수 있다. 하지만 인도 전 지역에 직영점 또는 지사를 두어 판매를 하는 방식은 지역별 특성이 강한 인도 현실에서는 많은 어려움이 따르고, 투자비용만큼 효과를 보기도 어려운 실정이다.

먼저 지역별 도매업체 모집은 해당 지역 시장조사를 통해 유사제품을 취급하는 도매업체를 직접 발굴하거나, 해당 지역 영업 경력이 많은 직원을 통해 발굴하는 방법이 있다. 그리고 인도 지역의 특징은 유사업종에 종사하는 업체끼리는 지역이 다르다고 해도 서로 잘 아는 경우가 많아 기존 거래 업체에서 타 지역의 유능한 업체를 추천하는 경우도 많기 때문에 기존 거래선을 활용하는 방법도 있다.

이때 도매업체 선발 기준은 매출 성장 가능성 면에서 업체 규모도 확인해야 할 중요 사항 중 하나이지만 단순히 업체의 규모뿐만 아니라 해당 업체가 자사의 제품에 대해 얼마만큼 집중을 해서 영업할 수 있는지 확인하는 것도 중요한 사항이다. 일반적으로 일반 소비재 도매업체의 경우 평균 5개 이상의 브랜드를 취급하기 때문에 업체 규모가 커져버리면 영업 집중도가 분산되어, 오히려 신규 도매업체가 더 효과적이고 열성적인 영업을 진행하는 경우가 있기 때문이다.

이를 위해서는 눈으로 직접 확인해보는 수밖에 없다. 지역 도매업체 선정 시에는 업체를 직접 방문하여 가시적인 업체 규모뿐 아니라 향후 얼마나 우리 상품에 영업을 집중할 수 있는지를 직접 확인해보아야 한다. 그리고 영업을 하다 보면 사업 초기부터 해당 지역 독점권을 요구하는 업체를 많이 볼 수 있다. 너무나 당연한 말이지만 비록 하나의 도시일지라도 독점권을 주는 것은 좋지 않으며, 대도시의 경우 큰 지역별로 나누어 여러 도매업체를 선정해 서로 경쟁을 할 수 있는 경쟁 구도를 형성해 나가는 것이 바람하다.

신소매유통 시장은 현재 인도 대기업을 중심으로 성장하고 있는 대형 소매유통 체인이다. 대표적으로 릴라이언스 그룹 산하의 릴라이언스 리테일(Reliance Retail) 및 아디띠아 그룹 산하의 아디띠아 리테일(Aditya Retail)이 있다. 현재 전체 유통 시장에서 점유율은 낮으나 대도시를 중심으로 공격적인 매장 확장 정책을 펴고 있기 때문에 인도 시장 진출을 목표로 하는 업체들은 신소매유통 업체와 거래하는 것이 필수적이라 할 수 있다.

참고로 월마트는 인도의 바르티 그룹과 합작으로 인도 유통 시장에 진입을 하였으나 인도 현지의 사회 및 정치적인 여건으로 인해 매장 확장에는 어느 정도 시간이 소요될 것으로 전망된다.

● 온라인 채널(On Line Channel)

앞서 언급한 바와 같이 인도 온라인 유통망은 현지 인프라의 미비로 시작 단계에 머물고 있으나 향후 시장 발전 가능성을 본다면 지금부터 준비를 해야 될 분야이다.

현재 인도의 온라인 채널 유통망은 TV홈쇼핑과 인터넷 쇼핑몰로 나눌 수 있다. 먼저 인도 TV홈쇼핑은 지난 2007년 6월 텔레비전에이틴(Television 18) 그룹이 홈숍18(Homeshop 18)이라는 TV홈쇼핑 회사를 설립한 것이 최초 홈쇼핑 전문 업체이다.(이전에는 지역별 유선 방송 업체를 통해 인포머샬(Infomercial) 방송을 통한 판매 방식이 전부였다.) 홈숍18은 지난 4월 자체 방송 채널을 개장하여 일부 도시에 시험 방송 중에 있으며 올해 하반기에는 전국 방송을 통한 영업을 시작할 전망이다. 홈숍18 외에 현재 스타티브이(Star TV) 및 지티브이

(ZEE TV) 등 현지 주요 방송 업체들도 홈쇼핑 사업 진출을 준비하고 있다고 한다.

하지만 인도에서 TV홈쇼핑 사업은 한국 또는 다른 선진국의 것과 비교하기에는 아직 무리가 있다. 전문가들은 인도 소비자의 홈쇼핑에 대한 인식 부족 및 구매 패턴(물건을 직접 만져보고 구매하는 것을 선호함)으로 인해 인도 시장에 정착되기 위해서는 아직 얼마간의 시간이 필요할 것이라는 의견이 지배적이다.

인터넷 쇼핑몰 사업의 현황도 TV홈쇼핑과 유사하다. 비록 인도 사회에 TV홈쇼핑보다는 먼저 소개되었지만 현재 인도 전자상거래 주요 이용자는 남성으로 전체 이용자의 약 85%를 차지하고 있으며 전자제품, 항공 티켓 등이 주요 판매 아이템이기 때문이다. 여성 이용자의 비율도 꾸준히 증가하고 있는 추세이기는 하나, 주요 고객인 여성의 비율이 낮다는 데서 아직 가시적인 결과를 기대하기에는 이른 감이 있다.

인도 시장은 BRICs라는 단어가 생길 만큼 충분한 가능성과 중요성을 인정받고 있으며, 중국 시장에 대한 차세대 소비 시장 및 생산 거점으로 인도 시장을 바라보는 시선이 많아지고 있는 것이 사실이다. 하지만 이는 인도 관련 모든 서적 또는 기관에서 지적하듯이 인도 특유의 복잡하고 불투명한 행정 체계, 인프라 시설 부족, 지역별 다른 법체계 및 문화, 현지 협력처 물색의 어려움 등이 산재해 있는 곳이기도 하다.

사실 한국 기업이 해외에 진출하려고 하면, 어느 지역에나 그 나름의 어려움은 있을 것이다. 하지만 그 어려움이 예측 가능한가 불가능한가에 따라 그 어려움의 강도가 다를 텐데, 그런 측면에서 인도는 상당히 어려운 나라라고 할 수 있다. 예측이 어려운 만큼 문제 상황이 불시에, 그리고 전혀 예측하지 못한 곳에서 발생하곤 한다. 이러한 예측 불가의 문제를 줄이기 위해서는 철저한 시장조사 및 인력시스템 구성이 절대적으로 필요하다고 하겠다.

함태욱

부산대 심리학과 졸업. ㈜ 대우 상용차 해외영업부를 거쳐 인도 캘커타 소재의 HANSOL Privated Limited Sales & Marketing Deputy General Manager로 근무한 바 있다. 현재는 ㈜락앤락 인도법인 현지 영업 및 마케팅 담당으로 주재 근무하고 있으며, 현지 연락사무소를 설립할 때부터 현지에서 실무를 담당하고 있다.

게스트하우스 성공기

유 연 코스모스비즈니스하우스 운영자

믿을 만한 인도인

인도에 오는 한국인 자영업자들은 대부분 이미 자리 잡은 누군가의 권유로 이곳에 오게 된다. 그 누군가의 조언과 도움으로 큰 어려움 없이 안정적으로 정착되는 것을 많이 보았다. 물론 생각만큼 쉽지 않고 많은 수업료를 지불하기도 하지만 대부분 가까운 지인의 도움을 받아 정착을 한다. 도움을 받는 과정에서 믿을 만한 사람을 만나는 것이 무엇보다 중요한데, 일부는 돈과 관련된 사기를 당하거나 신뢰를 잃게 되기도 하기 때문이다. 믿을 만한 인도인을 만나기가 힘들 뿐더러 같은 한국인끼리도 나중에 얼굴을 붉히게 되는 경우가 많아 철저하게 사전 조사를 하고, 여러 사람을 만나보고 많은 조언을 듣는 것이 좋다. 델리에는 불교, 원불교, 교회, 천주교 등 다양한 종교생활을 할 수 있어 조언과 함께 정신적인 안정 또한 얻을 수 있다.

믿을 만한 인도인을 만나기가 무척 어렵지만 우리 가족은 아이들 공부를 통해 만난 인도 청년과 좋은 관계를 유지하며 많은 도움을 받았다. 아이들 학교를 같이 방문하여 입학을 도와주고 집주인과의 사소한 문제도 나서서 해결해주는 등 그 청년은 우리의 해결사였다. 실제로 그 당시 우리를 도와줄 사람은 그 청년밖에 없기도 했지만 정말 진심으로 우리 가족을 염려해주고 곁에서 도와주었는데 지금은 방송국에 취직하여 안정적인 결혼생활을 하며 딸을 가진 가장이 되었고, 이제는 그 가족과 가까이 지내고 있다.

홀리 때 물감을 들고 찾아오고, 디왈리 때는 화약을 한 봉지 사와서 밤늦도록 함께하며 즐거워했었다. 그의 집에 초대받아 밥을 먹고, 그의 부모님께서 농사지은 곡식과 과일을 감사히 받고, 갓 태어난 딸아이도 안아보고, 부유하진 않지만 열심히 사는 그에게 우리 가족은 늘 고마움을 느낀다. 수시로 전화 안부를 전하며 가끔은 퇴근할 때 불쑥 찾아오기도 하고, 요즘엔 왜 도움을 청하지 않느냐며 서운해 하기도 한다. 물론 지금은 예전보다 훨씬 덜하지만 지금도 도움을 요청하면 기꺼이 달려와 주곤 한다. 인도인들을 무조건 무시하지 말고 그들을 활용하고 도움을 받을 수 있다면 기꺼이 받아야 한다는 게 내 생각이다.

믿지 못하는 행동을 하는 인도인이 많은 탓에 한국인들은 모든 인도인을 무시하는 경향이 있는데, 사실 지식인을 비롯한 일부 인도인은 그네들이 대국 국민이라고 생각하며, 코리아라는 작은 나라를 결코 우리의 기대 이상으로 인정하지 않는다.

시장(정보) 알아보기-인도의 땡볕 아래

우리 가족은 델리에서 보낸 처음 4개월이 계획대로 되지 않아 낙담하면서도 가족과 함께 아픔을 다독이며 주저앉지 않고 주변의 새로운 인연들과 만나 그 도움으로 이만큼 일어설 수 있었다. 아이들 학교 입학 과정에서 만난 고마운 분들과의 인연을 시작으로 맺은 인연은 지금도 가족같이 느끼며 가까이 지내고 있다. 다행히 아이들은 학교에 잘 적응해주었고 시간이 지남에 따라 모든 것들 또한 안정이 되어갔다.

3~4월 더운 땡볕에 릭샤도 많이 타보았고 집에만 가만있지 않고 이곳저곳 많이도 다녀보았다. 지금도 이때 얻은 정보가 많은 도움이 된다. 올드 델리에 있는 재래 도매시장을 다녀왔노라 했더니 이제 델리에서 모든 걸 보았으니 시장조사는 충분하다는 말을 들었다. 지금은 많은 한국인들이 있어 정보 또한 많지만 그런 정보 속에서도 진위를 가려내야 시간낭비를 줄일 수 있다. 많이 접하고 듣다 보면 금방 파악이 가능하다. 세상에 공짜가 없다는 말이 있듯이 편한 만큼 그 값을 치르기 마련이다.

어느 날 릭샤왈라의 얄은 속임수로 목적지가 아닌 곳에 내린 탓에 사이클릭샤를 타게 되었는데 남편은 그 순간조차 즐거움으로 생각하라고 말했다. 여행지에서 남편과 단둘이 타는 사이클릭샤였다면 당연히 즐겁고 행복했을 것이다. 나도 그 상황이 처음엔 짜증이 났지만 금세 잊어버리고 즐기게 되었다.

이제와 말하지만 사실 그때가 좋았다. 사이클릭샤의 소음도 없고, 시야가 좋은 높은 좌석에 올라 앉아 한적한 동네 길을 내려다보는 것이 마치 여행 온 것 같은 착각을 느끼기에 충분 했다. 지금도 가끔 사이클릭샤를 보면 그때 생각이 난다. 다시 탄다 해도 그때의 그런 느낌은 갖기 어려울 거다. 요즘엔 자가용으로만 다니니 사실 탈 엄두도 나지 않고, 그땐 참 씩씩하게 잘 지냈구나 하는 생각이 든다.

주재원 가족들은 인도에 3~4년을 살아도 릭샤 한 번 안 타보고 생활하는 경우도 있다. 그런 걸 어떻게 타느냐는 말과 함께……. 아메리칸 스쿨에서 아이들에게 인근 코스를 둘러보고 체험하는 릭샤 체험이 있다는 이야길 듣고 "정말?" 했던 기억이 난다. 나는 지금도 어쩔 수 없이 릭샤를 타야 할 상황이 되면 자신 있게 세워 흥정부터 한다. 요즘엔 인도에 제법 산 티가 나는지 별로 바가지를 씌우지도 않는다.

삼원인테리어

막연하였지만 이곳에서 자리를 잡으려면 꼭 필요한 인도 현지회사를 인도인 회계사를 통해 한 달여 만에 설립했는데, 여행, 무역, 인테리어 등을 할 수 있는 광범위한 부부 2인의 회사였다. 삼원이라는 이름에는 세 가지 소원이 담겨 있다. 안정된 인도 정착과, 회사의 발전, 가족들의 행복을 염원으로 담았다.

외환은행 인테리어 작업 과정

인테리어 일은 처음이지만 사무실 리모델링을 시작으로 지금까지 꾸준하게 성실히 일한 덕택에 많은 분을 알게 되고, 그 인맥이 지금까지 이어져 큰 재산이 되었다. 처음 일이 그리 많지 않던 때에 시장조사를 한다며 델리 곳곳을 안 가본 데 없이 다녔기에 많은 정보를 얻을 수 있었다고 생각한다.

노래방 조명과 사이키 조명을 발견하여 샘플로 산 덕분에 우리 집 지하실엔 나름 구색을 갖춘 노래방이 자리 잡고 있다. 한국에서 최신 곡을 들여왔으나 내 또랜 무용지물! 지난 노래밖에 할 줄 모르지만 가끔 마이크를 잡으며 즐거운 시간을 보내기도 한다.

역시 인도엔 없는 것이 없었으나 많은 발품이 필요했다. 인도에서 자영업이란 무허가 식당 또는 게스트하우스 위주였는데 인테리어 일이란 조금은 새롭고 다양한 업종의 시초가 되는 계기였던 것 같다. 지금은 슈퍼도 생기고 떡집도 생기는 등 델리 생활이 한결 다양해졌다.

한국에서 설계부터 공사현장, 시공감리까지 두루 경험한 덕분에 혼자 어려움을 겪으면서도 지금껏 이어오지 않았나 생각한다. 이곳에서 새로운 일을 시작하는 사람에게는 프로가 되어야지, 아마추어로서는 그리 만만하지 않은 곳이 인도라는 걸 이야기하고 싶다. 한국에서 일이 잘 안 돼 인도는 어떨까 한다면 반드시 먼저 인도에 와서 직접 시장조사를 한 후에 계획을 세워야 한다. 들리는 소리와 현실은 아주 많이 차이가 나기 때문이다.

처음 일을 할 때엔 일하는 사람 확보가 어려워 많은 시행착오를 겪기도 하고, 현장에서 점심도 거른 채 밤늦도록 인도 인부들과 함께 일하기도 했다. 처음, 그들의 습성을 몰라 아침 일찍 약속하고 오지 않는 인부들을 기다리기 일쑤였고, 간단한 영어조차 알아듣지 못해 어쩔 수 없이 힌디를 익히고, 그들이 마시는 짜이를 함께 마시며 일한 덕에 이제는 안정된 팀을 확보하게 되었다. 인도에는 종교 관련 휴일이 아주 많아, 처음엔 오지 않는 그들을 원망하기도 했지만 차츰 방법을 생각해내어, 일이 한창일 때는 현장 한쪽에서 기도를 드리게 하며 일을 하기도 했다. 기본 자재도 이젠 전화 한 통으로 해결되고 후불도 가능하다. 충분한 신뢰를 쌓아야 가능한 일이었다. 물건 납품 일이 돌아올 때마다 며칠씩 실랑이를 하며 애태워야 하는 것은 지금도 여전하나, 책임감 없는 그들을 다독이며 공사기일을 차질 없이 맞추어 신뢰를 쌓아나갔다. 중간에 인도인에게 일을 넘겨 커미션만 챙기지 않고 직접 현장에서 일함으로써 공사비를 절감하고, 대화로 원하는 사항을 일에 반영하였다. 남편이 가끔 궂은일도 마다하지 않는 것을 보면 안타깝기도 하지만 늘 책임감 있게 일하는 모습이 자랑스럽다.

코스모스 비즈니스하우스

인테리어 일을 하며 이어진 인연의 권유로 내가 게스트하우스를 하게 되었는데, 그 당시는 게스트하우스가 많지 않고 집 임대료가 그리 높지 않아서 처음 시작하는 것임에도 큰 어려움 없이 할 수 있었다.

많은 한국인들이 들어오니 지금은 게스트하우스도 여기저기 생기고 덩달아 물가와 임대료가 올라 어려움이 생기고 있다. 새로이 델리에 게스트하우스를 차리는 것은 어려운 일이다. 시설도 훨씬 좋아야 하고 집도 좋은(비싼) 곳을 택해야 하는데 무엇보다도 많은 투자와 경쟁을 제치고 이겨나갈 자신이 필요하다. 호텔과 견주어 내부시설이 좋아지는데 이제는 스프링 침대매트, 유무선 인터넷 등은 자랑할 거리도 못된다.

처음 새로운 집으로 이사한 후 각방에서 잠을 자보며 손님이 느낄 불편함을 줄이고자 노력했고 더 나은 환경과 서비스를 하기 위해 노력했다. 우리 집에 머물면서 새로운 사업 입찰을 결정짓고는 함께 기뻐했고, 많은 사연과 기대를 갖고 인도에 온 분들이 열심히 지내는 모습을 보며 나 또한 새로운 마음을 다지는 계기가 되었다. 고향집에 온 듯 편안하고 가족 같은 분위기를 강조하면서 나는 처음 그 마음 그대로 지금껏 손님들을 대하고 있다.

또한 일하는 사람들을 어떻게 관리하느냐가 아주 중요하다. 나도 잠깐이었지만 중국 동포에게 주방 일을 시킨 적이 있었다. 다른 일부 게스트하우스에선 중국 아줌마에게 주방 모두를 맡기고, 시장 봐오는 것도 맡기고, 손님을 맡기고, 주인이 없어도 운영이 될 만큼 척척 잘 한다던데, 나 또한 중국 아줌마에 대한 기대가 전혀 없지 않았지만 내 생각의 결론은 내가 주인이라는 것이었다. 주인이 손님 가까이에서 직접 챙겨야 한다는 것이었다.

얼마 전 3년을 함께 일했던 아야가 문제를 일으켜 떠나보내고 다시 한 번 속병을 앓아야 했지만 새로운 마음을 갖는 계기가 되었다. 늘 느끼는 것이지만 그들은 그들의 필요에 의해 일하는 것이지 결코 그 이상이 아닌데, 종종 우리가 착각하고 이것저것 한국인의 정서로 대한 후 떠난 후에 마음 아파한다. 실제 이러한 정서를 이용하여 나쁜 짓을 일삼는 이를 고발하는 코너가 델리월보(나마스떼 인디아)에 있다. 운전기사나 집안일을 도와주는 아야들의 부당한 일을 알려 다른 한인들이 또다시 겪지 않게 하려는 것이다. 그들과는 서로의 필요에 의해 주어지는 관계임을 잊지 말아야 한다. 하지만 같이 일하는 동안은 그들의 불편함을 들어주고 아픔을 나눠가며 지내야 한다.

우리 집 운전기사가 4년여 동안 꾸준히 일하는 비결이 무엇인지 묻는 사람이 많은데 어찌 다 만족하겠는가? 양보해가며, 배려하며, 어느덧 익숙해져 지금까지 왔다. 운전이 서툴러도, 어느 다른 기사같이 깍듯이 문을 열어주지 않아도, 조금만 이해하려는 마음을 먹으면 그리 큰 일이 아닌 것 같다. 과일 하나를 사도 외국인이라고 바가지를 씌우는 상인들과 다투며, 차 안에 나를 있게 한 다음 먼저 시장을 둘러보고 적당한 장소로 나를 데려가는 마음이 좋아 웬만하면 내가 참고 길게 마음에 두지 않는다. 아침 일찍 아이들 학교시간에 늦은 적 없고, 공항 픽업 관계로 늦어도 불평 없는 그가 고마워 얼마 전 학교에 입학한 아들 선물로 낡았지만 쓸 만한 컴퓨터를 주었더니 아주 고마워했다. 내일 그가 관두게 되더라도 컴퓨터를 준 것을 후회한다거나 하진 않는다. 기사로서 충실하면 될 것을 더 많은 걸 바란 것은 아닌지 생각해보면 좋겠다.

델리에서는 대부분 집을 임대해서 게스트하우스를 하는데 주택지에 있기 때문에 주변의 시선이나 관심에 자유로울 수가 없다. 주변 인도인들과 마찰 없이 가까이 지내며, 지역에서 하는 홀리, 디왈리 같은 큰 행사에 참여하는 것도 좋다. 그들의 문화에 가까이 다가가 함께하는 것은 생각보다 즐거운 일이다.

보통 인도에선 안 되는 일이 많다고 한다. 하지만 나의 노력이 결실이 되어 돌아온다는 지극히 평범한 진리가 이곳에서도 통한다. 사이클릭샤로 아그라 타지마할을 다녀오면 왜 안 되냐고 하던 손님을 만났다. 그 손님이 인도를 두루 더 살피고 많은 이들을 만나 더욱 정확한 정보를 얻길 바란다. 어려움을 겪으며 얻은 정보가 더 소중하니까.

유 연

인도 델리에서 출장자들을 위한 비즈니스게스트하우스를 운영하고 있으며, 사무실 인테리어 모델링 회사를 운영 중인 남편과 델리 브리티시 국제학교에서 4년 공부 끝에 영국에서 대학을 다니는 딸, 고교 재학 중인 효자아들이 있다.

18

인도인과 **결혼**해 들여다본 인도 중산층

정 모 연 주부

인도, 정착을 위해 발을 디디다

무거운 이민 가방 두 개를 끌고 인도 델리 공항에 발을 들인 해가 2002년 11월. 두 번째 방문이었지만 처음이나 다름없을 정도로 인도에 대해 아는 것 없이 그렇게 혼자서 인도에 오게 되었다. 내가 탄 에어인디아는 밤 1시 30분에 델리 공항 활주로에 착륙하였지만 비행기가 활주로에서 30분가량을 지체하고 나서야 탑승객들은 겨우 공항 안으로 들어와 짐을 찾을 수 있게 되었다. 조금은 긴장되고 상기된 얼굴로 탑승 비행기 짐이 나오는 곳으로 발길을 옮겨 조금이라도 빨리 가방 두 개가 나오기를 바라면서, 나뿐만이 아닌 다른 모든 승객들 또한 피곤한 눈을 부릅뜨고 각자의 짐 가방을 찾아내느라 초조해 할 때 아무리 돌고 도는 컨베이어 벨트 옆을 서성거려도 나오는 수화물이라고는 라면 상자 아니면 배낭 여행객들의 커다란 배낭과 트렁크 가방이 다였다.

혹시라도 짐이 분실된 건 아닌지 식은땀이 흐르고 어찌해야 좋을지 몰라 멍하니 있을 때 나를 포함한 다른 많은 승객들도 같은 상황에 있단 걸 알고는 서로 허둥지둥하다가 한쪽 구석에 수십 개의 검은색 이민 가방이 따로 모여져 있다는 걸 알고, 다시 30여 분간을 가방 찾느라 또 다른 수고를 하고서야 다들 본인의 짐을 찾아 안도의 한숨을 쉬며 그렇게들 입국장을 거치고, 나는 인도인 남편과 시아버님이 기다리시는 대기실로 나왔다.

내가 타고 온 에어인디아가 활주로에서 지체하는 동안 탑승객 수화물은 공항으로 먼저 보내졌고, 주인 없이 짐 가방들만 먼저 나오던 상황에 가방들이 밀리고 밀려 공항 직원들이 부피가 큰 이민 가방을 따로 모아 한쪽에 치워둔 것을, 뒤늦게 나온 탑승객들은 알 도리가 없어 속수무책으로 1시간 30여분 동안 짐 가방 찾느라 우왕좌왕했던 것이다.

택시를 타기 위해 밖으로 나오니 11월의 델리 밤공기는 여전히 후덥지근했다. 인도 생활이 실감이 나지 않던 그땐 모든 것이 다 좋게만 보였다. 인도에 대해 아는 것 없이 온 데다 인도 생활에 대해 조언을 해주는 한국인도 없었고 그래서 약간은 외롭기도 하던 때 우연히 나보다 두 살 아래인 한국 친구를 소개받게 되었다. 친구의 남편은 우리와 동갑이었고 구르가온에 회사가 있는 주재원 부부였다.

시댁이 전형적인 인도 주택 구조에 동네도 올드 구르가온에 위치하고 있다 보니 생활에 불편함을 느끼던 나는 처음 초대받아 간 친구의 호화 아파트에 '야! 인도에 이런 곳도 있구나.' 하며 놀라움을 금할 수가 없었다. 주재원 신분이다 보니 아파트 임대료며 자동차와 운전기사에 들어가는 모든 경비를 회사에서 지원받아 돈 씀씀이가 우리와는 확연히 다른 친구를 보며 서서히 인도 물가와 인도 루피에 대한 개념이 잡히기 시작하였다.

시댁에서 6개월간 시집살이를 끝내고 따로 조그만 아파트로 분가를 하게 되었다. 그 전까지만 해도 남편과 나는 나이만 먹었지 부모님과 같이 살다 보니 세상 물정 모르는 아이들이나 마찬가지였다가 분가를 위해 집을 알아보며 이런저런 사람을 만나고 하면서 인도 사람들의 기질과 성격 등을 알게 되고, 세상에 이런 사람들도 다 있구나 하는 생각을 하게 되었다.

그때부터 고단한 현실이 시작이 되었다고 할까. 전화를 놓고, 인터넷을 연결하고, 슈퍼에 물건을 배달시키고 하면서 제각각의 인도 사람들과 부딪치고, 그 제각각의 사람들이 아이러니하게도 다들 이기적이고 뻔뻔하며 상식이 통하지 않는다는 걸 알게 되었다.

전기 사정이 매우 나쁜 구르가온에서 파워 백업이 되지 않는 일반 아파트나 주택 생활은 정말 고역이었다. 인버터가 있었지만 형광등과 천정에 달린 실링팬만 겨우 사용을 할 수 있어서 여름이면 열 시간 가까이 지속되는 정전에 냉장고의 음식은 다 상하고, 전기밥솥을 쓸 수가 없어 전기가 들어올 때까지 밥을 못 먹을 때도 있었고, 세탁기 사용도 힘들고, 에어컨이 없던 신혼 시절이라 나는 집에 혼자 남아 내가 인도에 왜 왔을까 후회하며 울기도 많이 울었다. 당시 한국 음식이 그립고 김치가 그리운 생활 속의 유일한 낙은 한국 음식이 늘 풍성하던 친구네 집에 일주일에 한 번씩 점심 초대를 받아 배불리 한국 음식을 먹는 것이었다.

2003년 후반기부터 외국계 회사들의 인도 아웃소싱이 한창 붐이었는데, 그 시절에 남편도 그 기류에 동참을 하게 되었다. 당시만 해도 회사가 막 비즈니스를 시작한 미국인의 소규모 개인회사라 인도 아웃소싱 목적으로 채용한 인도 직원들이 여기저기 흩어져 각자 재택근무를 하던 형태에, 인도의 인터넷 사정도 그리 좋지가 않는데다 인도인 특유의 태만 등의 이유로 미국 본사에서 잘 관리가 되지 않자, 회사에서 남편에게 인도 콜센터 설립 임무를 맡기면서 6개월마다 남편의 임금이 급속도로 오르게 되었다. 다른 인도 회사들에서도 보기 힘들고 한국 회사에서도 극히 드문 파격적인 임금 인상에 우리 생활에도 점차 빠른 변화가 일기 시작했다.

그리하여 집도 더 큰 집으로 이사를 하게 되었고, 오토바이에서 자동차로 바뀌며 아기도 태어나고, 더불어 살림살이가 하나둘 늘기 시작했다. 그때가 한창 구르가온에 쇼핑몰이 늘어나던 시기라서 그만큼 새로운 먹거리와 외식장소가 늘고, 인도 중산층의 생활은 서구화되고 질적으로 향상되면서 우리 생활도 여느 다른 인도 중산층 가정처럼 안정이 되어갔다. 그렇게 나의 인도 생활은 자리를 잡게 되었다.

급증한 인도의 중산층

최근 몇 년 사이 인도 대도시들의 물가가 배로 오르기 시작하여 지금도 꾸준히 모든 물가가 상승 곡선을 타고 있다. 샐러리맨들의 임금이 오른 덕분으로 소득이 증가하여 중산층의 수도 급격하게 증가했다. 수입이 늘다 보니 자연히 소비도 늘어나게 되었다.

그에 부응하듯 구르가온엔 쇼핑몰을 비롯하여 아파트와 할인마트가 우후죽순으로 늘어나게 되었다. 맞벌이를 하는 중산층 부부를 겨냥해 많은 건설 회사들이 너도나도 외국 이름을 딴 아파트 건설 계획을 내놓았고, 내 집 마련의 목적으로 또는 투자의 목적으로 많은 중산층 가족이 은행의 홈론(Home Loan)을 통하여 1가구 1주택 혹은 1가구 2주택의 꿈을 이루고 있다. 이젠 주택가에도 깊숙이 자리를 잡은 할인마트에, 주부들은 자연히 발길을 깨끗하고 싼 할인마트로 옮기게 되었다. 채소를 비롯하여 모든 생필품이 한곳에 있는 브랜드 슈퍼마켓이 소비 욕구를 증가시키고 있다. 그 선두주자가 릴라이언스 프레쉬로, 이름 그대로 각종 채소들이 한곳에 저렴한 가격으로 깨끗이 진열되어 있고 할인 슈퍼마켓의 기능도 갖추고 있다. 동네 채소가게보다 저렴한 가격으로 물건을 내놓다 보니 이젠 감자나 양파를 사더라도 발길은 자연히 마트로 향하고 있다.

내가 막 인도에 왔을 무렵에는 구르가온에 즐길 곳이 없다 보니 대부분의 인도인들의 생활이 지루하고 심심한 듯 보였다. 그러나 이젠 쇼핑몰이 즐비하고 발달한 외식산업으로 레스토랑이 속속 늘다 보니 집에만 있던 인도인들이 밖으로 나오기 시작했다. 그 선두 주자들이 바로 인도의 중산층 가족들이 아닐까 생각한다. 맞벌이 부부가 늘고 수입이 늘다 보니 그 덕에 급증한 인도 중산층의 생활이 활기를 띠게 되었다. 주말이면 쇼핑몰들은 오전부터 주차장이 만원이 되고 점심, 저녁 시간엔 쇼핑몰 내의 식당에 앉을 자리가 없을 정도다. 구르가온 인구 삼분의 일은 다 밖으로 나온 듯하다.

한국에선 젊은 층에서만 인기를 얻는 패스트푸드점 맥도날드도 인도에선 남녀노소 구분 없이 꾸준히 인기를 얻고 있는 패밀리 레스토랑의 성격을 띠게 되었다. 내가 가끔 장을 보러 가는 제법 규모가 큰 할인점 빅 바자나 스펜서에서는 한국 사람인 내가 봐도 놀랄 정도로 인도 사람들이 먹는 것에 아낌없이 큰돈을 쓰는 것을 본다.

이렇게 급증한 소비는 이미 오래전부터 잘 알고 있던 결혼식은 물론이거니와 이젠 어린아이들의 생일 파티에까지 많은 돈을 들이고 성대하게 여는 것을 흔히 볼 수가 있게 되었다. 어린이들 생일은 대개 패밀리 레스토랑에서 열리고, 게스트를 위한 특별 이벤트나 퍼포먼스를 준비하며, 마지막엔 Return Gift라 하여 초대받은 어린이들에게 조그만 선물까지 증정한다. 나도 이런 생일 파티에 여러 번 초대받아 참석을 하였는데, 한국에서도 흔히 볼 수 없었던 인도의 신 풍속이라고 할까.

소득이 증가한 중산층 가족들이 소비를 가장 많이 하는 곳이 바로 전자제품이다. 한국과 마찬가지로 대부분의 인도 가정에서도 DVD 플레이어, 디지털 카메라, 전자레인지, 컴퓨터, LCD TV, 에어컨 등이 기본으로 갖추어져 있는 걸 본다. 내가 사는 아파트에도 한 집에 두 대의 에어컨은 기본으로 설치가 되어 있다.

인도 중산층 가정에서 아이의 생일을 맞아 생일파티를 열어주고 있다.

그리고 흔히 볼 수 있는 것이 위성 안테나이다. 여러 통신 회사들이 앞을 다퉈 위성방송 서비스를 시작하여 저렴한 가격으로 설치 및 시청이 가능하게 되다 보니 이젠 너도나도 위성 안테나를 설치하고 있다. 그 덕에 인도에서도 한국 프로그램 시청이 가능하게 되었다. 신문엔 해외여행 패키지 상품 광고가 넘쳐나고 각종 문구로 인도 소비자들을 유혹한다. 그리하여 몇 년 전부터는 가까운 태국이나 말레이시아, 두바이엔 인도 관광객이 한국 관광객 못지않게 늘어났다고 한다.

인도에 유난히 살찐 사람들이 많다 보니 요즘엔 한국과 같이 헤어 관리는 기본이고, 그 외 체중 관리 및 마사지 등을 한곳에서 할 수 있는 뷰티 센터 혹은 슬리밍 센터들이 늘어나 일반 주부들도 체중 조절을 목적으로 많이들 찾고 있는 걸 본다. 각종 전단이 매일 신문과 함께 오다 보니 쉽게 정보를 구하고 직접 체험을 한다.

중산층이 늘어났다고는 하나 소득과 교육 수준에 따라 중산층도 상, 중, 하로 나뉜다. 모든 중산층의 생활수준이 향상되었고 풍족하다 할 수만은 없다. 앞에서 예로 들은 요즘 대도시 중산층의 생활 모습은 중산층 가운데서도 상위와 일부 중위에 속하는 중산층 가족들 모습이다. 주위에서는 소프트웨어나 IT 관련 회사에 종사하던 30대 인도인들이 미국이나 영국 회사에 많이들 파견되어 가족과 함께 이주를 한 사례를 종종 보게 된다. 그들은 흔히 말하는 NRI(non-resident Indian)가 되어 고소득 중산층 대열에 끼게 된다. 남편의 친구 가족이 이런 사례로 미국에 거주하고 있다. 미국 현지 회사에서 받는 임금이 인도에서 받던 것과는 엄청난 차이가 나고 그리하여 지금은 인도 부동산 투자에 관심을 보이고 있다고 한다.

부동산 가격이 최근 3~4년 사이 두 배 이상 오르다 보니 늘어난 직업이 부동산 중개인이고 너도 나도 부동산 중개 일에 뛰어들어 일확천금의 꿈을 꾸기 시작했다. 그들 중 일부는 실제로 부자가 된 사례도 많다. 이는 비단 30대 소프트웨어나 IT 업종에 종사하는 전문직 종사자나 부동산 중개인만의 사례가 아니라, 토지를 가지고 있던 평범한 농부가 구르가온의 아파트 건설 개발 붐으로 가지고 있던 농지나

토지를 수억, 수십억에 팔게 되어 갑자기 부자의 반열에 낀 사람도 흔하다.

인도인들의 직업에 관한 의식

처음 인도에 왔을 무렵엔 어디를 가나 여성은 물론 젊은 남자도 보기 힘들 정도로 레스토랑이나 상가에서 나이가 어느 정도 든 남자들이 웨이터란 직업에 종사를 하고, 드문드문 있는 아동복이나 젊은 여성을 위한 옷가게도 아저씨들이 고객을 상대하는 모습이 흔했다면, 쇼핑몰이 생기고 대형 할인마트가 생겨나며 서구 외식업계인 맥도날드, 피자헛, 서브웨이 등을 비롯하여 커피 체인점에서 활발히 젊은 남녀를 고용하기 시작하고는, 이젠 거의 모든 레스토랑과 쇼핑몰 상점엔 젊은 남녀가 일을 하고 있다. 그리고 이젠 일부 주요소에도 인도 여성이 주유 일을 하고자 찾아오고 있다.

종합 의류 매장이 늘어나고 할인마트가 인도 대도시에서 성공을 거두며 인도인들의 생활 속에 자리를 잡자 이젠 여성들이 일할 곳이 늘어난 것을 확연히 눈으로 볼 수가 있게 되었다. 예전엔 다수 네팔 사람들이 이런 일에 종사를 하러 왔다면, 이제는 다르질링, 마니푸르, 미조람, 나갈랜드 등지에서 많은 수가 대도시로 유입되고 있다. 이들은 지역 특성상 크리스천이 대부분이고 이름 또한 다들 영어 이름을 가지고 있다.

그러나 교육 수준은, 많이 배우면 12학년까지가 대부분이다. 그래서 전문직종이나 회사엔 일자리를 구할 수가 없기 때문에 최선의 선택이 서비스업이다. 최근 몇 년간 젊은 여성들의 의식도 바뀌어 대학을 졸업하고 집안일을 한다거나 바로 결혼을 하기보다는 1~2년이라도 직장을 가지고 사회 경험을 쌓고자 하는 이들이 늘었고, 회사에서도 여성들에게 차별 없이 남성과 동등한 기회와 업무를 주고 있다. 그래서 더욱 다양한 곳에서 젊은 여성 인재들이 활약을 하고 있다.

대학 졸업생들은 여기저기 크고 작은 회사에 취직을 하기 위해 온라인 구직 사이트를 많이 이용한다. 최근 3~4년 동안 꾸준히 인기를 얻었던 직장은 콜센터, BPO센터들이다. 많은 젊은이들이 너도나도 콜센터로 몰려들었다. 다른 회사와 달리 콜센터, BPO센터는 어느 정도 기본 영어 실력만 있으면 비교적 쉽게 일을 할 수가 있기 때문이다.

그러나 교육을 많이 받았건 적게 받았건 상관없이, 인도인의 기질 탓인지는 모르나 많은 사람들이 6개월 단위로 직장을 옮기는 걸 볼 수 있다. 그런 부류는 대부분이 '우리' 라는 소속감과 책임감이 결여되어 있으며, 일에 최선을 다하지 않고, 한 회사에서 일을 하면서도 다른 한편으로 다른 회사에 이력서를 내고 면접을 보러 다니는 이들이 많다. 그들이 이렇게 일자리를 쉽게 옮기는 이유는 임금 때문이다. 드물게 자신의 미래와 경력을 위해 더 나은 회사로 옮기는 이도 간혹 있고, 지금 현 직장에서 일을 하면서 자신이 하고 싶은 공부를 하고 자격을 따 다른 직장으로 옮기기 위해 임시로 일하는 이도 있다고 한다.

남편 사무실에 여러 부류의 사람들이 왔다가 사라지는 일을 많이 봤는데, 일주일 일하고 말없이 출근을 하지 않았던 이도 있었고, 입사한 지 한 달도 되지 않는 신입 직원이 근무시간에 일은 하지 않고 여기저기 온라인 구직 사이트마다 자신의 이력을 올리다가 해고당한 이도 있었다. 그리고 최근엔 1년이나 일을 하였으면서도 어느 날 월급을 받자마자 사무실에서 말없이 사라진 직원을 포함하여, 직업윤리와 개념을 상실한 젊은 인도인을 많이 보고 있다. 인도인의 이런 습성 때문에 인도에 있는 많은 한국 회사와 그 가족들이 안과 밖에서 무한한 고충을 겪고 있다. 습관적으로 결근하고, 믿을 수 없는 병명을 핑계로 휴가를 얻어 일은 제대로 하지 않으면서도 월급은 꼬박꼬박 받으려고 한다. 이런 인도인들 때문에 많은 한국인들이 인도로 오기 전부터 듣는 말이 바로 "인도인을 믿지 마라." 이다

처음엔 낯선 환경과 다른 언어로 회사에서 일하는 직원이나 가정에서 일하는 가정부, 운전기사에게 다를 잘 해주려고 한다. 그러다가 너무나 이질적인 인도인의 사고방식과 태도에 상처를 안고 정착 초기에 절망감까지 들다 보니 이런 말이 나오지 않았나 생각한다. 인도에 오기 전에 미리 인도인의 기질에 대해서 알고 왔으면 좋겠다. 그들에게 공과 사의 구분을 인식시키는 일이 인도생활에서는 중요한 부분이다.

보통 한국인 가정을 비롯하여 외국인 회사와 가정에서 일하는 가정부와 운저기사는 일반인도 가정과 회사에서 일하는 가정부와 운전기사보다 훨씬 많은 임금을 받고 나은 조건에서 일을 하고 있다. 그러나 외국인 고용주가 언어에 능통하지 않을 경우엔 고용인을 다루기가 쉽지 않다. 내 경험으로 보아 영어는 물론 약간의 힌디를 알아야 인도인 고용인을 다루기가 수월해지고, 그들 또한 우리를 만만하게

보지 않는다.

교육 수준에 상관없는 인도인의 기질인 탓에, 정부 관공서 공무원은 물론 심지어 우리 아이들이 다니는 학교 직원 할 것 없이 대개가 비슷한 양상을 보이고 있다. 대부분이 무사 안일주의에 빠져 자기 할 일을 다 하지 않고서도 잘못된 걸 모르고 있다는 것이 내가 본 대부분의 인도인들의 직업에 관한 의식이다.

정모연

부산 출생으로 2002년 11월에 인도 구르가온에 정착했다. 평범한 가정주부로 인도인 남편과 같이 다른 여느 인도 중산층 가정과 다름없는 생활을 하고 있으며 현재 4살 되는 아들이 있다. 인도포럼 내 인도 강의실에 '생활 속의 인도' 란 주제로 연재한 바 있다.

19 인도 MBA를 벤치마킹하라

김 정 열 딜로이트안진회계법인 시니어 컨설턴트

인도에 MBA 스쿨이?

'미국으로 갈까? 유럽으로 갈까?

모두들 그랬다. 순위는 조금 떨어지는 학교들이지만 그래도 미국 MBA냐, 유서 깊고 멋진 환경을 가진 유럽대륙의 MBA냐… 이런 고민들을 하고 있었다. 매년 해외 경영대학원들과 교환학생 제도를 시행하고 있는 한국과학기술원(이하 카이스트) 테크노경영대학원 교환학생 지원자들의 고민이었다. 불행히도 만 3년의 직장생활 동안 다양한 활동에 치중하느라 숨겨둔 자금이 없던 터라 그런 고민을 뒤로한 채, 생활비가 최저로 들어가는 지역을 우선적으로 검색하다 눈에 확띄는 나라가 있었으니, 바로 인도였다. 왠지 모를 강한 자기력이 나를 끌어당겼다.

선택할 수 있는 경영대학원은 모두 3군데로 IIMA(Indian Institute of Management Ahmedabad), IIMC(Indian Institute of Management Calcutta), 그리고 ISB(Indian School of Business, Hyderabad)가 있었다. 대략의 사전조사가 끝날 시점에는 또 다른 고민이 앞을 가로막았다. 어차피 인도의 경영대학원인데 타 지역 학교 대비 별다른 장점도 없을 것 같고 생활면에 있어서도 고생길이 훤히 보였기 때문에 웬만하면 큰 도시에 위치한 IIMC나 ISB로 가고 싶은데, 수년간 인도 내 경영대학원 순위에서는 IIMA가 부동의 1위를 지키고 있었기 때문이다. 더구나 각종 기사나 자료에 따르자면 IIMA는 정말로 입학하기도 힘들고 최고 수준의 학생으로 구성되어 있기 때문에 경쟁력에 있어서 타의 추종을 불허한다는 내용이었다. 그래! 까짓것 한번 가보자! 인도에서 최고 잘난 놈들이 과연 어떤지 한번 직접 확인해보자! 결정은 의외로 쉽게 끝나고 미지의 땅, 아메다바드로 향했다.

최고라 말하기 이전에 최선을 다하는 학교와 학생들!

그럼 본격적으로 IIMA를 파헤쳐보자. IIMA는 1961년 비크람 사라바이(Vikram Sarabhai) 박사와 산업에서 필요한 전문경영인을 양성하고자 했던 기업인들이 주축이 되어 설립한 학교로, 인도 정부와 구자라트 주정부의 도움을 받고 미국 하버드 경영대학원과 협조를 통해 설립된 전문경영대학원이다. IIMA 외에도 정부 지원을 받으며 동일한 목적과 형태를 가지고 있는 인도경영대학원은 IIM-B(벵갈루루), IIM-C(콜카타) 등 모두 6곳이 있지만 종합적인 학생들의 수준과 취업현황, 졸업 후 연봉 등을 따져봤을 때 단연 IIMA가 선두를 굳건히 지키고 있다. 적어도 인도에서 고등교육을 받은 사람들에게 IIMA는 최고의 네임 밸류를 가지고 있다.

프로그램에는 2년제 풀타임 MBA 과정인 PGDM(Post-Graduate Diploma in Management), 1년제 최고경영자 과정인 PGPX(Post Graduate Program in Management for Executives)를 비롯해 박사 과정, 그리고 기업과 연계한 최고경영자 과정 등이 있다. 캠퍼스는 크게 강의동과 도서관, 기숙사 등으로 이루어진 구 캠퍼스(Old Campus)와 신식 기숙사, 각종 세미나 및 대형 회의실 등으로 구성된 신 캠퍼스(New Campus)로 나뉘어 있으며 이 둘은 도로 하나를 사이에 두고 지하통로로 연결되어 있다.

공립학교지만 정부보다도 기업과 다양한 후원자들의 엄청난 후원금을 기반으로 각종 편의시설과 캠퍼스에 엄청난 투자를 하고 있으며 캠퍼스를 떠나기 전인, 2007년 초까지도 신 캠퍼스에는 계속 새로운 건물이 생겨나고 있을 정도로 활발한 캠퍼스 개발이 이루어지고 있다. 당연히 학교는 학생들을 위해서라면 최고의 서비스를 제공하려 하는 모습이 눈에 띄었고(물론 교환학생들에게는 대접이 그리 좋지만은 않았다.) 학생들 또한 학교에 대한 애교심 및 자긍심이 무척 강하다. 평균적으로 입학경쟁률이 500대 1 정도의 수준에 이른다니 어찌 보면 당연한 결과일지도 모르겠지만……

한 학기를 수강하면서 학교와 학생에 대해 느낀 점은 크게 세 가지다. 첫째, IIMA 학생들은 온화하면서도 차분하지만 열정과 욕심만큼은 세계 어디를 내놓아도 손색이 없을 정도로 강하다는 것이었다. MBA 과정의 수업 자체가 기본적인 이론과 방법론을 연구한다기보다는 실제 비즈니스 케이스를 가지고 토론과 프로젝트를 기본으로 이루어지므로 IIMA 학생들과 머리를 맞대고 토론하고 조사하고 발로 뛰면서 생활했기에 외적인 모습뿐 아니라 내적인 면모를 파악하기도 쉬웠다. 개인적으로 카이스트 MBA 학생들과 비교해 결론을 내리자면, 개인적인 역량이나 학습능력 등은 우위를 가리기 힘들지만 그들의 노력과 열정은 우리가 결코 따라가기 힘들어 보인다. 둘째, 학교관계자와 교수 혹은 외부 기업인들이 부러울 정도로 항상 학생들에게 칭찬과 후원을 아끼지 않는다는 것이다. 수업시간에 초청된 기업인들은 대부분 "너희가 최고이며 인도의 미래다, 꿈을 가지고 열심히 노력해라, 믿는다." 등의 내용으로 강의를 시작했다. 마지막으로는 불과 몇 년 후에 이들과 세계시장에서 경쟁한다면 이기기 힘들 것이라는 막연한 두려움이었다. 자신감이라면 둘째가라면 서러운 나지만 이들과 함께한 생활 속에서 불현듯 그런 생각이 들었다. 수업시간에 어떤 주제에 대한 토론이 시작되면 거의 대부분의 학생들이 한 번이라도 더 발언권을 얻고자 경쟁하며, 팀 프로젝트를 함에 있어 경쟁하듯 준비를 해오고 열심히 자료를 만든다. 그렇지만 카이스트 MBA 학생들이 수준이나 노력 면에서 뒤처지는 것은 결코 아니다. 단지 승부근성이 조금 떨어지는 정도라는 생각이 든다.

IIMA에서 매년 개최되는 'Confluence' 라는 국제 경영대학원생 사례경진대회. 미국, 유럽, 아시아 등 각지의 경영대학원생들이 초청되어 경영사례연구, 모의투자경쟁, 창업 시뮬레이션 게임 등을 펼친다.

'인도 안의 또 다른 인도' -IIMA 캠퍼스 생활

IIMA 생활을 하기 전까지는 단순히 여행을 하면서 혹은 매체에서 보아오던 모습이 인도의 전부라 생각했다. 결코 아니다. IIMA 캠퍼스 안에는 인도 안의 또 다른 인도가 존재한다. 그들만의 문화와 그들만의 세계, 그리고 그들만의 꿈이 있다.

인도 북서부, 파키스탄과 국경을 맞대고 있으며 이슬람과 힌두의 분쟁이 계속되던 아메다바드는 지리적, 문화적 특성상 관광지가 아니므로 인도에서 다섯 번째로 큰 대도시임에도 불구하고 꼬박 100일 동안 한국인과 한국음식은 만날 수도, 맛볼 수도 없었다. 또한 구자라트 주는 법적으로 금주 지역이라 알코올을 구하기가 힘들고 채식주의자가 많아서 닭고기를 제외한 고기는 구경하기도 힘들었다. 하지만 무엇이든 방법은 있는 법! 외국인은 알코올 허가증을 발급받을 수 있다는 소식을 접하고 근처 호텔로 단숨에 달려가 한 번에 킹 피셔 맥주 한 박스와 몇 병의 위스키를 구입하는 데 성공했다. 또한 처음에는 IIMA학생들은 보수적이며 술도 안 마시고 잘 놀지도 않는다고 생각했지만 그들과 친해지기 시작하면서 본연의 모습이 드러나기 시작했다. 어느 곳이든 그렇지만 개개인의 특성에 따라 사람이 천차만별이고 기본적으로 이들도 우리와 전혀 다를 것이 없었다. 하루라도 알코올을 섭취하지 않으면 잠이 오지 않는다는 나의 베스트 프렌드 사이캇, 춤을 너무 좋아한 나머지 기숙사 옥상에서 혼자 크게 테크노 음악을 틀어놓고 춤을 추던 푸다르, 수업, 수면, 식사 시간을 제외하면 항상 컴퓨터게임에 몰입하고 있던 아쉬쉬 등 많은 친구들과 공통된 관

기말고사가 끝난 후 기숙사 파티에서 1년차 학생들과 함께

심사(연애, 직업, 꿈 등)를 함께 공유하는 데는 열흘이면 충분했다.

　IIMA 생활은 기본적으로 기숙사 중심으로 이루어진다. 체육대회, 디왈리 축제 등 각종 교내행사들은 기숙사 중심으로 이루어졌으며, 특히 외국에서 온 교환학생들에게는 어김없이 환영식과 함께 기숙사 동료들이 인도이름, 일명 Dorm Name을 지어주는 전통이 인상 깊었다. 한날한시에 기숙사의 모든 인원이 모인 자리에서 자신의 가장 기억에 남을 만한 경험담을 소개해주면 그에 어울리는 인도이름을 지어준 후, 소정의 의식을 치르게 된다. 이 의식 또한 각 기숙사별로 다른데, 내가 머물던 19동(각 기숙사별로 애칭이 별도로 있음-19동 이름은 Unness)의 전통은 화장실 바가지(화장실에는 휴지 대신 바가지와 수도꼭지만이 있을 뿐!)에 폭탄주를 제조해 마신 후 화장실 수돗물을 머리에 붓는 아주 독특한 의식이었다. 이 의식을 치름으로써 드디어 그들의 진정한 동료로 인정해주는 것이다. 나는 학창시절 소위 '깡패'들에 대한 내용을 이야기해주었고 그들은 신기하다는 듯이 관심 있게 경청한 후 Gang Bang의 어원을 따서 'Bangy Singh'이라는 인도이름을 지어주었으며, 기숙사에 있는 동안에는 모두 나를 그렇게 불렀다. "뱅기 씽~!"

또 한 가지 인상 깊었던 점은 1인 1실로 이루어진 기숙사에서 새벽 몇 시가 되었건 아무리 볼륨을 높이고 음악을 듣거나 친구들을 방에 초대해서 파티를 열어도 주변에서 모두 인정을 해준다는 것이다. 이유인즉슨, 고달프고 힘든 타지생활과 학교생활에서 받는 스트레스를 그런 식으로라도 풀 수 있게 모두 용인해준다는 것이다. 처음 한 달은 새벽녘에 흘러나오는 엄청난 음량의 헤비메탈 음악과 옆방에서 밤새 토론하는 소리, 친한 친구들끼리 모여 알코올파티를 하는 소리 등에 도저히 적응이 안 되어 밤잠을 설친 적이 한두 번이 아니었다. 다행히 나와 가장 친했던 친구가 기숙사 장을 맡고 있어서 불평을 토로했는데, 이 친구들은 내 문제를 놓고 따로 기숙사 집행부에서 회의를 열어 대책을 마련할 정도로 깊은 애정을 쏟아주었다. 하지만 그들과 동고동락하면서 나 자신도 모르게 동일한 생활패턴으로 변하게 되었고, 어느새 새벽에 록음악을 크게 틀어놓고 잠이 드는 상태까지

가게 되어 아무런 문제가 되지 않았다. 3달이라는 짧은 기숙사 생활이었지만 홀로 2년을 사는 것보다 IIMA와 학생들에 대해, 그리고 또 인도에 대해 많은 정보를 얻었다고 자부한다.

미래 최대의 경쟁자? 아니면 최고의 동반자?

기숙사에서 매일 함께 식사하고, 운동하고, 공부했던 친한 친구들과는 이메일과 페이스북 등을 통해 귀국하고 나서도 꾸준히 연락을 하고 지내는데, 한 명 한 명의 소식을 들을 때마다 놀라움을 숨길 수 없었다. 학창시절 내내 CC(Campus Couple)로 연애활동에 전념하며 유난히 위스키를 즐기던 아디티아는 도이치뱅크 런던 지사에, 기숙사에서 최고 게을렀지만 암산에 있어서는 누구도 따라갈 자가 없었던 비카스는 메릴린치 런던 지사에, 국제문화 수업 프로젝트를 함께 진행했던 춤도 잘 추고 운동도 잘하는 신세대 인도여성의 표본 마두리는 리먼브라더스 뉴욕 지사에서 근무하고 있다는 소식들을 전해왔다. 이 외에도 다른 많은 IIMA 출신 친구들이 매킨지, BCG, P&G, 마이크로소프트, 구글 등의 다국적 대기업 본사 및 지역 매니저 등으로 스카우트되어 전 세계를 무대로 열심히 일하고 있다. MBA 출신들이 입사하고자 하는 선망의 기업들이 IIMA 캠퍼스 리크루팅에 적극적으로 참여하고 있는 이유도 있겠지만 학교의 접근노력도 대단했다.

한편, IIMA에서 공식적으로 발표한 자료에 따르면 2008년 MBA 졸업생 중 미국, 유럽, 아시아 등 해외로 취업한 학생이 약 30% 이상이며, 업종별로는 금융(40%)과 컨설팅(30%)이 압도적으로 많았고,

평균 연봉이 인도 내에서는 17.85라크(약 4,300만 원), 해외에서는 119,000달러(약 1억 2,500만 원)에 달했다(전년대비 약 30% 상승한 수치). 정말 놀랍지 않은가! 물론 개개인의 경력과 능력에 따라 차이가 날 수 있겠지만 평균적으로 카이스트 MBA 출신들과 비교해보았을 때 현저한 차이를 볼 수 있었다. 그들을 미래 최대의 경쟁자라고 얘기하는 것조차 그들에게는 아무 의미가 없었다. IIMA MBA 출신들은 이미 세계무대에서 하버드, 스탠포드 MBA 출신들과 경쟁하고 있으며 그 인원은 해가 갈수록 증가하고 있다.

케이스 스터디를 하며, 혹은 프로젝트를 진행하며 계속 느낀 것이지만 이들이 미래 최대의 경쟁자가 될 것임에 분명했고, 우리 입장에서는 경쟁자로 생각하고 대하기보다는 최고의 동반자로 생각하는 편이 더 많은 실익을 가져다줄 것이라 생각한다. 특히, 적어도 내가 아는 IIMA 출신 학생들은 대한민국을 존경할 만한 국가라고 생각하고 있고, 기본적인 마인드가 서로 처한 환경이나 비전이 비슷하다고 느끼는 경향이 강해 중국이나 일본보다 더 긍정적인 태도와 관심을 가지고 있는 것이 사실이다. 벤처기업을 운영하고 있는 몇몇 친구들은 이미 내게 한국 기업과 시장에 대해 많은 정보를 요구해왔으며, 한국의 경제발전을 롤 모델로 삼고 싶다면서 그 원동력에 대해 설명해 달라는 경우도 있었다. 심지어 현재 뭄바이에서 지식 소프트웨어 관련 사업을 하고 있는 한 친구는 조인트 벤처 형식으로 함께 사업을 권유하기도 했다.

자, 이들은 우리에게 또 다른 도전 기회를 주고 있다. 전략적인 파트너십을 지속적으로 유지하면서 시너지 효과를 발휘해 함께 성장할 수 있는 여력이 무궁무진한 것이다.

마지막으로 치솟는 물가와 전반적인 경기침체, 그리고 청년실업률 증가라는 악재들 속에서 힘들어하는 대한민국 젊은이들은 IIMA 학생들의 꿈과 도전정신을 벤치마킹할 필요성이 크다는 점을 강조하고, 공유하고 싶다.

김정열

건국대 경영/경영정보학부를 졸업하고 3년 동안 쌍용자동차 경영기획팀에 근무했다. 2006년 KAIST(한국과학기술원) 테크노경영대학원 MIS MBA 과정 중에 가을학기 교환학생으로 인도 아메다바드 경영대학원(IIMA)에서 수학했다. 현재 딜로이트안진회계법인 시니어 컨설턴트로 근무 중이다.

20

하이데라바드 사티암에 **취업**하다

배 아 영 GS넥스테이션 사업전략팀

나는 인도현지 IT 기업 글로벌 채용에 선발되어 대학졸업 직후 인도에서 일했다. 1년은 현지 회사에서 해외마케팅을 담당하며 인도 비즈니스 문화를 배우고, 1년은 현대자동차 인도법인에 최초로 현지 채용되어 한국 기업의 인도 내 비즈니스 방법과 전략을 배우고 개선점을 연구했다. 내가 이런 경험을 이야기하면 사람들은 "인도는 어때?" "거기서 대체 어떻게 사니?" "왜 인도에서, 어떻게 일할 생각을 했어?" "부모님이 뭐라 안 하셔?" "너도 손으로 밥 먹어?" 이렇게 질문하곤 한다. 왜 하필 인도, 그 더럽고 신기한 나라에 무슨 용기로 갔으며 어떻게 살아남았느냐는 것이다. 내 나이 23살 대학 졸업식 날, 안락한 한국을 마다하고 인도행 밤비행기를 타고 떠나는 나를 이상하게 보는 사람도 있었다. 2년 반이 지난 지금 그들은 모두 하나같이 나를 부러워한다. 도대체 인도가 뭐 길래! 이 기회를 빌려 그 대답을 해보려 한다.

2006 India, 백문이 불여일견

졸업 직전, 나는 때마침 서울시에서 처음으로 실시한 인도글로벌기업 취업과정에 선발되어 교육을 받은 후 한국까지 찾아온 인사담당자와 두 차례 인터뷰를 거쳐 인도 사티암컴퓨터서비스(Satyam Computer Services Ltd., 이하 사티암)에 합격했다. 사람들은 인도에서 일했다고 하면 어떤 근무환경에서 무슨 일을 했는지, 얼마나 벌었는지 가장 궁금해 한다. 하지만 내 월급을 얘기하면 누구나 놀란다. 그런데 왜 갔느냐고. 내가 들어간 회사는 외국인 급여도 현지인 기준이었다. 내 대답은 하나다. 돈 생각하면 인도 못 간다고. 원하는 일을하는 게 젊음이고 열정이라고. 남들이 안 하기에 흥미로웠고, 나의 선택에 대한 믿음과 열정으로 인도에 갔다. 그리고 주어진 기회를 놓치면, 지금 가지 않으면 못 갈지도, 나중엔 너무 늦어 후회할지도 모른다는 생각이 들었다.

백문이 불여일견이라 했다. 신비한 이미지의 인도, 그리고 인도 IT 산업의 성장에 대해서 듣기만 한 나는 직접 인도 IT 기업에서 인도 최고의 수재들과 꿈같은 근로환경에서 일하는 행운을 누리게 되었다. 몸으로 보고 듣고 느끼며 인도의 실제를 배울 수 있었다. 결국 돈 주고도 못할 경험을 돈을 받으면서 한 것이다.

사티암은 글로벌 IT 서비스/컨설팅을 제공하는 인도 5대 IT 기업 중 하나다. 한국에서는 낯선 이름이지만, 2008년 현재 66개국에서 총 52,000여 명의 임직원이 670여 글로벌 기업을 대상으로 분야를 확장하며 빠르게 성장하는 초우량 기업이다. 전략관계(Strategic Relationship) GE기업전담 GDC(Global Development Center)에서 해외마케팅/영업기획 업무를 담당하며 인도 IT 산업의 기본구조에 대한 이해와 인도 비즈니스 문화, 그들의 방식을 배울 수 있었다. 실무교육에 있어 1:3(신규사원 1명: 기존직원 3명) 교육체계 덕분에 방대한 업무를 쉽고 빠르게 이해할 수 있었다.

인도에서는 교육을 기업성장의 기본이며 국가의 성장 동력으로 가장 중요하게 여긴다. 사티암은 아시아 최초로 2007년 〈Training Magazine〉 순위에 이름을 올렸다. 특정 직위 이상의 직원은 의무 강의를 해야 할 정도로 직원 교육에 열의를 쏟는다. 다양한 부서에서 쏟아져 나오는 수많은 강의 일정과 하버드대학과 제휴한 온라인 강의에서 희망 교육을 선택하는데 매번 고민을 할 정도로 교육이 활발했다.

이러한 환경 때문인지 사티암은 2006년 인도에서 가장 일하고 싶은 기업 3위로 꼽혔으며, 아시아 최초로 '최고의 직장' 20위(인도 내 2위)에 선정되기도 했다. 그만큼 IIT 수재 등 최우수 인재가 몰리는 곳이다. 직원 복지와 최상의 업무 환경은 인도 안에서도 부러움의 대상이다. 특히 양·소떼, 낙타, 코끼리 등의 동물과 길에서 가능한 모든 상황이 일어나는 인도에서, 회사 밖과 180도 다른 IT 회사 환경은 놀라움 자체였다. 끝없이 넓은 회사 캠퍼스에는 국민스포츠 크리켓

하이텍스 시티에 있는 사티암 건물

과 경마장, 동물원, 요가/명상/헬스센터는 기본으로 있고 수영, 스쿠
버다이빙, 당구, 테니스 등 온갖 취미시설을 언제든 즐길 수 있는 시
설이 되어 있었다.

비교적 서늘한 데칸고원에 위치해 전 세계 IT 기업이 몰리는 하이데라바드에서도 사티암은 상징적인 기업이다. 시내에만 7개 지역에 8동이 넘는 회사건물이 있고, 한국의 대학캠퍼스보다 큰 회사캠퍼스가 외곽 지역에 형성되어 있다. 2006년, 라주(B. Ramalinga Raju) 창립회장의 아들이 결혼을 하던 날은 사티암의 터전인 하이데라바드 시민 모두에게 잔치를 열어 도시가 거대한 마을축제의 현장이 될 정도로 지역사회에서 인정받고 있으며, 회사는 그만큼 사회에 기여하고 있다. 오늘도 하이데라바드에는 사티암 구급차가 달리고, 사티암 학교에서 인도의 미래들이 자란다.

인도에서 세계를 보다-다양성

하이데라바드에는 전 세계에서 온 약 80여 명의 외국인 사티암 동료가 있었다. NGO 및 다른 글로벌 기업에서 일하는 외국인이 많았는데, 나는 그들과 같이 살았다. 외국인들이 모여 사는 지역에서 외국인 동료들과 회사에서 연결해준 집에 살았다. 매일매일 퇴근 후 그들과 소통하고, 주말과 휴가 기간이면 수십 곳의 인도 도시를 함께 여행하며 인도를 바라보는 세계의 다른 시각을 배웠다. 우리가 잘 몰라 두려워하는 신비한 나라 인도는 사실 세계 속에서 이미 인정받고 있다. 지리학적 위치 또한 유럽과 중동/동남아시아를 아우르는 명당에 자리잡은 것이 한몫하는 듯했다.

"외국 고객을 만났을 때는 고개를 위아래로 끄덕이세요, 회사에서는 이것을 생활화합시다. 인도에서처럼 머리를 옆으로 흔들면 그들

챈나이 HMI(Hyndai Motor India) 팀동료들

은 yes 표시인지 모른답니다."

입사교육 첫날, 호기심 가득한 큰 눈망울을 굴리며 외국인인 나를 신기하게 보는 인도신입사원들에게 인사담당자가 한 첫마디이다. 인도의 다양함과 혼잡함에 놀라고, 분주함과 느림에 놀라고, 더러움과 소음에 놀란 나에게 이 말은 어떤 것보다 충격적이었다. 인도도 세계의 기대에 부합하기 위한 노력을 한다. 즉, 회사의 수준과 기대가 세계에 바탕하고 그에 걸맞게 실행하는 것이다.

부서 내 유일한 외국인인 나를 무한한 배움/기회에 노출시킨 후 새로운 시각을 요구한다. 혁신과 변화를 즐기는 열린 그들에게 나도 즐거운 열정으로 성과를 내고 인정을 받았다. 내가 인도를 말하는 만큼 인도지식층도 세계를 말하고 배우려는 노력을 보여주었다. 매달 두바이 쇼핑을 가는 집주인과 영국에서 공부하는 것이 더 이상 특별할 것 없는 인도 친구들도 한국을 배우려 했다.

카스트제도와 힌두교 등을 생각하면 인도는 굉장히 보수적인 것 같지만, 그들은 오히려 열린 마음을 가지고 있다. 인도 내에 다양한 문화와 사람이 섞여 있기 때문이다. 무슬림이 대부분이어서 라마단과 교리를 철저히 지키는, 그러면서 인도 최대의 불상이 호수 한가운데 자리 잡고 있으며 바로 옆에는 시내 최대의 힌두사원이 자리하고 있는 하이데라바드만 봐도 그렇다. 종교도 각기 다르고, 힌두교 안에서도 서로 믿는 신이 다르다. 우리가 배운 브라만으로 시작되는 카스트제도는 사실 알고 보면 수천 수백 개 이상의 신분이 있다. 인도지폐에 적힌 공식어만 18개나 되어 직원들끼리도 말이 통하지 않아 할 수 없이 영어로 대화한다. 주마다 결혼, 의식 등이 달라 전국에서 모인 직원은 서로가 서로의 문화를 묻고 배운다. 명절, 기념일도 달라 회사 휴일도 주마다 자율적으로 정한다. '다양성'으로 무장한 폭넓은 인도사회에서 온갖 계층의 인도인과 활발하게 교류하며 인도문화에 흠뻑 젖어들었던 인도생활은 나에게 세계를 바라보는 창구가 되어주었다. 실제로 이름만 들어도 고개를 끄덕일 만한 수많은 한국 주요기업들이 사티암을 찾아왔다.

2007 India, 인도에서 한국을 보다

인도인처럼 손으로 밥 먹고, 화장실에서 휴지 없이 처리하는 것, 길가다 소뿔에 받히는 것은 더 이상 놀랄 일이 아니다. 인도 동료에게서조차 인도 여인이라 불리며 '한-인도 비즈니스 문화 가교' 가 되고자 하는 비전을 세운 나는 마침 2006년 11월 경제중심도시 뭄바이에서 개최된 'Korean Product Show(KOTRA 주관)' 에 통역으로 참가하게 되었다. 이곳에서 처음으로 인도 내 한국 기업과 상품경쟁력을 발견하였고, 이후 일하게 된 현대자동차와의 인연도 여기서 시작되었다. 박람회 이후, 인도 진출을 계획한 사업가들의 요청을 받으며 '인도전문가' 가 되겠다는 결심을 굳혔다. 때마침 현대자동차 인도법인장의 초청을 받고 남부 중심도시이자 자동차산업의 허브 첸나이를 방문하였다. 현지 기업에서 체득한 인도 비즈니스 문화 이해를 바탕으로 인도 진출 한국 기업에 대해 배우는 것도 진정한 인도 전문가로 성장하기 위해 중요하다고 판단, 첫 현지 채용 한국인이 되었다.

2007년 2월, 현대자동차 인도법인(HMIL) 기획감사실에서 인도 사업 전반과 전략을 배우고, CSR 사업에도 자원하여 다양한 현지공동체와 교류할 수 있었다. 처음에는 한국인이라 경계하던 인도 동료들과도 소통하려 노력하는 한편 인도 속 한국사회도 볼 수 있었다. 그동안 인도에서 한국인을 거의 만나지 못한 나로서는 모르고 있던 흥미로운 사실을 많이 발견하는 계기가 되었다.

인도 내 한국 기업들이 성장은 하고 있으나, 정작 인도에 대해서는 잘 모른다. 주재원이나 조기유학생들이 대부분이고, 내 또래의 젊은 일꾼이 없어서이기도 하지만, 인도에 있으면서도 인도에 대한 관심이 없기 때문이다. 앞으로 더욱 중요해질 그 차이를 이어주는 역할이 나와 같은 젊은 인도전문가들이 해야 할 일이라 생각한다. 그들이 중요하게 여기는 것이 무엇인지 깨닫고, 소통하는 열린 자세로 한-인도 상호이해를 위한 노력과 변화를 실행하는 일이 앞으로 더욱 중요해질 것이다.

인도에 대체 왜 왔느냐며 나를 이해할 수 없다는 표정으로 바라보는 주재원들과 인도 거주 한국인들도 많았다. 하지만 이에 굴하지 않고 국내 유통전문지에 인도통신원으로서 인도 소비시장 최신 이슈 칼럼을 기고하는 등 인도의 산업 전반에 대해 체계적으로 파악하고, 한국 기업이 개선해야 할 점을 꾸준히 연구/공부하며 인도전문가의 꿈을 조금씩 이루어 나갔다. 여기엔 나의 인도 사랑을 인정해준 현지 동료들과 외국인 친구들이 든든한 지원군이 되었다. 그들은 지금도 나에게 최고의 보물이다. 그 결과 한국인 주재원 사이에서도 '인도전문가'라 불리고, 그곳의 한국 기업들에게 많은 제의를 받기도 하였다.

2008 India, 한국에서 인도를 보다

11억 3천 명. 인도에 사람이 많아서인지 그들은 사람을 잘 다룰 줄 아는가 보다. 난 인도와 사랑에 빠졌고, 지금도 인도를 이야기한다. 1분 1초가 소중했던 2년여의 인도생활이자 첫 사회생활을 성공적으로 마친 나는 지금 한국에 있다. 나와 같은 길을 앞서 걸어간 사람이 없기에 한국에 돌아오기까지 쉽지 않은 결정과 깊은 고민도 많이 해야 했다. 지금 한국에서는 나를 환영하고 있다. 수많은 문을 열어주고 너무나 많은 걸 아낌없이 가르쳐준 인도, 그렇기에 지금도 항상 인도는 나에게 사랑스럽고 매력적인 기회의 땅이다.

인도가 그립다. 인도만 생각하면 에너지가 솟는다. 2년을 살면서도 매일매일 놀랄 거리들로 가득했던 인도. 무시무시한 뎅기열과 식중독, 나을 만하면 걸리는 장염과 끊임없는 교통사고 때문에 죽을 고비도 여러 번 넘겼다. 청력검사를 한 달에 두 번이나 받게 한 소음과 숨 막히는 공기 오염, 인도인 특유의 지나친 관심과 눈빛, 녹을 듯한 더위와 일사병, 노트북 안에 가득 집을 지은 개미와 이름도 모를 곤충들, 집안서식 동물들……. 인도생활이 편안한 것만은 아니었다. 한국 기업 파견 주재원과 같은 지원도 없었고, 물질적으로 그들같이 넉넉하고 편안한 생활을 하지는 못했다. 하지만 내가 더 행복하고 풍요로운 인도생활을 하며 가장 많이 성장했다고 확신한다. 그저 내가 좋아 인도를 열렬히 사랑했기에 즐겁게 생활했고, 더욱 다양한 기회가 찾아왔다고 믿는다.

한국 TV에서 이제 인도는 유행이 된 듯 인도 관련 프로그램이 봇물처럼 쏟아진다. 오늘도 인도의 도인과 기인들, 눈앞에서 시신을 태우는 화장터, 그 강가에서 목욕하는 인도인들, 찻길을 가로막은 소떼가 나온다. 하루가 멀다 하고 생겨나는 건물, 돈 쓸 데가 없어 못 써서 고민인 신흥부자들과 수요가 넘치는 백화점, 인도종교/철학을 품은 훌륭한 경영자와 존경 받는 회사들, 비행기로 출퇴근하는 상류층에 대한 이야기는 거의 없다. 서점에는 기사를 모아놓은 듯한 겉핥기식 인도경제서적들도 쏟아져 나온다. 그래도 다행히 진짜 인도를 조금씩 보여주려 하는 시도가 나타나는 것 같아 기쁘다. '도인의 나라'와 같은 환상을 품고 떠나는 젊은 인도여행자도 많아졌다. 대부분이 여행이 아닌 고행을 하며 인도를 돌아보고 속기도 하지만, 인도 팬이 늘어나는 것 같아 기쁘다.

빅토르 위고는 약자들에게 미래는 '도달할 수 없는 것', 겁 많은 자들에게는 '미지의 것', 용감한 자들에게는 '기회'라고 했다. 여기서 '미래'라는 단어를 '인도'로 바꾼다면 내가 인도에 가게 된 이유를 가장 잘 설명할 수 있을 것 같다. 난 '인도'를 선택하는 용기를 냈고, 거기서 무궁무진한 기회를 보고 배웠다. 한국이, 특히 취업난에서 고민하는 젊은 열정들이 어색한 인도를 친숙한 인도로 느끼는 데 내 이야기가 조금이나마 도움이 되었으면 한다.

나의 2년간 경험은 혼자 하기엔 아까운 주옥같은 시간들이었다. 지금 한국에는 내가 가졌던 것보다 더 멋진 기회가 생겨나고 있다. 나의 후배들이, 한국의 젊은 열정들이 이것을 놓치지 말고 진짜 인도와 미래를 보기 바란다. 한국이 좁다고 생각한다면 남들이 아직 밟지 않은 땅에서 희소성을 키우길 바란다. 내가 본 인도와 지금의 인도, 1년 후 인도는 너무나 빨리 달라진다. 인도를 정의하기에는 너무 크고 다양해 나도 아직 잘 모른다. 내가 말하는 인도에 대해 반박하고 이야기해주는 후배가 많아지길 기대한다. 우린 아직 젊기에 두려움에 도전할 수 있다. 인도는 용감한 자에게 항상 열려 있다. 더 많은 한국의 미

래들이 나보다도 더 많은 러브콜을 받으며 당당히 한국 땅에, 세계에
우뚝 서길 진심으로 바란다.

배아영

대학 재학 중인 2005년 서울시 인도전문가 교육에 선발되어 2006년 하이데라
바드 Satyam Computer Services Ltd.에 입사하여 1년 동안 Strategic
Relationship 관련 업무를 했다. 2007년 첸나이 현대자동차 인도법인에서 1년
근무를 하고, 현재는 한국 GS 넥스테이션 사업전략팀에서 근무 중이다.

한국과 인도를 망라하여 최고의 인맥으로 구성된 Cyber SERI 인도포럼(약칭 인도포럼)은 인도에 대한 올바른 이해와 정보 공유를 목적으로 삼성경제연구소 웹(SERI)을 기반으로 2003년 구성된 인도 비즈니스 관련 온라인 커뮤니티입니다. (주)비티엔 김응기 대표가 인도포럼의 시삽이며 아래와 같이 각 분야별 인도전문가들이 자문위원으로 초빙되어 포럼 활동을 지원하고 있고, 포럼의 객관적 운영을 위해 시삽을 포함한 5인의 운영위원회가 활동 중에 있습니다.

인도포럼은 여행지를 넘어서 이미 글로벌 경제의 중심국으로 부상하고 있는 인도에 주목하여, 인도 진출을 고려 중이거나 이미 인도에 진출하여 활동 중인 다양한 사업 종사자, 현지 주재원, 대학(원)생 등 현재 2천여 명에 이르는 회원들이 인도 전역에 걸쳐 비즈니스 및 생활 정보를 나누며 포럼 내에서 교류하고 있습니다. 이러한 인도 비즈니스 인맥은 한겨레신문에 '한국 최대의 인도 비즈니스 온라인 인맥'이라고 소개된 바도 있습니다.

또한 2005년부터 현재까지 27차에 걸쳐 인도 비즈니스 및 문화, 정책 등 다양한 주제를 정하고 해당분야에 관해 인도에서 실제 경험을 통해 산지식을 체득한 현장 전문가를 초청하여 작은 규모지만 깊이 있는 정기포럼을 격월로 운영해오며 온라인 정보 공유의 한계를 극복하고 교류의 장을 확장하고 있습니다.

급변하는 나라 인도를 배우고 인도에 대한 다양한 가능성을 모색하려는 분들을 위해 항상 그 문이 활짝 열려 있는 인도포럼은 인도 비즈니스 구축을 위한 유익한 만남의 장으로서 그 역할을 다하기 위해 참여하는 모든 이들과 함께 노력할 것입니다.

http://www.seri.org/forum/india/

- **2008년 인도포럼 자문위원**

  이광수 : 부산외국어대학교 교수

  오화석 : 인도 뉴델리 네루대학교 교수

  김영미 : 한국해비타트 자원개발국장

  김효원 : KIBM 대표

  조충제 : 경제학박사, 롯데경제연구소

  김광성 : 인도소풍 대표

  최미희 : 경제학박사, 국회예산정책처

  심영섭 : 在델리, LG LS India 고문, 재인도기업인협회 회장

  최호상 : 경제학 박사, 신한은행 FSB 연구소 이코노미스트

- **2008년 인도포럼 운영위원**

  신석현 : 운영위원장, ATS무역 대표

  이경용 : 한국검정주식회사 상무이사

  전형진 : 在첸나이, 세명에버에너지 대표

  김원호 : 삼진해운 대표

  김웅기/시삽 : 비티엔 대표. 2008년 부산외국어대학교 겸임교수

인도 진출, 20인의 도전

첫판 1쇄 펴낸날 2008년 12월 22일

지은이 이광수 외 22인
엮은이 Cyber SERI 인도포럼
펴낸이 강수걸
펴낸곳 산지니
등록 2005년 2월 7일 제14-49호
주소 부산광역시 연제구 거제1동 1493-2 효정빌딩 601호
전화 051-504-7070 | 팩스 051-507-7543
sanzini@sanzinibook.com
www.sanzinibook.com
책임편집 권경옥| 편집 김은경 | 디자인·제작 권문경
인쇄 대정인쇄

ISBN 978-89-92235-53-2 03320

값 13,000원

* 이 도서의 국립중앙도서관 출판시도서목록(CIP)은
e-CIP 홈페이지 (http://www.nl.go.kr/cip.php)에서
이용하실 수 있습니다.(CIP 제어번호 : CIP 2008003768)